周　密◎著

生命从乐动开始

——幼儿音乐素养培育的探索与实践

上海教育出版社
SHANGHAI EDUCATIONAL
PUBLISHING HOUSE

序

音乐，是人类共通的精神密码，是跨越时空的心灵对话。正如本书所言："音乐是一种没有文字的语言，却能触动所有人的灵魂。"不需要文字的赘述，仅凭旋律的流淌、节奏的律动，音乐便能唤醒心灵深处最本真的共鸣。在幼儿教育的天地里，音乐教育不仅是真善美的启蒙，从长远看，更是一场关乎生命成长、认知重构与人格塑造的深刻实践。

在中国基础教育改革迈向"深水区"的进程中，上海市将"幼有善育"作为城市软实力的重要标志，并于2023年发布《全面建设高质量幼儿园的实施意见》，要求深入落实幼儿发展优先的科学保教理念，开展有园所特色的幼儿发展优先行动，致力于在学前教育实现普及普惠的基础上进一步满足适龄幼儿"上好园"的需求。东方江韵幼儿园十余年来聚焦探索"幼儿音乐素养"，不仅回应了"培养什么人、怎样培养人、为谁培养人"这一根本问题，也尝试回答了"幼儿发展优先"这一实践命题，一定程度上体现了幼儿音乐教育从美育载体到素养根基的时代转向。

从教育神经科学的视角来看，音乐对幼儿大脑发育具有不可替代的作用，音乐训练能够显著增强儿童的前额叶皮层活动，促进执行功能、情绪调节能力的提升。从教育人类学的视角来看，音乐作为古老的文化符号，承载着传承族群记忆与价值的使命，音乐以"活态文化"形式将生存经验、伦理规范和集体信仰代代相传。对幼儿园阶段的孩子而言，这种以音乐为载体的文化基因传承更具深层意义：幼儿认知发展正处于由"具象思维"向"符号思维"发展的关键期，音乐恰好可以成为联结个体经验与集体记忆的桥梁。本书指出：当幼儿在律动中感知节拍、在歌唱中模仿音高时，他们不仅在发展听觉灵敏度以及语言、运动、社交能力，更是在完成对本土文化基因的"无意识内化"，逐步建构"秩序感—创造力"的二元认知结构。这种从"审美体验"到"素养生成"的跨越，正是新时代幼儿音乐教育从"形而下"的技艺训练向"形而上"的生命启蒙的哲学升华。

作为上海市学前教育改革的探索者与先行者，东方江韵幼儿园以"真善美"为育人内核，尝试了独具特色的幼儿音乐素养培育方式。其创新性主要体现在如下三个方面：

一是课程体系的"四维渗透"，创设"浸润式"幼儿音乐教育生态。时间维度上，通过音乐俱乐部、音乐魔法时、音乐万花筒、音乐加油站、亲子音乐行等活动，巧妙地将音乐从晨间律动渗透到睡前摇篮曲，全方位融入幼儿的一日生活。在空间维度上，通过打造多元开放的音乐活动室、营造经典浸润的音乐走廊、营造自主互动的音乐外场等环境创设，实现"处处可发声、时时能互动"。在主体维度上，将家园共育与社区联动相结合，让教育从园所延伸到家庭和社区。在内容维度上，创设主题课程、节日课程、生活课程，以欣赏、歌唱、韵律、节奏乐等活动形式，培养幼儿的音乐感受力、音乐表现力和音乐创造力。

二是教学方法的"三阶递进"，形成"感知—表达—创造"的螺旋式上升路径。基于倾听和欣赏的音乐感受法，从幼儿的感知出发，以想象为主要方式，重在培养幼儿对音色、节奏的敏锐感知；基于感受和体验的表达表现法，通过具身体验式游戏，让幼儿通过身体律动实现"音乐可视化"；基于经验和积累的音乐创造法，通过引导幼儿改编歌词、创造旋律，将生活经验转化为音乐叙事。

三是评价体系的"双向赋能"，建立"幼儿—教师"共生发展模型。对于幼儿，采用观察记录法、作品评价法、口头交流法等方式，通过设计评价任务单、填写观察记录评价表与反思改进单，完整记录幼儿的即兴创造、合作等过程表现，形成幼儿的"音乐成长档案"。力求让音乐回归情感表达的本质，让学习回归生命成长的本真。对于教师，促进其逐步从"教会一首歌"发展到"滋养一颗心"，实现从"技艺传授者"向"生命启蒙人"的角色嬗变，成为"以乐化人"的最佳注解。

此外，东方江韵幼儿园并没有止步于园所内的"幼儿音乐素养培育"实践，而是进一步展开了前瞻性探索，将音乐教育置于"终身发展"的宏大视野中，提出了"主体终身的整合性音乐教育"，形成音乐素养培育的"终身性"与"社会性"间的张力。在上海推进"儿童友好型城市"建设的背景下，这一前瞻探索具有重要的实践意义，表明音乐素养培育并非校园内的"孤岛工程"，而是需要全社会协同参与的"生态工程"。

周密作为东方江韵幼儿园的创园园长，十余年来带领教师团队在"幼儿音乐素养"领域孜孜以求、锲而不舍。本书既是她办园历程的"智慧结晶"，也是学前教育改革的"实践答卷"，并且具有面向未来发展的前瞻思考。

期待本书能激发更多教育者的哲思与行动，能够让每一间教室都有音符流淌，每一个孩子都能在音乐中找到生命的律动，让音乐成为点亮儿童心灵的那束光。

引言

　　党的二十大报告指出："中国共产党是为中国人民谋幸福、为中华民族谋复兴的党，也是为人类谋进步、为世界谋大同的党。"满足人民对幸福美好生活的期盼既是党的初心使命，也应是每一个教育者的初心使命。在党的领导下，学前教育承载着双重使命：其一，促进幼儿的个性成长与发展，确保每位幼儿能在其独特性得到充分尊重的环境中茁壮成长；其二，为了民族的未来，培育未来的社会主义建设者和接班人。因而，优质教育的最终目标在于增进人民的福祉，在学前教育领域，体现为确保每位幼儿都能在教育过程中感到幸福，并为其将来能够为社会发展乃至全人类福祉做出贡献而奠定基础。

　　音乐是一种没有文字的语言，是能触动所有人灵魂的、全世界通用的语言。人类从生命最初的"胎教"开始，就已经运用音乐进行最初的启蒙。音乐的"绽放"源自深深的触动，而心灵最能被触动的人，莫过于幼儿。幼儿眼中的世界，每一寸都闪烁着新奇的光芒。幼儿情感的波动，每一次都深刻而纯粹，那是生命最原始的激情涌动。然而，岁月如梭，在漫漫人生路中，生命的锋芒渐渐被时光打磨，情感亦在欢笑和泪水中变得迟钝。这是一场略带哀伤的蜕变，却也是成长不得不接受的代价。但人类的精神何其坚韧，面对这样痛苦的历程，他们学会了抗争，通过回忆的细流、追溯的脚步、静默的沉思，与时间的洪流对抗。在这场无声的战役中，音乐如同清泉，滋润着干涸的心田，让情感在恰当的瞬间苏醒。人们在听到童年音乐的那一刻，仿佛有什么被触碰，触动了灵魂，心灵的天平悄然倾斜，重新找到了它的平衡点。因此，笔者将本书命名为：生命从乐动开始——幼儿音乐素养培育的探索与实践。

　　本书是笔者对东方江韵幼儿园幼儿音乐素养培育探索与实践的总结，凝聚着笔者及幼儿园所有教职员工的实践智慧，彰显了幼儿教育者的初心使命。本书以探讨音乐素养为起点，努力探究音乐素养对幼儿一生发展的重要性，做实美育启蒙、做强五育融合，最终促进幼儿的完整发展，让幼儿园成为幼儿成长与教师发展的福地，让每一个幼儿收获幸福的童年，为他们的终身发展奠定基础。通过这本书，可以看到东方江韵幼儿园在园本课程建设方面的特色。

一是形成了主体终身的生命育人理念。教育理念是科学教育实践的前提和基础，东方江韵幼儿园运用生命教育的原理与方法，致力于培养幼儿的自主能力和终身学习能力，让教师和幼儿在音乐中"成事成人"。围绕"真善美"的办园理念，以爱为核心，培养幼儿"爱生命""爱他人""爱自己"，从学科整合、文化整合、思维整合和价值整合四个方面进行整合性音乐活动构建，打造出了具有幼儿园特色的生命音乐课程。

二是架构了音乐素养育人体系。东方江韵幼儿园从教育政策、社会现实和幼儿全面发展三个方面出发，遵循直接感知、实际操作和亲身体验的育人渐进逻辑，以培养幼儿"音乐感受力、音乐表现力、音乐创造力"为目标，提出了以"幼儿经验"作为育人基点，实施系列课程的模式。设置歌唱活动、韵律活动、节奏乐活动和欣赏活动四个板块，设置主题课程、节日课程、生活课程三大课程内容，创设音乐加油站、音乐俱乐部、音乐万花筒、音乐魔法时和亲子音乐行五种活动形式，让音乐教育浸润于幼儿生命成长的进程之中，将课程内容与幼儿的日常生活紧密相连。在此过程中，通过创设浸润式学习氛围、科学规划一日生活、开展音乐"活游戏""真游戏"等途径，将音乐活动与主题教学有机结合，有效联动家庭、社会和幼儿园各项资源，实现家庭、幼儿园与社会协同育人。

三是推进音乐教育的全方位实施。东方江韵幼儿园遵循促进幼儿全面发展的实践理路，通过校园环境与音乐元素相结合、一日活动与音乐渗透相结合、日常教育与活动教育相结合、家园共育与社区联动相结合的课程实施路径，引导幼儿主动构建个人意义世界，获取富有意义的学习经验。以基于倾听与欣赏的音乐感受法、基于感受与体验的表达表现法、基于经验和积累的音乐创造法为主要教学方法，促进幼儿的音乐感受力、表现力和创造力的发展。做到让幼儿在自主、自由的游戏中、体验中、学习中，走进音乐，做"真善美"的幸福儿童。

四是形成了师幼音乐素养评价体系。东方江韵幼儿园以发展性、客观性、综合性和参与性为评价原则，以观察记录法、作品集评价法和口头交流法作为幼儿音乐素养评价的基本方式。在时序维度上，融合长期跟踪观察、月度及学期评价，并纳入家长评价，形成幼儿园与家庭双重视角的综合评价体系，以多元评价促进幼儿的动态成长，并建立了相应的保障措施。在教师评价方面，通过对教师的表现性评价和过程性评价，评估教师在评价态度、评价知识、评价技能等方面的表现，构建评价指标体系，从而更好地促进教师专业发展。

五是建构了教师 PCK 专业素养的优化提升路径。将教师音乐领域教学知识划分为"关于教学内容的知识""关于幼儿的知识"以及"关于教学方法的知识"三个部分，并根据其划分结构制订了《东方江韵幼儿园教师音乐领域教学知识表现行为描述》，以便于教师进行自评和他评。与此同时，构建以教师为本位的培训机制，开展以幼儿为主体的实践活动，组织课例式实践活动，从而更好地促进教师进行自我反思、自我调整，以实现自主发展。

《教育强国建设规划纲要（2024—2035 年）》中指出，要"全面把握教育的政治属性、人民属性、战略属性，落实立德树人根本任务，为党育人、为国育才，全面服务中国式现代化建设，扎根中国大地办教育，加快建设高质量教育体系，培养德智体美劳全面发展的社会主义建设者和接班人"。东方江韵幼儿园以培养幼儿音乐素养为中心，以落实立德树人根本任务为主线，是探寻中国特色社会主义幼儿教育的实践典范。未来，东方江韵幼儿园将砥砺前行，不断突破，走出一条更具音乐特色的幼儿教育之路！

目录

第一章　走进音乐素养：培养幼儿音乐素养的重要性

第一节　音乐教育与幼儿的音乐教育　▶　1

第二节　音乐素养与幼儿的音乐素养　▶　8

第三节　幼儿音乐素养培养中的现存问题　▶　13

第二章　培养音乐素养：转变育人方式与建立育人目标

第一节　转变育人方式　▶　17

第二节　建立育人目标　▶　23

第三章　设置音乐课程：音乐素养活动的板块、内容与形式

第一节　以提升幼儿音乐素养为目标的课程板块　▶　33

第二节　以提升幼儿音乐素养为目标的课程内容　▶　42

第三节　以提升幼儿音乐素养为目标的课程形式　▶　61

第四章　实施音乐课程路径：四个结合与三种方法

第一节　四个结合　▶　88

第二节　三种方法　　　　　　　　　　　　　　▶ 115

第五章　建构音乐素养评价：以多元评价促进动态成长

第一节　建构幼儿音乐素养评价体系　　　　　　▶ 126
第二节　建构教师评价素养体系　　　　　　　　▶ 148
第三节　以多元评价促进动态成长　　　　　　　▶ 157

第六章　教师音乐素养培养：PCK 专业素养的优化提升

第一节　教师音乐领域教学知识的表现行为描述　▶ 167
第二节　幼儿教师音乐领域教学知识的优化路径　▶ 172

第七章　深化素养培养方向：主体终身的整合性音乐教育

第一节　幼儿音乐素养培养的实践成果　　　　　▶ 210
第二节　主体终身的整合性音乐教育　　　　　　▶ 218

第一章　走进音乐素养：培养幼儿音乐素养的重要性

2025 年 1 月，中共中央、国务院印发了《教育强国建设规划纲要（2024—2035 年）》，明确提出，要"深入实施素质教育，健全德智体美劳全面培养体系，加快补齐体育、美育、劳动教育短板……推进学校美育浸润行动"。体现了未来十年美育工作的紧迫性和重要性，指出了美育实施的方法和途径。《幼儿园教育指导纲要（试行）》中也提出："幼儿艺术活动的能力是在大胆表现的过程中逐渐发展起来的，教师的作用应主要在于激发幼儿感受美、表现美的情趣，丰富他们的审美经验，使之体验自由表达和创造的快乐。"因此，如何根据幼儿习得音乐的特点，采取正确的方法与途径，有效开展各类音乐活动，发展幼儿对音乐的感受力、表现力和创造力，培养幼儿的音乐素养，从而促进幼儿身心健康发展，培养幼儿高尚的道德情操，是当前和未来一段时间内幼儿音乐教育的重要课题。

第一节　音乐教育与幼儿的音乐教育

在对音乐教育进行深入研究之前，我们首先要回顾中国文化传统，梳理音乐教育的历史与当代发展，把握音乐教育的"全貌"。

一、音乐教育的溯源与发展

我国音乐教育可追溯至西周时期的"礼乐"制度。西周统治者深信音乐具有调和人心、辅佐政事的功能，因而构建了完整的宫廷礼乐体系，旨在实现乐教和谐的社会理想。"乐"的本意大概是"谷物成熟结穗，与人对农作物的收获和喜庆有关，然后引申为喜悦感奋的心理情感"。[1]《礼记·乐记》中有言："乐由中

---

[1] 修海林．"樂"之初义及其历史沿革［J］．人民音乐，1986（03）：50-52.

出，礼自外作""乐者，天地之和也；礼者，天地之序也""乐极和，礼极顺，内和而外顺""致乐以治心""致治礼以治躬"，[①]表明"乐"早已不是单纯的方法或辅助工具，而是融入了教育的内容与目的之中。以《周礼》为例，其明确规定了学校管理层必须精通音乐，甚至涉及教育内容的各个维度，诸如乐德（专注于礼仪道德的培养，旨在塑造学生忠诚、和谐、中庸、孝顺、友爱等美德）、乐语（侧重于诗词歌赋与典故的教育，旨在提升学生的言辞表达能力与对诗书的理解）、乐舞（通过舞蹈表演的训练，再现古代圣贤的丰功伟绩，以此颂扬其功绩），均与音乐紧密相关。有研究者认为："这三方面的教育都冠以'乐'字，乐（yuè）者，乐（lè）也，说明中国古代教育很注重艺术手段，通过美感感化达到教育目的。"[②]据说，掌握了"乐"的学生，普遍展现出了高雅的气质与举止，这体现出通过"乐"实现了从内在性情到外在表现的提升，塑造了真正意义上的优雅之人。正如《礼记·乐记》中所说："夫民有血气心知之性，而无哀乐喜怒之常，应感起物而动，然后心术形焉。是故志微、噍杀之音作，而民思忧；啴谐、慢易、繁文、简节之音作，而民康乐；粗厉、猛起、奋末、广贲之音作，而民刚毅；廉直、劲正、庄诚之音作，而民肃敬；宽裕、肉好、顺成、和动之音作，而民慈爱；流辟、邪散、狄成、涤滥之音作，而民淫乱。"[③]"是故乐在宗庙之中，君臣上下同听之则莫不和敬；在族长乡里之中，长幼同听之则莫不和顺；在闺门之内，父子兄弟同听之则莫不和亲。"[④]所以，"'乐'是作为通过陶冶性情、塑造情感以建立内在人性，来与'礼'协同一致地达到维系社会的和谐秩序"。[⑤]春秋战国时期，礼乐不仅被奉为"六艺"之一，而且构成了整个教育的基础，强调"乐以教和"，即音乐与礼仪在促进和谐教育中的作用。进一步地，优雅的行为与高尚的人格被视为社会教化与个人修养的终极追求。孔子认为，诗、礼、乐三者与道德伦理、情操陶冶及人格完善之间存在紧密关联，提出"兴于诗，立于礼，成于乐"。同样地，董仲舒认为："……乐者，所以变民风化民俗也，其变民也易，其化人也

① 礼记[M].胡平生，张萌，译注.北京：中华书局，2017.
② 聂振斌.儒学与艺术教育[M].南京：南京出版社，2006.
③ 礼记[M].胡平生，张萌，译注.北京：中华书局，2017.
④ 礼记[M].胡平生，张萌，译注.北京：中华书局，2017.
⑤ 李泽厚.华夏美学（插图珍藏本）[M].桂林：广西师范大学出版社，2001.

著；故声发于和，而本于情，接于肌肤，臧于骨髓，故王道虽微缺而管弦之声未衰也……"① "礼乐教化在人的身心打上深深烙印，久而久之，便形成一种稳定的文化心理结构。"② 换而言之，文化艺术在个体的成长过程中，发挥着至关重要的教化作用。另外，汉代礼乐文化中，琴乐也是一个重要组成部分，研习琴乐更是与个体的人格修养形成有关。"琴乐的修养如何，乃是士大夫情操、才艺的重要标志。"③ 鼓琴之人讲究"琴操"，"琴操，就是鼓琴奏乐以表现操守，即表现人的情操和气节"。④ 扬雄说："昔神农造琴以定神，禁淫嬖，去邪欲，反其真者也。舜弹五弦之琴，而天下治，尧加二弦，以和君臣之恩也。"⑤ 汉代儒学家之所以高度重视琴乐，其根本原因在于琴乐能够有效地调和人的情感状态，抑制放纵与淫逸的倾向。尽管这种艺术教育形式在当时主要局限于社会的特定阶层，然而我们依然可以了解到琴乐教育与人内在情感世界的联系。

近现代以来，为进一步推动音乐教育的规范化与制度化，国家相继出台了一系列与学校规程、教学计划、教学大纲等相关的音乐教育类政策文件。1950年，我国颁布了《中小学音乐课程暂行标准（草案）》，作为建国后首个过渡性质的音乐教育指导性文件，该标准在总结建国前音乐教育实践经验的基础上，结合新社会的特点与要求，为音乐教育的发展提供了方向。1956年，我国颁布了第一套完整的音乐教育教学大纲，其中包括《小学唱歌教学大纲（草案）》《初级中学音乐教学大纲（草案）》《师范学校音乐教学大纲（草案）》等。⑥ 这一系列教学大纲的颁布，为建国初期音乐教学提供了明确的教学目的与要求，更为我国音乐教育的系统化发展奠定了坚实的基础。在1979年至1982年间，教育部相继制定了两套中小学音乐教学大纲，这些大纲文件主要聚焦于学校音乐教育政策的完善。其中，1979年修订后颁布的《全日制十年制学校中小学音乐教学大纲（试行草案）》标志着音乐教育在时隔20年后重新被确立为中小学美育教育的重要组成部分。在"目的任务"部分明确提出了"通过音乐教学，启发学

① 转引自聂振斌.儒学与艺术教育［M］.南京：南京出版社，2006.

② 聂振斌.儒学与艺术教育［M］.南京：南京出版社，2006.

③④⑤ 聂振斌.儒学与艺术教育［M］.南京：南京出版社，2006.

⑥ 姚思源.中国当代学校音乐教育文献（1949—1995）［M］.上海：上海教育出版社，1998.

生革命理想，陶冶优良品格，培养高尚情操和丰富感情"的教育目标。①1986 年，国务院在颁布的"七五"计划中，正式将美育作为学校教育的重要组成部分。在此基础上，国家教委②于 1989 年制定了《全国学校艺术教育总体规划（1989—2000 年）》，这是我国音乐教育领域具有里程碑意义的法规性文件。1993 年，中共中央、国务院印发的《中国教育改革和发展纲要》进一步巩固了美育在基础教育中的重要地位，作为保障音乐教育的重要法规，该纲要的实施极大地促进了我国音乐教育产业的繁荣发展，开创了艺术教育、音乐教育的新局面。2001 年，中国音乐教育杂志社与中国教育学会音乐教育专业委员会联合牵头，组建了课程标准研制团队，于 2001 年 7 月成功完成了《全日制义务教育音乐课程标准（实验稿）》的研制，并由教育部正式颁布。这一课程标准的实施，标志着我国在学校音乐教育领域取得了重要突破，它体现了新课程理念下的教学实践，是我国音乐教育发展史上的一个重要里程碑。

二、幼儿音乐教育的育人价值

音乐在幼儿教育中扮演着至关重要的角色。一方面，它作为丰富幼儿生活体验与经验的重要手段，与生活紧密相连，成为学习的基础与资源。教师将地理风貌、风俗人情、民间故事等融入音乐教学内容，幼儿通过接触不同地域的音乐，得以深化对生活的理解。另一方面，音乐亦是培养幼儿良好情感与个性品质的有效途径，对幼儿性格的塑造具有不可估量的价值，有利于幼儿的全面发展，是幼儿内在的精神力量。

具体而言，音乐能够促进幼儿健康、语言、社会、科学、艺术五个领域的学习与发展，实施音乐教育能让幼儿度过快乐而有意义的童年。

（一）健康方面

音乐主要通过对情感的浸润，促进幼儿的健康成长。幼儿自我控制能力相对较弱，其情感往往表现出明显的冲动性和高度易变性。这种特征在日常生活中充分展现：幼儿极易受到周围环境和具体事物的影响，迅速进入激动状态，表

---

① 姚思源.中国当代学校音乐教育文献（1949—1995）[M].上海：上海教育出版社，1998.

② 中华人民共和国教育部在 1985 年至 1998 年被称为中华人民共和国国家教育委员会，简称"国家教委"。

现出大喊大叫、大哭大闹等无法自我控制的情绪。值得注意的是，当外在环境发生突然变化时，幼儿的情感会迅速做出反应，表现出情绪的急剧转换，如从哭泣迅速转为欢笑。可以看出，尽管幼儿尚未具备高阶思维能力，但情感反应已初步形成，能够感知外在环境的舒适度与安全感，这些感知随即转化为情感体验。随着感知与体验的逐渐累积，达到一定程度时，便产生了释放的需求，而声音就成了幼儿最为直接的情感抒发手段。因此，幼儿倾向于通过自由歌唱的方式，来抒发其内心的情感。例如，婴儿借助"咿呀"之声传达生理安全需求满足时的愉悦；幼儿在嬉戏中的即兴"哼唱"，抑或是纯粹为了情绪的表达的"吟咏"等。

《3—6岁儿童学习与发展指南》中指出："创设温馨的人际环境，让幼儿充分感受到亲情和关爱，形成积极稳定的情绪情感。"人与人之间的关爱、共享和互助自然而然地生成了轻快的歌词、优雅的旋律和动人的音符，有助于构建一个温馨和善的人际环境。这样，不论是教师还是家长，在优美舒缓、明丽轻松的音乐中，都能如《指南》所说的"保持良好的情绪状态，以积极、愉快的情绪影响幼儿"。让幼儿形成安全感、信赖感和乐观态度，以保证幼儿情感的安定愉快，让幼儿健康苗壮成长。

（二）语言方面

语言是人类进步不可或缺的要素，作为学习其他知识的媒介工具，它与教育之间存在密切关联。优秀的教育家通常对幼儿语言发展有着深刻的认知，而优秀的语言学家亦能通过语言研究对教育进行有益的反馈。幼儿期是语言发展的关键阶段，此阶段的语言习得为个体后续的语言理解和运用能力奠定基础。因此，幼儿语言发展的顺利程度，将对其未来的思维及社交能力产生影响。例如，童谣对幼儿语言方面的促进作用尤为明显。幼儿常常被长辈置于膝上，通过念诵与吟唱童谣的方式，结合互动，进行一种看似轻松诙谐，实则富含教育意义的"土游戏"。童谣是语言的旋律吟唱，有时还伴随着肢体动作的协同参与，本质上是幼儿音乐语言的初级激发形式。在这样的语言探索中，幼儿自然而然地建立了语音感、音高感和声调感。童谣种类丰富，主要包括：农谚歌曲，即向幼儿系统传授关于季节更迭、气候变化、农业生产时节以及动植物生态等自然领域的概念用语；爱情歌曲，用抒情小调向幼儿传授生活语言和爱情观念；史诗说唱，让幼儿掌握历史知识，深入了解自己族群的历史脉络和文化传承；等等。

《3—6 岁儿童学习与发展指南》中指出："应通过多种活动扩展幼儿的生活经验，丰富语言的内容，增强理解和表达能力。应在生活情境和阅读活动中引导幼儿自然而然地产生对文字的兴趣。"把音乐融入教育，通过歌词、台词的艺术呈现，在阅读和游戏等过程中让幼儿参与音乐表达，发展其倾听与表达、阅读与书写的语言能力。

（三）社会方面

音乐通过其"联结性"促进幼儿社会性发展，让幼儿能够"尊重多样性，学会共同生活，学会合作，增进对他人的理解以及彼此间相互依存关系的认识"。[①]首先，音乐联结了幼儿与自然，使幼儿能够通过音乐体验自然之美，感受自然的韵律。其次，音乐也是幼儿人际交往的媒介，通过音乐的分享，幼儿与他者之间建立起情感、思想的纽带。再次，音乐还是幼儿自我探索与表达的重要途径，通过创作、演奏或聆听音乐，幼儿得以与自身内在的情感、思想与记忆进行对话，建立了与自我意识的联系。在这些由音乐促成的关联网络中，无论是作为个体的幼儿还是作为社会集体的幼儿，都通过精神与物质层面的互动，展现了其存在的"丰富性"。同时，这些关联赋予了自在世界的意义，使得自然、社会以及幼儿生命在音乐的映照下，呈现出更加多彩的价值。

《3—6 岁儿童学习与发展指南》中指出："家庭、幼儿园和社会应共同努力，为幼儿创设温暖、关爱、平等的家庭和集体生活氛围，建立良好的亲子关系、师生关系和同伴关系，让幼儿在积极健康的人际关系中获得安全感和信任感，发展自信和自尊，在良好的社会环境及文化的熏陶中学会遵守规则，形成基本的认同感和归属感。"正向的音乐韵律和符合社会主义核心价值观的歌词，在潜移默化中涵养了幼儿为他人服务的精神和互助合作的品质，有助于幼儿在面对挑战时，以相互支持和团结协作的方式创造积极的解决方案。在面对分歧时学会尊重和理解他人，以正当的方式表达自己的诉求，以合理的方式满足自己的合法权益。

（四）科学方面

进入 21 世纪，全球竞争态势已转向综合国力的较量，其核心在于人才的数量与质量，归根结底是公民整体素质的比拼。众多国家追逐科技前沿，以期在未来

---

① 华卜泉. 共生：教学改革的新视点［J］. 江苏教育研究，2003：23—25.

社会的竞争中占据优势地位，确保国家竞争力的持续提升。"科技是第一生产力"的理念愈发凸显，个体科学技术素养在生产力构成要素中的地位日益提升。鉴于此，加强科学技术普及教育，特别是培育幼儿的科学素养，已成为构筑国家竞争力的基础。对幼儿本身而言，他们尚未发展出抽象思维，虽然无法进行科学研究，但却通过音乐萌生初级科学思维，"谚语歌"就是一种很好的方式。在古代农业社会，家庭、家族、村落中的长辈，为了向年轻一代传授本族历史脉络、自然科学知识及实用生活技能，会将成人的政治体系、经济结构、道德规范以及历史发展等多方面的知识编成歌曲，形象生动、诙谐幽默却不失系统性、科学性地将其传授给下一代。例如，每到冬至来临，长辈就教幼儿唱《九九歌》："一九二九不伸手；三九四九冰上走；五九六九沿河看柳；七九河开八九雁来；九九加一九，耕牛遍地走。"又如《廿四节气歌》："春雨惊春清谷天，夏满芒夏暑相连。秋处露秋寒霜降，冬雪雪冬小大寒。每月两节不变更，最多相差一两天。上半年来六廿一，下半年是八廿三。"均将日常生活与自然气候变化及动植物生长发育规律科学对应。

《3—6岁儿童学习与发展指南》中指出："幼儿科学学习的核心是激发探究兴趣，体验探究过程，发展初步的探究能力。成人要善于发现和保护幼儿的好奇心，充分利用自然和实际生活机会，引导幼儿通过观察、比较、操作、实验等方法，学习发现问题、分析问题和解决问题；帮助幼儿不断积累经验，并运用于新的学习活动，形成受益终身的学习态度和能力。"幼儿是"天生的哲学家"，经常提出"为什么"，通过发出疑问来探索自然现象、发现自然规律。音乐教育能够融合自然与人文科学，为幼儿提供认知世界的生动视角，助力其形成形象的科学思维，深化对外在环境的理解。

（五）艺术方面

所谓"高山流水遇知音"。伯牙善鼓琴，钟子期善听。伯牙鼓琴，志在高山，钟子期曰："善哉，峨峨兮若泰山！"志在流水，钟子期曰："善哉！洋洋兮若江河！"[①]伯牙以精湛的琴艺，将对壮丽山川的感悟与个人的哲学思考融入旋律之中，实现了情感与理智的和谐统一。所谓"知音"，也正是以音乐超越言语，以音为桥，达到相知相解的精神契合状态，体现了音乐于个体的"情""理"作用，

---

① 杨伯峻.列子集释［M］.北京：中华书局，1979.

自我与他者之间的艺术价值。若从更深层次来看，音乐对于个体与社会之间的艺术价值也不容小觑，可以说，人类文明的演进与艺术的繁荣息息相关。步入信息时代，艺术已突破传统音乐厅、美术馆、剧院等物理空间的局限，借助电视、电脑、手机等互联网媒介，深度融入人们的日常生活。众多科学研究者、人文学者及工程技术人员视艺术为激发创新思维的"另一扇窗"。艺术所赋予的感知、欣赏及创造能力，已成为当代综合型人才不可或缺的核心素养。因此，强化艺术教育成为当前我国学前音乐教育改革的重中之重。

《3—6岁儿童学习与发展指南》中指出："幼儿艺术领域学习的关键在于充分创造条件和机会，在大自然和社会文化生活中萌发幼儿对美的感受和体验，丰富其想象力和创造力，引导幼儿学会用心灵去感受和发现美，用自己的方式去表现和创造美。"音乐教育能够引导幼儿重视音乐家的创造性劳动成果，形成对音乐的良好鉴赏习惯。通过系统性地学习本土音乐文化及跨民族、跨国界、跨时代的音乐作品，深入感知音乐中蕴含的民族特色，增进对不同民族音乐传统的认识，树立对中华民族音乐文化的热爱，同时学习并理解世界其他民族音乐文化的多样性，丰富个人的音乐文化视野。

第二节　音乐素养与幼儿的音乐素养

幼儿音乐素养培养的目的，不是刻意培养幼儿的音乐技能，而是通过音乐素养培养活动，使他们具有一定的音乐感知能力，从而提高幼儿的综合素养。

一、音乐素养的界定与建设

我们从不同时期、不同类别的音乐教学大纲与音乐课程标准出发，对"音乐素养"的范畴进行界定。只有厘清"音乐素养"的概念边界，才能更好地指导幼儿园音乐课程建设。

（一）音乐素养的界定

在诸多政策文件中，对音乐教学实践、一线教师及学生产生最直接且深远影响的，当属各种音乐教学大纲与音乐课程标准。音乐课程标准详细界定了课程的性质、目标及价值取向，是国家意志在音乐教育领域的具体体现，也是国家教育规划思想、文化与价值观的集中展现，更是对音乐教育发展方向的明确指引。以我国 2001 年和 2010 年版《义务教育艺术课程标准》的编制为例，其主要成员吴斌先生曾明确指出，将"审美为核心"置于音乐课程基本理念之首，旨在凸显音乐教育在美育教育中的独特地位。

近年来，随着《国家中长期教育改革和发展规划纲要（2010—2020 年）》《中共中央关于全面深化改革若干重大问题的决定》、教育部《中小学教育质量综合评价指标框架（试行）》以及《中国学生发展核心素养》等文件的相继出台，人才培养要求中的"文化修养""人文底蕴""审美情趣"等关键词频繁出现，且表述高度一致。这充分说明，"审美为核心"的指导思想反映了党和国家对于人才培养的总体要求，体现了国家对审美教育的高度重视。与此同时，教育部在推行美育教育的过程中，通过将艺术类考试纳入中考、高考等升学考试体系，进一步提升了音乐艺术教育在教育体系中的重要性。作为一定时期内党和政府协调教育、实现教育目标的依据，音乐课程标准具有鲜明的组织性与动态性，如下表（1-2-1）所示。

表 1-2-1　政策文件中关于"审美"的表述

发布时间	政策文件	关于"审美"的表述
2010 年 7 月	《国家中长期教育改革与发展规划纲要（2010—2020 年）》	加强美育，培养学生良好的审美情趣和人文素养。
2013 年 6 月	《中小学教育质量综合评价指标框架（试行）》	学生在审美情趣和艺术修养等方面的发展情况。
2013 年 11 月	十八届三中全会《中共中央关于全面深化改革若干重大问题的决定》	改进美育教学，提高学生审美和人文素养。
2016 年 9 月	《中国学生发展核心素养》	审美情趣：具有艺术知识、技能和方法的积累；能理解和尊重文化艺术的多样性，具有发现、感知、欣赏、评价美的意识和基本能力；具有健康的审美价值取向；具有艺术表达和创意表现的兴趣和意识，能在生活中拓展和升华美等。

（续表）

发布时间	政策文件	关于"审美"的表述
2023 年 12 月	《教育部关于全面实施学校美育浸润行动的通知》	以美育浸润学生，全面提升学生文化理解、审美感知、艺术表现、创意实践等核心素养，丰富学生的精神文化生活，让学生身心更加愉悦，活力更加彰显，人格更加健全。

此外，《上海市学前教育课程指南》也指出：让幼儿"初步接触多元文化，能发现和感受生活中的美"。因此，深入剖析"音乐素养"的内涵及构成时，必须充分认识到课程标准所蕴含的宏观指导性与政策权威性，这是界定"音乐素养"的关键所在。

（二）幼儿园音乐素养课程建设

我们致力于引导幼儿通过音乐体验生活的美妙多彩。在音乐的熏陶下，幼儿的情感世界逐渐丰富，学会感知爱、温柔、同情、自豪等美好情感。同时，也能让他们明辨是非，憎恨丑恶，追求真善美。这是我园"让每一颗真善美的种子向着美好生长"的办园宗旨的生动体现。在音乐活动中，我们鼓励幼儿自主探索，勇于表达自我，让他们在快乐的表现中灵动心智，收获成功的喜悦，体验生活的快乐。这一过程不仅有助于塑造幼儿美好的心灵，也实现了我园课程建设的要求，进一步推动了园本化音乐教育的发展。我们坚信，通过持续的努力，幼儿的生命将在音乐中茁壮成长，成为拥有美好心灵与高尚情操的新时代幼儿。

二、幼儿的音乐素养

我们把《3—6 岁儿童学习与发展指南》中所提出的"不怕困难、敢于探究和尝试、乐于想象和创造"等良好学习品质与音乐素养相契合，不仅在于传授音乐知识与技能，更注重培养幼儿的音乐情感，注重音乐欣赏与创造，让幼儿在体验音乐时，能够产生响应和共鸣，唤起幼儿的快乐联想、大胆创造、享受美好，以促进其身心的健康发展。在此，我们将幼儿的音乐素养分为音乐感知、音乐表现、音乐创造三个方面。

（一）音乐感知

音乐是无国界的，具有全球共通性，因为大家对音乐的感知本有一致性，在感知音乐的过程中往往会经历相似的心境变化。音乐节奏的动态变化，不仅映射出作者情感的波动，亦能引发欣赏者情绪的相应波动。例如，节奏的缓慢可引发欣赏者产生舒缓、宁静或疲惫乃至沮丧的心理状态；而节奏的疾速则易激起兴奋、活跃或紧张乃至焦虑的情绪反应；雄壮的进行曲能够让欣赏者感知振奋与激昂；轻柔的音乐则带来宁静与柔和的感受；欢快跃动的旋律使人感知欢愉情绪；而低沉缓慢的音乐则引发哀伤与凄清的共鸣。因此，音乐旋律与节奏共同构成了音乐形象象征意义的感知载体，与幼儿经验紧密相连，进而在其大脑中感知相应的视觉意象。

幼儿处于形象思维成长期，对世界具有较强的感知敏锐度，恰当的教育介入能有效促进其音乐感知的发展。有研究表明：后天的干预可以使幼儿对艺术的敏感性和表现力提高、加速，有些发展阶段提前出现。[①] 在音乐教育引导得当的情况下，幼儿尚未分化的感知潜能可被有效激活。通过音乐感知的逐步增强，幼儿能构建与外在环境持续互动的积极态势，领悟自身生命的独特美感及外部世界的内涵之美，实现主观世界与音乐情感交融，从而推动幼儿感知能力的发展。

（二）音乐表现

幼儿的音乐表现源于音乐情感的激发、音乐理解的塑造和音乐性格的养成。通过音乐，"我们认识到主观现实、情感和情绪……使我们能够真实地把握到生命运动和情感的产生、起伏和消失的全过程"。[②] 在多彩多姿的音乐活动中，幼儿通过聆听、歌唱、舞蹈、进行节奏拍打等，以一种自主自愿的方式沉浸其中，激活了他们的听觉、运动、视觉及认知等多维度感官与机能，获得了多元的生命体验，从而滋养生命，丰富生活内涵。可以说，音乐为幼儿开辟了一条情感表现、认知建构和性格塑造的路径，使他们能够借助音乐释放内在情感，深化认知能力，培养出正向积极的性格。

具体而言，由于音乐情感是自然而然萌发的，因而音乐表达也具有自发性、自然性和自主性，源自幼儿对音乐的本能感知。例如，听到欢快的音乐时，幼儿

---

① 楼必生，涂美如．学前儿童艺术综合教育研究［M］．北京：北京师范大学出版社，1997．

② 转引自：（美）苏珊·朗格著．情感与形式［M］．刘大基，傅志强，周发祥，译．北京：中国社会科学出版社，1986：译者前言．

会不自觉地手舞足蹈,随着节奏摇摆身体,这种表现是未经雕琢的自然流露,是一种自然的本能行为,是幼儿对音乐情感的直接回应,亦体现了幼儿对音乐的内在亲和力。此外,幼儿的音乐表达是以理解音乐语言结构与意义象征为前提的,"在音乐活动中,学前儿童创造一个属于自己的意义世界。……在这个意义上,每一个儿童对音乐对象的理解无所谓正确与错误,而只有不同的关系"。[①] 最后,当音乐情感萌发、音乐理解形成后,幼儿还需要大胆地运用动作和肢体语言去表现,这一过程就涉及音乐性格的养成。正如苏格拉底所言:"音乐教育比起其他教育都重要得多……头一层,节奏与乐调有最强烈的力量浸入心灵的最深处,如果教育的方式适合,它们就拿美来浸润心灵,使它也就因而美化;如果没有这种适合的教育,心灵也就因而丑化。受过这种良好的音乐教育的人可以很敏捷地看出一切艺术作品和自然界事物的丑陋,很正确地加以厌恶;但是一看到美的东西,他就会赞赏它们,很快乐地把它们吸收到心灵里,作为滋养,因此自己性格也变成高尚优美。"[②]

(三) 音乐创造

"一个艺术家有某种感情或情绪,于是便通过画布、色彩、书面文字、砖石、和灰泥等创造出一件艺术品,以便把它们释放或宣泄出来。"[③] 3—6岁是幼儿创造力和个性发展萌芽与奠基时期,音乐活动对幼儿的创新精神和能力的养成起到至关重要的作用。音乐创造是幼儿与音乐作品相互作用的过程。"艺术创作只有贴近儿童的生活,表现对儿童而言有意义的人、事、物,儿童才能在艺术创作中通过艺术作品建构意义、创造意义。在艺术教育活动中,通过与艺术媒介及艺术语言的互动,儿童创造关于他们艺术经验的个人的意义和理解。"[④] 换而言之,幼儿依托于自身生活经历、音乐修养以及音乐情感,主动地将个人性格特质与情感体验融入音乐作品的创造过程。他们不仅是有意识的音乐创造主体,更

① 孔起英. 儿童审美心理研究——学前儿童对视觉艺术文本的解读[D]. 南京师范大学博士学位论文,2001.

② (古希腊)柏拉图. 文艺对话集[M]. 朱光潜,译. 北京:人民文学出版社,1963.

③ (美)H.G. 布洛克. 现代艺术哲学[M]. 滕守尧,译. 成都:四川人民出版社,1998.

④ ALTHOUSE R, JOHNSON H M, MITCHELL T S. The colors of learning: Integrating the visual arts into the rarly childhood curriculum [M]. New York: Teachers College Press, 2002.

是意义的生成者，能够不断地挖掘音乐作品中的潜在价值，生成新的意义阐释，从而获得深层次的音乐体验。

基于此，我们利用多元的音乐活动、有趣的教育手段和自由的学习空间，在幼儿感受力、表现力得到充分发展的基础上，让幼儿克服怕羞、胆怯的心理，大胆地尝试进行迁移、改编音乐，从而培养幼儿的自信心、创新意识和创造性思维，让幼儿的创造力得以充分发展。

第三节 幼儿音乐素养培养中的现存问题

当前，如何培养幼儿的"音乐素养"已然得到社会广泛关注，但还是存在"五重五轻"的问题。

一、重技能技巧的传授，轻音乐素养的培养

目前国家对艺术教育日益重视，全国各级中小学艺术类竞赛活动层出不穷。然而，幼儿园管理层普遍倾向于将音乐教师的职能限定在组织、训练幼儿合唱团或乐团参与竞赛或文艺表演上，以此作为展示幼儿园形象的"门面工程"。此现象反映出明显的功利化导向，偏离了音乐教育的初衷与全面发展的目标，更是导致大部分音乐教师只是单纯地教几首歌、几支舞蹈，不重视培养幼儿的音乐素养，把音乐教育仅仅看作技能技巧的训练，忽略了幼儿音乐情感的萌发。

此外，幼儿园音乐教材的使用主要是将教学内容系统地分解为可供幼儿连续学习的知识点与技术元素。所谓"知识点"囊括了音乐学科的核心理论，融合了人文学科共有的知识特征，体现了跨学科的综合素养要求。而"技术元素"则涵盖了音乐表现所需的各项技能，如演奏、演唱技巧，同时也包含了音乐认知与理解能力，以及情感共鸣与音乐创作的相关技能。因此，教师在使用音乐教材时，需先将这些知识与技能从音乐整体中分解出来，再通过整个学段的系统训练，逐步引导幼儿构建起对音乐全面而深刻的理解，最终实现音乐素养的整体提升。[①] 然而，在具体操作的过程中，许多音乐教师展现出对既有音乐教材的高度依赖性，这种倾向不仅限制了教学内容的灵活性，而且在一定程度上反映出

① 杜永寿.中小学音乐教材论［D］.福州：福建师范大学，2006.

教师对课程标准的认识不足，乃至出现与课程标准相悖的情况，从而对音乐教育的质量和幼儿音乐素养的培养产生不利影响。

二、重理论方法的总结，轻教育实践的研究

近年来，我国的幼儿音乐教育研究主要集中在幼儿园教育课程、教材编写、音乐游戏及音乐活动中的师幼互动等方面，取得了一系列研究成果。这些研究成果为教师的音乐教育实践提供了宝贵的借鉴参考，解决了在音乐课程实施过程中可能遇到的一些问题，如课程设计的逻辑性、教材内容的适宜性以及师幼互动的有效性等，为提升音乐教育的整体质量奠定了基础。同时，学术界也开始重视幼儿教师在读期间及工作后自身音乐素养的培养，深入探讨了这一因素对其音乐教学能力产生的影响。

然而，尽管在宏观层面和理论构建上取得了显著进展，但在微观层面的研究仍显不足。特别是针对幼儿音乐素养培养的具体途径、方法以及实践策略等方面的研究，仍显得较为匮乏。当前，可供幼儿教师参考的、具有可操作性的幼儿音乐素养培养方法较少，这限制了幼儿音乐教育实践的创新与发展。因此，未来的研究应进一步聚焦幼儿音乐素养培养的具体操作方法，为幼儿音乐教育提供更加全面、科学的指导。

三、重内容方式的创新，轻教育评价的应用

当前，艺术教育改革如火如荼地进行，大部分幼儿园将改革的重点定位于音乐教育的内容与方式的创新，而忽略了教育评价的作用。音乐教学的评估缺乏国家层面的统一体系，包括评估指标等关键要素在内的评估框架尚未成型，教育评价是一块难啃的"硬骨头"，成为教育改革的"拦路虎"。现实是在实践中，仍存在评价目标"工具化"倾向、评价主体的"单一化"局限，评价过程的"割裂化"困境。

2015年，教育部颁发《中小学生艺术素质测评办法》，在一定程度上为幼儿音乐素养评价提供了参考，填补了这一空白，引发了社会各界的广泛反响。有人视其为音乐教育春天的到来，寄予厚望。因此，构建科学、全面的音乐教学评价体系，加强对政策文件的准确解读与宣传，已成为当前亟待解决的问题。

四、重学校培养的发力，轻家庭教育的协同

家庭对幼儿音乐素养培养的"缺位"，使得学校无论怎么"发力"，都"心有余而力不足"。自 20 世纪 80 年代以来，随着我国经济的持续发展和人民生活水平的显著提升，家长对幼儿的全面发展日益重视，特别是在音乐教育领域，家长不惜投入大量经济资源，为幼儿提供良好的学习条件。然而，在这一看似积极的现象背后，却隐藏着一种盲目从众与缺乏深入思考的趋向。具体而言，家长往往受社会潮流驱动，为幼儿选择音乐教育的路径，而未能明确认识音乐教育对于幼儿个人成长的真正价值。无论是为幼儿聘请私人音乐教师，还是选择社会培训机构，家长更多地将关注点放在了经济投入与后勤保障上，却忽视了自身在家庭音乐教育中的关键角色。这种集体无意识的状态，导致家庭音乐教育在某种程度上成了家长单方面为幼儿安排的一项活动，而非家庭成员共同参与、共同成长的过程。

更为关键的是，家长在培养幼儿多元音乐能力、有效参与并融入幼儿音乐素养构建的过程中，往往缺乏明确的意识和有效的策略。家庭音乐教育不应仅仅围绕幼儿展开，而应是一个家庭成员共同参与、共同提升的过程。然而，在现实生活中，家长往往忽视家庭音乐文化的构建，忽视家庭成员同样存在音乐教育需求和兴趣爱好。

五、重学校教育的改革，轻社会教育的融合

当前，我国教育由政府主导，而政府主导的教育模式聚焦学校教育，导致在政策制定层面，教育主管部门往往将学校教育与社会教育视为两个相对独立的领域，未能充分将二者置于同一框架内进行考量与决策。从而，学校音乐教育呈现出一种相对封闭的自运行态势，缺乏与社会的充分互动。这种封闭性限制了学校音乐教育资源的有效整合，阻碍了其与社会音乐教育之间的融合。与此同时，社会音乐教育则因其参与者的自发性和非强制性特点，难以形成统一的教育模式，进而难以与学校音乐教育实现有效对接。

可以看出，学校音乐教育与社会音乐教育呈现出的各行其道的现状，既是政策导向的必然结果，也是两者在教育理念、实施方式及资源分配等必然产生的差异。未来，若要实现学校音乐教育与社会音乐教育的有效融合与共同发展，还需在政策制定、教育资源分配等方面进行深入改革。

第二章 培养音乐素养: 转变育人方式与建立育人目标

在探讨转变育人方式时,我们首先需要明确"育什么样的人"的问题,即教育的本质问题。对此,我们不难发现,无论东西方,育人的观念始于"善"与"德"。在中国古代,孟子提出"得天下英才而教育之,三乐也"。此语不仅彰显了教育者对人才的珍视,更蕴含了教育对于促进个体品德提升的作用。《礼记·学记》亦有"教也者,长善而救其失者"的说法,进一步阐释了教育在于培育善行、纠正过失的重要作用。

在西方语境中,"教育"(Education)一词源自拉丁语,其核心意义为"引出",意在激发个体内在的向善潜能,使之成长为具备善良人格的个体。古希腊哲学家们普遍关注教育对于塑造理想人格的作用,如苏格拉底所言,"美德即知识",强调知识与美德的内在联系;赫尔巴特则明确指出,"道德普遍地被认为是人类的最高目的,因而也是教育的最高目的"。"一切教育的最终目的在于形成道德"。[1] 进一步确立了道德在育人体系中的核心地位。随着历史的发展,育人的本质逐渐超越了单纯道德人格的培养,转向了对完善人格的全面追求。康德在其哲学体系中,将教育的目标界定为"发展所有一切自然禀赋和才能""人只有靠教育才能成为人",认为教育是实现人性完善的关键。特别是在文艺复兴时期,人文主义者高举"全才"的旗帜,倡导一种集知识、艺术、道德于一身的完善人格,深刻影响了后世育人的发展方向。人文主义运动之后,人的全面发展成为西方社会文化中的主流价值追求。马克思在《资本论》中提出的共产主义社会,即以"每个人的全面而自由的发展为基本原则的社会形式"。[2] 这为教育领域提供了新的理论视角,将教育视为促进个人全面发展的有

---

① 陈建华.基础教育哲学[M].北京:北京大学出版社,2009.
② 瞿葆奎.教育学文集第2卷教育与人的发展[M].北京:人民教育出版社,1989.

效途径。

进入现代社会，随着全球化的加速和信息时代的到来，人们愈发认识到，个体并非孤立存在，而是存在于社会网络之中。无论是学习还是工作，合作与交流都成为成功的必要条件。因此，"个人身心发展"与"道德人格的构建"，必须置于特定的社会文化语境中进行考量。这一认识促使我们重新审视教育的目的，探索如何在培养个体能力的同时，增强其社会责任感与跨文化交流能力，从而培养出既具备深厚人文素养，又能够积极应对未来挑战的复合型人才。

第一节　转变育人方式

学校育人方式的转变是基于国家政策、社会现实和幼儿生命成长三者要求的平衡而展开的。音乐素养培育是陶冶幼儿德性、贯彻国家政策、破除教育内卷、凸显幼儿主体的必要关切，亦是直面幼儿生命、培育生命自觉的必要手段。

一、育人方式转变的缘由

育人方式的转变与三个层面的需要相关。首先，是国家政策的要求。遵循国家有关教育、幼儿发展和文化传承的政策，确保幼儿音乐素养培养在核心素养的基本框架上开展。其次，是社会现实层面的需要。基于对社会、文化和教育体系的认识，分析在当前人工智能时代背景下对幼儿音乐素养发展的需要，有助于更好地实施音乐育人。最后，是幼儿生命成长的需要。幼儿音乐素养的培养需要紧密结合社会主义核心价值观，了解这些价值元素的深层内涵，有助于在音乐活动中摒弃音乐功利化、教育内卷化，从而更好地体现幼儿生命的个性意义，实现幼儿的全面发展。

（一）国家政策的要求

教育的根本是立德树人。《求是》2023年第18期刊发的习近平总书记重要文章《扎实推动教育强国建设》强调："培养什么人、怎样培养人、为谁培养人是教育的根本问题，也是建设教育强国的核心课题。"党的二十大报告指出："育人的根本在于立德。全面贯彻党的教育方针，落实立德树人根本任务，培养德智体美劳全面发展的社会主义建设者和接班人。"立德树人是对我国传统教育思想的继承与发展，是中国特色社会主义教育的本质体现。立德树人诠释了"为谁培养人""培养什么样的人"和"如何培养人"的问题,打通了教育理想与实践的肯綮,为新时代教育的发展提供了方向和指南。立德树人的核心是突出教育的育人性,它要求我们的教育要以人为本,协作共育。一方面,尊重幼儿的主体性,使其参与到教育过程中,找到自我生命的价值观与认同感,形成自我发展的主动性;另一方面,构建社会、家庭、学校协同的共育机制,实现全程育人、全方位育人和全员育人。对一所幼儿园而言,如何将立德树人落到实处,首先就要形成对立什么"德"与树什么"人"的正确理解。

音乐素养能够陶冶幼儿的德性,与国家"立德树人"的教育根本任务相契合。由中国传统道德的概念,如《庄子·天地》:"故通于天地者,德也;行于万物者,道也"①,我们可以发现,音乐素养对幼儿德性的养成具有联结作用。道德之于天地万物,是浑然天成的,与万物共存、共生。同样,音乐具有本源性、天然性,在自然界、社会中像空气一般存在,能够引导幼儿的天性童真从"实然"现状复归至理想的"本然"状态。换言之,幼儿能在内在音乐本性的指引下行动,与宇宙万物和谐共生,是既具方向性又具操作性的"指南"。故而,音乐素养不仅是联结幼儿天性"实然"与"本然"的桥梁,而且是"本然"维度下"道德"的外化表现。正所谓"有一事可以养道德、善风俗、助学艺、调性情、完人格,具种种不可思议之支配力者乎? 曰:有之,厥惟音乐"。② "音乐者,所以发挥审美之情操、涵养国民之德性,洵确论也。"③ 王国维也指出:"美育者一面使人之感情发达,以达完美之域;一面又为德育与智育之手段,此又教育者所不可不留意也。"④ 总之,幼儿的音乐素养与道德教化是共通共在的,音乐素养是幼儿成长为具有生命道德高度、充满人类情怀、绽放人性光辉⑤的时代新人的必备品质。音乐素养以其特殊的重要性,回应了"培养什么人"和"怎样培养人"的问题。

---

① 曹础基. 庄子浅注[M]. 北京:中华书局,2007.

② 俞玉姿,张援. 中国近现代美育论文选 1840-1949[M]. 上海:上海教育出版社,2000.

③ 俞玉姿,张援. 中国近现代美育论文选 1840-1949[M]. 上海:上海教育出版社,2000.

④ 王国维. 王国维哲学美学论文辑佚[M]. 佛雏,校辑. 上海:华东师范大学出版社,1993.

⑤ 冯建军. 让教育绽放人性的光辉——鲁洁先生教育人学思想述略[J]. 南京师范大学学报(社会科学版),2010(02):17-23.

（二）社会现实层面的需要

从社会现实心态来看，存在把功利作为考查、评判、衡量一切事物优劣、好坏、善恶、美丑的"泛功利化"倾向，教育被视为一种"投资与回报"的行为。

音乐是教育内卷的"重灾区"，教育功利化让本应面向幼儿全面发展的充满人性关怀的教育事业常常演变为一场只重盈亏的商业行为，由面向幼儿自觉参与的"自由"活动演变为家庭之间、阶层之间为夺取"胜利"而进行的"竞技"活动。在这个过程中，有些家长、学校忽视幼儿个性化的优势与特长，以他者的标准作为每一个幼儿的标准，从而限制了"具体个人"的生命路向的可能性。幼儿在尚未认识生活的多样性、世界的丰富性的状态下加入到由单一评价体系所构筑的竞争机制中，既在认知层面缺乏对自我的整体性认识，也在能力层面被"异化"，即长期在某一种音乐技巧的训练中变得简单化、单一化，甚至导致音乐之外的其他能力退化。

若我们将教育重心放在对幼儿音乐素养的培养，而非音乐技能的训练时，就能够破除功利化的弊病。当前，幼儿音乐教育存在两极分化的现象，即"艺"体系下的艺能教育与"人"体系下的育人教育。"艺"体系下的艺能教育强调以艺术知识、艺术技能为学习目的，这并不是真正指向幼儿内在的音乐素养，而是一种强制的、规训的外在"训练"。培养幼儿的音乐素养应"通过整体的、与人的成长诸方面皆有关系的教育行为发挥其作用，造就人的全面发展"[1]，这才是培养的真正目标。音乐素养的培养是育"人"的过程，而非育"才"的手段，"'才'是培养人才，'人'是培养一个真正的完善的人"[2]。

（三）幼儿生命成长的需要

音乐教育实质上是一种生命教育，是蕴含着理性、情感、审美等诸多要素而生成的生命交往活动。具体而言，音乐教育是通过对幼儿生命的关怀与尊重，聚焦具体而微的幼儿生命体验，并以此为基础，构建起以幼儿生命意识为核心的教育活动。在音乐教育中，我们不应只看到一个名字、一个符号，我们看到的应是一个活生生的、充满生命活力的幼儿。音乐育人首先是要看到所"育"之

① 修海林.美育与音乐教育的若干理论问题[J].音乐研究，1998（04）：3-14.
② 赵沨.加强美育，培养真正完善的人[J].音乐研究，1988（02）：3-5.

"人"的生命复杂性，以理解和包容的态度促成其生命的个性化发展，而非以某一个标签（好学生、差学生）定义某一个幼儿。"生命·实践"教育学派提出，教育即是"教天地人事，育生命自觉"，音乐中蕴含着"天""地""人""事"等基本元素；"生命自觉"是生命存在的向度，是生命"意义"的体现，幼儿生命成长就是不断叩问生命的意义与获得生命的价值，是叩响"生命之门"、发出"生命之问"的过程。

因此，音乐素养就是一种生命素养，培育的目标是使幼儿回归日常生活，拥有对每个生命尊重、理解和包容的能力，能够看到身边人、事、物的生命灵动性。使他们热爱自己、热爱他者、热爱生命，"不依凭惯例，不依从于成见，也不依傍他人，而是确信所谓生命，就是永远是新的。而永远新的生命，便是无时无刻不在加深，无时无刻不在增广"。①坚持让幼儿充分意识到自我与外在事物之间的关联，注重人与事的融通；坚持"在成事中成人，在成人中成事"的育人逻辑，引导幼儿持续与外在事物交往，推进自我生命的整全。让教师"以生命者的姿态和立场在具体的时代中做人文性的思考"，从而创造出"与教育本性高度一致的、与教育过程血脉相连"②的音乐教育。

二、育人方式的实现路径

当前，我们必须正视音乐教育"智育化""游离化"与"功利化"的尴尬处境。音乐课程设置仍以艺术技能的单一取向为主，而对于激发人文精神、审美思维、心灵滋养、创新实践等核心素养培养的融合发展相对缺失，与时代文化的交流不足，难以符合当下幼儿的需要，限制了幼儿对世界的自由表达。事实上，幼儿并不是音乐的旁观者，而是在音乐中存在，在音乐中生活，意味着"以身感之、以心认之"，理应跨越知行间的鸿沟，凸显具身性、生成性和情境性。

基于此，幼儿园育人方式的实践路径，既要有对已有文化基础的自觉传承，更要有面向时代变革的自主创新。我们需要从当前社会变革、教育变革、学校变革以及音乐发展和幼儿发展的需要出发，把握当前的主要矛盾，形成幼儿园独特的育人方式和逻辑。《3—6岁儿童学习与发展指南》指出："最大限度地支持和满

---

① 李政涛.生命自觉与教育学自觉［J］.教育研究，2010（04）：5-11.
② 刘庆昌.感悟"新基础教育"研究［J］.当代教育与文化，2015（03）：63-65.

足幼儿通过直接感知、实际操作和亲身体验获取经验的需要。"这阐明了幼儿音乐学习的特点。因而，育人方式的实践路径也可以从中获得启发。

（一）直接感知

《淮南子·本经训》提及："凡人之性，心和欲得则乐，乐斯动，动斯蹈，蹈斯荡，荡斯歌，歌斯舞。"[1]世间万象，情感斑斓，当言辞难以尽述之时，音乐就悄然启幕。情感的巅峰，常化作"言之""嗟叹"的低回、"永歌""吟咏"的悠长，乃至"手之舞之""足之蹈之"的高亢。音乐的旋律线条、节奏模式、速度变化、力度层次、音色特质、和声结构以及调式体系等要素，是能够被幼儿直接感知的。

在实践中，我们将音乐课程分为四个板块（参见本书第三章），在各个板块中，我们通过以下几种方式让幼儿直接感知音乐：其一，在歌唱活动中，设计用于帮助幼儿理解音乐的分句结构，引导幼儿体验音乐中丰富的情绪，使幼儿对歌词含义和音乐情绪的理解得以深化，而游戏化、活动化和生活化的育人方式则使原本枯燥的歌唱活动具有趣味性；其二，在韵律活动中，幼儿以肢体运动的形式来体验重音与跳音，使他们"动"起来，深化对不同韵律的认知体验；其三，在节奏乐活动中，幼儿学习并掌握常见乐器的演奏技巧，直接感知的育人方式增进他们对不同乐器的认知与演奏技能的习得；最后，在欣赏活动中，我们引导幼儿探索乐句的划分及其内在逻辑关系，感受传达的情绪变化。可以说，直接感知的育人方式能够为幼儿感知音乐奠定基础，即便日后他们对歌曲或律动的记忆逐渐模糊，那些在音乐活动中逐步培养起来的感知能力，仍将随着经历的积累与知识体系的扩展而持续增强。

（二）实际操作

幼儿直接感知音乐后，下一步就是进行实际操作，即从幼儿的现有经验出发去"做"、去"学"，这是最直观地体现"幼儿本位"思想的育人方式。在以往的幼儿教育活动中，"学校的重心在儿童之外，在教师，在教科书以及你高兴的任何地方，唯独不在儿童自己即时的本能和活动之中"，教科书"是过去的学问和智慧的主要代表"。[2]"教师是使儿童和教材有效地联系起来的机体，教师是传

---

① 何宁.淮南子集释［M］.北京：中华书局，1998.

② （美）杜威.杜威教育论著选［M］.赵祥麟，王承绪编译.上海：华东师范大学出版社，1981.

授知识和技能以及实施行为准则的代言人。"① 随着实践的积累，以往教育的弊端逐渐显露："传统教学的计划实质上是来自上面和外部的灌输。它把成人的标准、教材和方法强加给只是正在逐渐成长而趋于成熟的儿童。差距是如此之大，所规定的教材、学习和行动的方法对儿童的现有能力来说，都是没有关联的。……尽管优秀的教师想运用艺术的技巧来掩饰这种强制性，以减轻那种显然粗暴的性质，它们还是必须灌输给儿童的。"② 这一偏颇的取向导致幼儿只能受到"训练""指导和控制"。③

幼儿的实际操作过程是育人的关键。相较于以往音乐课程实施中普遍存在的"教育者眼中无儿童"的缺陷，实际操作是从幼儿既有的经验出发，最大程度尊重幼儿的自主性，最大限度拓展幼儿的自由度，体现了对幼儿价值的全面认可。实际操作的前提是基于这样一个认识：在与外在环境的交互作用中，幼儿绝非被动的适应者，而是积极主动的探索者、发现者与求知者。他们具备独特的视角来审视世界，面对音乐，他们有独有的诠释路径，从而形成个人化、个性化的"操作理论"。正因如此，幼儿常被赞誉为"天生的探索先锋""活动的主宰"和"哲学的萌芽"。

（三）亲身体验

"体验"是指某种不可忘却、不可替代的东西，这些东西对领悟其意义规定来说，在根本上是不会枯竭的。④ 在时间坐标上，体验可以通过"前摄"（protention）和"滞留"（retention）的方法，以"体验流"（erlebnisstrom）的形式获得理解。这是指每一个感知体验在时间上都有一个向前的期待和向后的保留。当一个体验消失，另一个体验出现时，旧的体验并不是消失得无影无踪，而是作为"滞留"存在于新体验的视域之中；同样，一个更新的体验也不是突然落到新体验中，而是先作为"前摄"出现在新体验的视域之中。⑤ 体验包含着在生活世界的遭遇中所获得的瞬间知觉，以及在未来时间的反复领悟。体验在时间

---

① ② ③ （美）杜威. 杜威教育论著选［M］. 赵祥麟，王承绪编译. 上海：华东师范大学出版社，1981.

④ （德）伽达默尔. 真理与方法：哲学诠释学的基本特征［M］. 洪汉鼎，译. 上海：上海译文出版社，2004.

⑤ 倪梁康. 胡塞尔现象学概念通释［M］. 北京：商务印书馆.2016.

之流和空间中就一直处于发展和丰富的过程，是一个不间断地追求新颖意义和心灵快乐的精神活动。[①] 但体验也并不止于一个精神活动，从根本上来说，体验是身心合一的体验，真正做到了身体与意识的统一。这也是体验区别于一般的现实经验的重要一点。[②] 在现实经验中，纯粹的身体感知通常被囿于感性认知的框架之内，而意识则隶属于理性范畴，与身体体验保持一定距离。换言之，在现实经验的层面上，身体与意识往往呈现出一种割裂的状态。然而，体验作为一种独特的认知方式，实现了身体感知与意识理性的融合统一。在体验中，个体不仅能够切实感受到身体层面上的愉悦感受，而且能够超越现实经验的束缚，实现思想层面的升华与境界的跃迁，即体验不仅具有身心一体的愉悦性，而且还包含着一种对人生的深度思考。[③]

在亲身体验中，幼儿以全然投入其中，通过与外在环境的"遭遇"及持续互动，实现感性与理性的交融整合。在此过程中，幼儿获得鲜活的生命体验，具体而微地表现为对新奇事物的探索与好奇的惊奇感、全身心地专注于当前活动的投入感、对周遭世界理解洞察的领悟感、知识技能掌握时心领神会的贯通感、自我提升的成长感以及源自内心满足与成就的愉悦感等。

第二节　建立育人目标

基于幼儿既有经验建立育人目标已然成为学前教育领域的共识。经验是"生物经历并体验其自己行为的结果，动作和体验或经历的形式的紧密联系"[④] 人生在世，不可避免地需要通过"经验"与外在环境建立复杂的相互作用关系，幼儿正是在这些既流动又多变、充满不确定性的环境中，探寻并赋予生命意义。因而，经验主义教育理念坚决摒弃那种脱离幼儿现实生活情境、过分强调系统化与抽象化的知识传授方式。它转而倡导在真实的生活场景与实践活动中，即在"行动"与"体验"相互交织的"经验"内，实施教育活动。

---

① 颜翔林. 审美体验及其性质与对象［J］. 学术月刊，2018（07）：150-158.

②③ 杨春时. 审美本质的发现［J］. 学术月刊，2014（05）：102-109.

④ （美）约翰·杜威. 哲学的改造［M］. 张颖，译. 西安：陕西人民出版社，2004.

一、建立育人目标的理论基础

当前，在"经验"被广泛接受的同时，也潜藏着盲目跟风的风险。若缺乏对其本质属性的深刻剖析与现实状况的审慎考察，则可能导致"经验"的滥用乃至误用，进而丧失其应有的教育价值。审视当前幼儿园中建立音乐育人目标的现状，不难发现，上述风险并非空穴来风。因此，我们在建立育人目标之前，要先对幼儿"经验"进行理论分析，搞清楚"是谁的经验""经验就是经历吗"，从而打下坚实的理论基础。

第一个问题，音乐活动中的经验"是谁的经验"，正如郭元祥所说："书本化、理性化的教育侵占儿童生活世界的时候，儿童的成长和生活也就被无情地'殖民化'了。"① 这样的教育就是以成人的经验替代幼儿的经验，导致幼儿所处的成长环境，逐渐蜕变为一种模拟化的成人生活模式，显现出高度同质化，空间维度上趋于局限。"替代"经验的后果是，幼儿过早地脱离了其本真的童年阶段，无法充分体验原生童年生活所蕴含的乐趣。更为严峻的是，幼儿所丧失的远不止于纯真、稚嫩及趣味等特质，更是自由挥洒的人性光辉、勇于探索的创新胆识，以及与生俱来的、对环境与文化深刻感知与敏锐洞察的天赋能力。正如王富仁所言：成年人的文化在不断地侵扰儿童的生活、儿童的心灵，他们变得早熟，没有了属于自己的世界、自己的心灵感知方式，创造力的过早枯萎，生命活力过早消失。最终的结果是，他们已经无法接受成年人的教导。② 卢梭也曾对这种漠视幼儿本身经验的教育进行告诫："儿童是有他特有的看法、想法和感情的，如果用我们的看法、想法和感情去代替他们的看法、想法和感情，那简直是最愚蠢的事情。"③

第二个问题，"经验就是经历吗？"若将经验等同于经历，即单纯指代"已发生的事件集合"，以这样的"经验"为基础的教育活动将不可避免地沦为"形式化"的过程。在幼儿园的一日生活中，教师与幼儿均处于高度活跃状

---

① 郭元祥.生活与教育——回归生活世界的基础教育论纲[M].武汉：华中师范大学出版社，2002.

② 转引自：杨宁.幼态持续、发展的原发性和早期教育[J].西北师大学报（社会科学版），2002（04）：28-31.

③ （法）卢梭.爱弥儿（上卷）[M].李平沤，译，北京：商务印书馆，1999.

态，一个上午的时间被紧凑地安排为多个环节：早操锻炼、户外自主探索、教学活动实施及吃点心和休息时间等。幼儿在教师的引导下，频繁地在各个活动区域间转换，表面上看似完成了多项任务，实则如同蜻蜓点水，缺乏深层次的体验与感悟。对此，杜威对于经验的阐释远非"已发生的事件"所能概括，他提出：经验是一个包含个体"做"与"受"相统一的过程。其中，"做"指的是个体对环境采取的主动操作或反应，而"受"则涵盖了环境对个体行动所给予的反馈，以及个体对自身行动的内在觉知与反思。因此，杜威所定义的"经验"，本质上不仅包含了"做"的层面，更自然地融入了个体在"做"之后，从环境中获得的反馈及其个人化的情感"受"的体验，从而构成了一个完整的动态经验循环。"动作和体验或经历的形式的紧密联系"[1] 才是"经验"的全部。由此可知，幼儿在"已发生的事件"中的体验与感知，是其与外部环境交互作用并建立关联后，对自我进行的一种"内省映射"，这一过程就是意义生成的基础。若"已发生的事件"缺乏幼儿的体验，未能触及幼儿的意义建构，则原本应充盈幼儿生命价值的经验，将沦为一系列"行为动作"的机械堆砌，其蕴含的意义将大打折扣。"做"与"受"相统一的"经验"形成，要求幼儿全然沉浸于活动之中，与材料、同伴进行充分深入的互动，从而诱发出内生的经验。因此，幼儿经验的生成需要充足的时间和宽松的环境作为支撑。然而，在教师的催促之下，在紧迫的时间框架内，"做"与"受"相统一的"经验"构建过程将被严重压缩，蜕变为一种流于表面的"形式化""过场化"经历，阻碍了幼儿经验的生成。

幼儿与音符的互动是一种全面融入的互动。在音乐活动中，幼儿可能展现出沉浸、痴迷乃至"物我两忘"的状态，在这一境界中，他们不仅感知、认知律动节奏，更构建起了与音乐文化的生命关联，实现了意义的生成与流动。然而，在形式化经验主导的教育活动中，成人经验的过度介入往往侵蚀了幼儿经验的本真性，导致音乐活动丧失了其作为幼儿生活方式与日常经验的意义。尽管幼儿依旧唱歌跳舞、吹拉弹唱，但固定的流程设计、机械的行为模式以及沉闷的氛围，使得这些活动远离了真正音乐活动的精髓，幼儿在音乐中陷入了"被动"的

---

[1]（美）约翰·杜威.哲学的改造[M].张颖，译.西安：陕西人民出版社，2004.

困境。此类经验缺失了经验本质中"做"与"受"的有机统一，压抑了幼儿全身心投入音乐时意义的自然涌现。因此，建立在这种形式化经验基础之上的音乐活动，难以触及幼儿的意义世界，无法有效滋养其心灵、润泽其精神，实现"完满生活"的价值追求则更无从谈起。

综上，"走过场"的形式化经验教育存在着将幼儿音乐活动再度拉入理性主义窠臼的风险，这一风险借"经验"之名得以隐蔽地存在。这样的教育活动对幼儿的既有经验置若罔闻，转而以成人的经验为蓝本，替代并覆盖幼儿的经验。在这一过程中，幼儿对于音乐独特的感受力、表现力与创造力被抽离，他们被迫在成人经验预设的框架内，依照成人的期望完成既定的行为与活动。值得注意的是，成人经验本身，在本质上已偏离了人类"经验"的原初与本质属性。因此，尽管幼儿教育表面上确立了"经验"的核心地位，但在"经验"的幌子之下，理性主义的隐性力量依然强大且持续发挥着作用。

二、育人目标的设置

为了突破"形式经验"的教学模式，我们在设置育人目标时，将幼儿的"连续性经验"作为认知基础，联系《3—6岁儿童学习与发展指南》中各年龄段幼儿的音乐能力，即"3—4岁的幼儿能够经常自哼自唱或模仿有趣的动作、表情和声调；能用声音、动作、姿态模拟自然界的事物和生活情景。4—5岁的幼儿能够经常唱唱跳跳，愿意参加歌唱、律动、舞蹈、表演等活动；能通过即兴哼唱、即兴表演或给熟悉的歌曲编词来表达自己的心情。5—6岁的幼儿能用基本准确的节奏和音调唱歌；能用律动或简单的舞蹈动作表现自己的情绪或自然界的情景"。幼儿音乐素养培养对应的三大能力：音乐感受力、音乐表现力和音乐创造力，我们围绕这三大能力设置育人目标。

（一）音乐感受力

音乐感受力是指幼儿在音乐审美过程中，形成的情感体验和审美感受的能力，同时又能够从情感的角度和理性的角度去理解、领悟音乐内容的心理过程。主要包含两个方面：一是从音乐中体验情感和理解内容的能力；二是感知音乐的结构本身的能力。

对幼儿而言，他们能够逐步感知构成音乐的基本单元，如乐句与乐段，并在听觉感知层面把握音乐最基础的结构特征，如简单的曲式结构。同时，他们对富有戏剧张力、情感饱满的歌曲也表现出显著的兴趣，这标志着他们开始认识到音乐是情感与体验的"桥梁"。在此阶段，音乐不仅成为幼儿情感表达与感受交流的重要工具，更是其内心世界与外在环境沟通的重要媒介，影响着幼儿的社会性情感发展。我们就《3—6岁儿童学习与发展指南》与《学前儿童艺术学习与发展核心经验》[①] 书中关于音乐感受力的指标进行了整理。（见表2-2-1）

表2-2-1 幼儿音乐感受力发展指标

	3—4岁	4—5岁	5—6岁
《3—6岁儿童学习与发展指南》感受与欣赏	1. 容易被自然界中的鸟鸣、风声、雨声等好听的声音所吸引。 2. 喜欢听音乐或观看舞蹈、戏剧等表演。	1. 喜欢倾听各种好听的声音，感知声音的高低、长短、强弱等变化。 2. 欣赏艺术作品时会产生相应的联想和情绪反应。	1. 乐于模仿自然界和生活环境中有特点的声音，并产生相应的联想。 2. 艺术欣赏时常常用表情、动作、语言等方式表达自己的理解。
《学前儿童艺术学习与发展核心经验》音乐感受力的发展规律	1. 逐步自发地注意听他们所喜欢的音乐并分辨它们，对乐曲的理解十分有限。 2. 对生动形象、节奏鲜明的乐曲有所反应和感受，能随着音乐做出动作反应，常用肢体动作，尚不能用语言表达对乐曲的感受。	1. 逐渐辨别声音的细微变化，初步感受乐曲的结构。听出乐段、乐句之间的重复（简单的ABA结构），以及乐曲在情绪性质上的明显差异。 2. 理解音乐所表达的情感并产生联想，但对复杂的、没有标题的纯器乐曲的理解还有一定困难。	1. 能从对音乐的粗略区分进入比较细致的区分，而且能感受、辨别较为复杂的器乐曲的结构、音色及情绪风格上的细微差别。 2. 对音乐形象鲜明的同类音乐进行分析和归类，用语言表达音乐感受，对纯器乐的理解能力也进一步加强。

（二）音乐表现力

音乐表现力是指幼儿通过与音乐互动，将自己对音乐的理解通过表情、肢体、情绪等情感表达方式结合节奏、歌曲、律动等音乐表现形式来进行表现的能

---

① 施燕、何敏、张婕.学前儿童艺术学习与发展核心经验［M］.南京：南京师范大学出版社，2021.

力。主要包含两个方面：一是富于表现力地传达音乐情感和内容的能力；二是准确表现音乐结构的能力。

一般而言，幼儿能够运用诸如"快乐""安静""力量"等词汇精确表述自身对音乐情感的理解，并通过肢体语言表现出来。从"感受"到"表现"的转变标志着幼儿正逐步成长为一名"主动型听众"。随着幼儿接触音乐作品的范围不断扩大，所掌握的旋律素材日益丰富，其对音乐的再识别与记忆能力也显著增强，听觉分化能力的精细化程度增加，大脑对发声器官调控效能的显著提升，幼儿对声音的运用愈发自如。当幼儿能够从电视、广播或他人演唱中准确辨认出自身熟悉的旋律时，往往能表现出一种发现的乐趣与积极的自我效能感。此外，大脑对身体动作的全面协调与控制能力亦在同步增强，幼儿开始能够较为和谐且优雅地参与舞蹈活动，手脚动作能够自然地与音乐的节奏和节拍相契合。在教师的专业指导下，幼儿能够习得一些基础舞步及舞蹈动作，并对舞蹈产生前所未有的热情。我们就《3—6岁儿童学习与发展指南》与《学前儿童艺术学习与发展核心经验》一书中关于音乐表现力的指标进行了整理。（见表2-2-2）

表2-2-2　幼儿音乐表现力发展指标

来源	内容	3—4岁	4—5岁	5—6岁
《3—6岁儿童学习与发展指南》音乐表现	喜欢进行艺术活动并大胆表现	1. 能够模仿学唱短小歌曲。 2. 经常自哼自唱或模仿有趣的动作、表情和声调。	1. 能用自然的、音量适中的声音基本准确地唱歌。 2. 经常唱唱跳跳，愿意参加歌唱、律动、舞蹈、表演等活动。	1. 能用基本准确的节奏和音调唱歌。 2. 积极参加艺术活动，有自己比较喜欢的活动形式。
《学前儿童艺术学习与发展核心经验》音乐表现力的发展规律	声音能力	1. 音乐要素表现 音域：基本在c^1—g^1。 音准：能够演唱简短的句子，音准不稳定。 节奏：能够掌握四分音符和八分音符	1. 音乐要素表现 音域：基本在c^1—a^1。 音准：音准能力提高，伴奏状态下音准较好。 节奏：不仅能比较熟练掌握四分音符、四分休止符和八	1. 音乐要素表现 音域：基本在c^1—c^2。 音准：能够较准确唱出旋律的高低变化，建立初步的节奏感。 节奏：能够区分掌握常用的拍子和音

（续表）

来源	内容	3—4 岁	4—5 岁	5—6 岁
《学前儿童艺术学习与发展核心经验》音乐表现力的发展规律	声音能力	2. 歌唱能力 姿势：能够掌握正确的歌唱坐姿。 呼吸：气息控制能力较弱，偶尔能够准确换气。 吐字：对理解的字词能够清晰地吐字发音。	分音符，而且能够初步掌握四分音符和八分音符的组合。对二分音符、典型的附点节奏和三拍子节拍也能掌握。 2. 歌唱能力 姿势：能够基本控制好自己的歌唱姿态，包括坐姿和站姿。 呼吸：能逐步控制歌唱的发声，能使用较长的气息，按教师的要求换气。 吐字：能较完整、准确地再现歌词，且听辨、理解、记和再认能力有了很大的提高，唱错字、发错音的情况有所改善。	符，唱准多种音符的组合，以及大、小附点和切分节奏。 2. 歌唱能力 姿势：能够较好地控制好自己的歌唱姿态，包括眼神平视、双肩放松。 呼吸：气息保持时间比以前更长了，能按乐曲的情绪自然地换气，同时音量明显变大。 吐字：能记住更长、更复杂的歌词，进一步理解词义，在填词的发音、咬字方面有明显的进步。
	动作能力	1. 控制性：能够随着音乐做简单的身体动作，对幅度大的上肢动作的控制性较好。 2. 随乐性：基本能够随着音乐节奏动作，在成人的提醒下，初步能对音乐的总体结构做出反应，如，等待前奏、随着音乐开始做动作，在音乐结束时做结束动作。 3. 协调性：能做一些简单的联合动作，如边拍手边点头、	1. 控制性：能跟着音乐节奏做动作，并且能较自由地做连续的移动动作。 2. 随乐性：随乐性有了提高，不仅表现在能够合拍地跟着音乐节奏做动作（2/4 拍或 3/4 拍），而且能够在同一首音乐的转换处以不同的动作节奏加以表现。 3. 协调性：动作协调性有了进一步的提高，并且与音乐相协调的动作显得更为	1. 控制性：能用较复杂的上下肢联合动作自如地表现音乐的节奏、节拍。并能掌握更复杂的连续移动作。 2. 随乐性：有了更显著的提高，不仅表现在能够自如熟练地表现音乐的节位、节拍。而且表现在对比较复杂的节奏能够做出反应，如附点节奏及切分节位、3/4 拍、6/8 拍的节奏等。此外，对音乐的速度

（续表）

来源	内容	3—4 岁	4—5 岁	5—6 岁
《学前儿童艺术学习与发展核心经验》音乐表现力的发展规律	动作能力	边走步边做简单的模仿动作等。 4. 平衡性：平衡及自控能力还较差，特别是腿部力量较弱，所以对幅度较大的上肢动作易于掌握，对下肢肌肉力量及弹性要求不是太高的单纯的移动动作较易掌握，同时能够做一些简单的上下肢联合的复合动作，比如边走小碎步边学小鸟飞。 5. 合作性：动作表现往往是以自我为中心的，他们还不善于与同伴合作。 6. 空间感：在音乐活动中的动作表现空间感还没有完全建立。需要在指导下或者利用某个参照物才能够站准自己的位置。 7. 交流意识：动作表现中的交流感知还未建立，在音乐活动中往往以自我为中心进行动作表达。 8. 配合度：还不善于运用动作与同伴配合，需要在指导下才能够与同伴进行交流和共享。	自如，可以学着做一些比较精细的腕部、指部动作。其节奏的均匀性、稳定性也更加明显。 4. 平衡性：平衡能力和下肢动作能力的逐渐提高，能够比较自由地做一些连续的移动动作。 5. 合作性：开始注意运用动作与同伴进行结伴、合作、交流。 6. 空间感：动作表现中的空间感得到提升，能在集体韵律活动中共享空间不与别人碰撞。 7. 交流意识：有所增强，能主动地去邀请同伴共舞。 8. 配合度：动作配合度得到提升，能与同伴合作表演动作。	和力度变化的动作反应灵敏度也有所提高。 3. 协调性：能够做更复杂的上、下肢配合的联合动作，可以同时协调配合手臂、手指、头部、眼睛、腰部及脚做动作，同时能够掌握更为复杂的连续移动动作，如垫步、交替步、秧歌十字步、踮趾小跑步、跑马步等。 4. 平衡性：不仅对动作的自控能力增强了，而且保持重心及平衡的能力也得到了进一步的提高。 5. 合作性：合作协调技能增强，并能用动作、表情和眼神与同伴交流。 6. 空间感：已经通过集体韵律活动形成一定的空间感，能够较准确地进行交换位置。 7. 交流意识：动作表现中的交流意识不断增强，并且主动追求与同伴一起参与活动的快乐。 8. 配合度：合作协调技能越来越强，他们能够用动作、表情和眼神与同伴进行交流合作。

（三）音乐创造力

音乐创造力是指幼儿在音乐活动中根据一定的目的和任务，开展能动的思维活动，产生新认识，创造新的音乐理解及表现方式，从而产生的连续复杂的高水平心理活动。主要包含两个方面：一是创造性传达音乐情感和内容的能力；二是创造性表现音乐结构及理解的能力。

当幼儿的音乐感受力和表现力均持续性地发展，能够精确演绎一系列简单的歌曲，音域得到了拓展，节奏把握更为精准，且在力度与速度的控制上展现出更为细腻的处理时，音乐创造力就得以萌发。正如张华所说："让学生创造着长大而不是长大了再创造。让一切学科知识都变成学生探究和使用的对象，让一切技能都成为发展核心素养的手段，让探究和创造成为每一个学生的学习和生活方式。"[1] 音乐创造力最能够体现"以幼儿为中心"的教育观，要最大程度尊重幼儿的天性，让幼儿自主创造歌曲、动作、节奏，甚至创造出某种音乐"文化"。通过发展幼儿的音乐创造力，让幼儿的"生命越来越具有独特性，越来越丰富，越来越富有蓬勃的生命力、创造力，且越来越能够把自己展现于世界之中，映现于其他生命的眼帘之中。"[2] 我们就《3—6岁儿童学习与发展指南》与《学前儿童艺术学习与发展核心经验》一书中关于音乐创造力的指标进行了整理。（见表2-2-3）

表 2-2-3　幼儿音乐创造力发展指标

	3—4岁	4—5岁	5—6岁
《3—6岁儿童学习与发展指南》音乐创造	1. 能跟随熟悉的音乐做身体动作。 2. 能用声音、动作、姿态模拟自然界的事物和生活情景。	1. 能通过即兴哼唱、即兴表演或者给熟悉的歌曲编词来表达自己的心情。 2. 能用拍手、踏脚等身体动作或可敲击的物品敲打节拍和基本节奏。	1. 能用律动或者简单的舞蹈动作表现自己的情绪或者自然界的情景。 2. 能自编自演故事，并为表演选择和搭配简单的服饰、道具或布景。

---

① 张华.让学生创造着长大——2022年版义务教育课程方案和课程标准核心理念解析［M］.北京.教育科学出版社，2022.

② 李政涛.教育科学的世界［M］.上海：华东师范大学出版社，2010.

（续表）

	3—4 岁	4—5 岁	5—6 岁
《学前儿童艺术学习与发展核心经验》音乐创造力的发展的行为表现	1. 会用身体进行诠释和表达，创编一些专属动作。 2. 对歌曲片段进行一些改编。	通过声音、身体、乐器等媒介，将音乐的节奏创造性地模拟出来。 对完整歌曲进行改编或重构。	1. 理解音乐作品中的节奏型，并能够独立地完成音乐要素变换的诠释，理解节奏的主题与动机。 2. 通过说和唱结合的方式自编自创属于自己的歌曲。

第三章 设置音乐课程：音乐素养活动的板块、内容与形式

在构建幼儿课程内容的过程中，我们认识到，课程内容应浸润于幼儿生命成长的自然进程之中，将课程内容与幼儿的日常生活紧密相连。具体而言，课程内容应真实反映音乐在幼儿生活中的需求，实现课程的生活化转型，进而以生命体验与生活实践为基础，构筑一个富有意义的音乐世界。在此视角下，课程内容的设计应以幼儿生命的可能性为导向，摒弃功利主义与技术理性，尊重幼儿天性，鼓励其在生活中自主探索音乐的奥秘，从而迈向一种更为真实的生命成长。

第一节 以提升幼儿音乐素养为目标的课程板块

音乐活动是幼儿极为喜爱的活动，因为他们爱唱、爱跳、爱笑，爱无拘无束地展示自己最优异的一面。我们抓住幼儿的这一特点，通过开展欣赏、歌唱、韵律、节奏乐四大活动形式，在不同形式的音乐活动中，促进幼儿音乐感受力、表现力和创造力的稳步提高。

一、欣赏活动

音乐欣赏活动旨在通过让幼儿聆听音乐作品，促进其感受、体验、理解、创造与表现音乐的综合性教育活动。在幼儿参与音乐欣赏活动的过程中，教师应关注培养幼儿的审美情感，支持幼儿积极投入欣赏活动，学会倾听并鉴赏不同风格类型的音乐作品，从而发展幼儿感受与理解音乐的能力，鼓励幼儿基于个人的理解与想象，创造性地运用多种艺术形式对音乐进行充分表现。

教师培养幼儿在聆听音乐过程中想象音乐形象，在欣赏的基础上能用语言表达、用笔描绘、用身体动作将音乐自由地表现出来。教师支持幼儿用童龄妙

语、童龄妙画、童龄妙舞来展示其对音乐的独特见解，提升其感受美、表现美、创造美的能力。幼儿园音乐欣赏活动肩负培养幼儿的审美兴趣，丰富幼儿的审美情感，发展幼儿的审美感知、理解和创造能力的重要使命，最终为幼儿身心的全面发展服务。

在幼儿园里，我们要为幼儿提供各类音乐欣赏的机会，激发幼儿的审美情趣。音乐不仅在一个音乐集体教学活动中出现，而且可以沁入我们的生活，在运动中，在游戏时，在饭后茶余，等等。我们给予幼儿的机会要突破时间和地域的限制。

在东方江韵幼儿园，音乐是生活的一部分。我们的操场上散落着富有美感的打击乐器，让幼儿随时可以敲敲打打。户外游戏的"百宝箱"里放置着唱吧话筒、蓝牙音箱、小乐器和表演服饰，幼儿在户外活动时可以尽情表达，享受美好。我们设置有趣的"声音走廊"装置，幼儿通过触摸设备可以听到"大自然的声音""家里的声音""马路上的声音"；还有"乐器的声音"，完美呈现了艺术来源于生活又高于生活。室内环境则注重科技互动的嫁接。"乐乐大厅"中有多媒体软屏大树，周围环绕一圈红外线感应器，能产生高低不同的音阶、长短不一的音长、可视化的多媒体效果，让幼儿充分感受音乐的有趣与多变，更寓意真善美的种子向着美好生长。"沉浸之境"借助投影、VR/AR 等技术以及环境渲染、场景塑造等，使幼儿在与现实世界存在有限边界的物理空间进行互动性体验的空间，最终达到实现沉浸式的状态。"扭扭舞台""哆哆乐园"音乐室打造的多功能音乐空间，投入多种先进的信息化设备，通过投影与感应设备的相互作用，营造出立体的音画空间，幼儿通过触摸按键选择自己喜欢的音乐进行欣赏和表现。

在音乐欣赏过程中，教师可以通过提问、引导等方式，激发幼儿对音乐的理解和想象，推动幼儿的音乐理解，进而鼓励他们用语言、动作、表情等多种方式来表达自己对音乐的感受。例如，在观看音乐表演或听音乐时，幼儿可以自编动作、用语言、绘画、乐器表达对音乐的理解和想象，这种表达美的过程有助于提升他们的审美情趣和艺术修养。

如中班欣赏活动"胖厨师与小老鼠"。

活动目标：

1. 能专注地欣赏音乐，根据音乐特点选择合适的画面、乐器，并初步尝试表演。

2. 乐意与同伴分享自己听音乐的感受，体验欣赏活动的快乐。

在活动中幼儿先后有五次欣赏感受音乐的机会。

第一次是完整欣赏，让幼儿根据音乐曲风与故事情境进行匹配。其作用是情感共鸣与想象激发。使他们能够将抽象的音乐转化为具体而生动的画面，从而在内心构建起对音乐情感的初步理解。

第二次是分段解析各个乐段。其作用是提升幼儿细节感知与表达能力。通过分段欣赏，促进幼儿运用语言准确描述音乐感受的能力。

第三次是完整欣赏，为乐曲选择适宜的乐器。其作用是激发幼儿创造性表达。在为乐曲选择适宜乐器的过程中，幼儿需要考虑乐器的音色是否与故事情境相匹配，这一过程促进了他们的创造性思维。

第四次是为乐曲进行分段伴奏表演。

第五次是完整表演。在分段伴奏和完整表演中，幼儿需要与同伴合作，共同演绎故事。教师通过多种方式来帮助幼儿在音乐、语言、情感间关联与共振，感受情节与音乐的关系，乐器与情节的关系，节奏与情节的关系，合作与情节表现的关系。

"胖厨师与小老鼠"这一音乐欣赏活动通过多维度的体验、表达和创造，有效提升了幼儿在音乐欣赏与表达方面的综合能力。

音乐欣赏活动是幼儿对音乐作品进行感受、鉴赏、理解的审美活动，教师要支持幼儿的独特创造。音乐欣赏活动以其独特的魅力，激发幼儿对音乐的好奇心和探索欲。当幼儿接触到不同风格、不同情感色彩的音乐作品时，他们的内心会涌动起强烈的感受，这种感受往往伴随着创造的冲动。音乐中的旋律、节奏、音色等元素，成为幼儿创造思维的火花，点燃他们心中的创作欲望。

如大班欣赏活动"快乐魔法汤"。该活动的音乐节选自奥地利作曲家约翰·施特劳斯的作品《加速度圆舞曲，作品234，第一小圆舞曲》，乐曲欢快流畅，有明显的速度和力度的变化，旋律充满奇幻神秘。教师将魔术和音乐进行嫁接，助力幼儿在探秘过程中感受音乐性质。

在材料准备时，教师借助故事情境以及与音乐匹配的辅助材料帮助幼儿加以想象。例如，运用视觉材料——图谱，形象具体地反映音乐的内容、结构与特点，图谱与音乐的一致性，让幼儿对音乐的曲式结构、旋律特点有更直观的感受。运用动作材料，教师制作魔法汤，让音乐看得见，激发幼儿大胆运用符合音乐性质的肢体动作，反映音乐的节奏、旋律、结构，来表达对音乐的理解和想象。

每个幼儿都是独一无二的个体，他们有着不同的性格特点、兴趣爱好和创造潜能。音乐欣赏活动应该尊重幼儿的个性差异，鼓励他们在欣赏音乐的过程中展现自己的独特创造。这种尊重和鼓励不仅让幼儿更加自信地表达自己，更促进了他们个性的发展和完善。

二、歌唱活动

歌唱作为直接依赖人体发声器官进行的音乐艺术实践活动，为幼儿提供了直观体验音乐基本要素的机会，使幼儿能够深切感知歌曲所蕴含的情感意境，进而达成提升音乐素养、领略音乐之美的教育目标。在歌唱活动过程中，教师通过不断丰富幼儿的听唱经验，来满足其歌唱的本能需求，培养幼儿对歌曲的感知力、理解力和表现力。教师支持幼儿以愉悦的情绪投入歌唱活动，并注重培养其歌唱表现力和创造力，使幼儿在歌唱活动中实现全面发展。

歌唱活动为幼儿提供了表达美的舞台。幼儿通过模仿、练习，将歌曲中的旋律、节奏、情感用自己的声音表现出来。在合唱活动中，幼儿学会协调声音，融入集体，这个过程增强了他们的自信心与表现力。最终，幼儿将自己内心对歌曲的理解与感受传递给他人，实现美的表达与分享。

例如，在每年的国庆节前夕，幼儿园举办的"歌唱祖国，童心送祝福"班班唱活动，不仅是一场音乐的盛宴，更是幼儿表达美、感受爱国情怀与集体荣誉感的独特平台。

（一）情感共鸣与美的感悟

选择具有深厚爱国情感和正面价值观的歌曲，如《国旗国旗真美丽》《红星歌》《中国字中国人》等，激发幼儿对国家的热爱和对美好事物的向往。这些歌曲旋律优美，歌词富有教育意义，有助于幼儿在学唱过程中深刻理解歌曲背后的情感与故事，从而在表演时能更真挚地传达美的感受。

（二）自主编排与个性化表达

活动鼓励每个班级在保持歌曲原有精神的基础上，进行自主编排，幼儿在这个过程中各抒己见，如加入简单的舞蹈动作或是使用创意道具。幼儿在参与创作的过程中发挥想象力和创造力，展现个性化的美。他们还会讨论要为班班唱准备的服装和物品，竞选小指挥。这样的过程不仅丰富了表演形式，也让幼儿在实践中学会如何将个人对美的理解融入集体表现中。（见图3-1-1）

图3-1-1　演出前准备及设计指挥方案

（三）团队合作与集体美的展现

班班唱活动强调团队合作，幼儿在排练过程中学习如何调整自己的声音以适应集体，如何在队形变换中保持整齐划一，这些努力共同构建了一种和谐统一的集体美感。通过集体表演，幼儿体验到作为团队一员的重要性，增强了集体荣誉感和归属感，同时也学会了欣赏他人，共同创造出一个更为宏大的美的作品。（见图3-1-2、3-1-3）

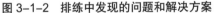

图3-1-2　排练中发现的问题和解决方案　　　图3-1-3　认真排练中

（四）观众互动与美的分享

活动当天，邀请家长及幼儿园所有幼儿和教师作为观众参与。幼儿在事前商议怎样做一名文明的小观众，制订了"观演公约"。当天，幼儿的表演获得来自亲朋好友的掌声和鼓励。他们还做起小评委，选出自己最喜欢的一个节目，分享自己对歌曲的理解和感受。这种分享促进了情感的交流，加深了幼儿对美的感知和表达能力，进一步激发了幼儿参与艺术活动的热情和信心。(见图3-1-4、3-1-5)

图 3-1-4　幼儿共同商议制订"观演公约"

图 3-1-5　幼儿评价演出曲目

（五）文化传承与创新

结合国庆节的主题，活动还可以融入中国传统文化的元素，如选择具有民族特色的歌曲，穿上传统服饰进行表演，让幼儿在表达美的同时，也学习和传承中华优秀传统文化的精髓。同时，鼓励幼儿对传统歌曲进行现代改编，用新的方式诠释经典，既保留了传统文化的韵味，又展现了时代的新风貌。

综上所述，"歌唱祖国，童心送祝福"班班唱活动通过多维度、多层次的参与和体验，不仅为幼儿提供了一个展示自我、表达美的平台，而且促进了他们的全面发展，包括情感表达、创造力激发、团队协作、文化交流等方面，让幼儿在歌声中感受美、创造美、分享美。

三、韵律活动

韵律活动是通过富含情感与节奏的动作来诠释音乐内容与情感理解的综合性艺术表现形式。在韵律活动中，教师应支持并培养幼儿对此类活动的兴趣，并强化其理解与感受音乐内涵的能力；幼儿能根据音乐的旋律节奏，做出与之相应的韵律动作，运用自身的肢体动作进行再现性与创造性的艺术表达。在此过程中，幼儿会丰富自身的音乐语汇，深化对音乐艺术的认知体验，为其未来的艺术发展打下基础。

幼儿园韵律活动对促进幼儿音乐素养的发展起着至关重要的作用，主要体现在以下几个方面。

第一，韵律活动通过音乐和动作的结合，为幼儿提供了一个充满艺术氛围的环境。音乐作为韵律活动的核心，具有独特的旋律、节奏和音色，能够激发幼儿对音乐美的感知。幼儿在韵律活动中感受音乐魅力，通过聆听音乐、感受音乐的节奏和旋律，能够逐渐领略到音乐中的美感，从而培养其对美的敏感度和欣赏能力。

如小班音乐活动"小司机"。在这个活动的设计过程中，教师没有用任何多媒体的教具，而是在音乐中加入了一些信号和音效，让幼儿在感受音乐的过程中更多的专注于听。教师在设计的时候将音乐故事情境化，添加角色与情节，加强音乐游戏的趣味性，使幼儿能够在愉快的情绪中轻松、自然、饶有兴趣地去倾听并感受音乐。在不同的情境中根据幼儿的已有生活经验，初步尝试创编开汽车、加加油、刷雨刷等动作，引导幼儿听到雷声后迅速找到离自己最近的车位停车。在轻松活泼的音乐中感受音乐活动的趣味性，真正体验到音乐活动带来的快乐。

第二，在韵律活动中，幼儿通过动作来诠释音乐的情感和内容。这要求他们不仅要感知音乐的外在形式，还要深入理解音乐的内在含义和情感表达。通过不断地尝试和体验，幼儿能够逐渐提高对音乐的理解能力，学会从音乐中汲取情感和思想。

例如，教师在户外运动中播放快慢相间的音乐时，幼儿能够本能地根据音乐的节奏变化调整自己的动作。当节奏明快时，他们自然而然地模仿小鸟飞翔、小兔蹦跳等轻盈活泼的动作，展现出音乐中的欢快与活力；而当节奏放缓时，他们则模仿大象走路或乌龟爬行等沉稳缓慢的动作，准确捕捉并表达了音乐中的舒缓与悠长。这种基于音乐情感与内容做出的动作反应，是幼儿在不断尝试与体验中逐渐形成的对音乐深刻理解的表现。通过这一活动，提高了幼儿对音乐外在形式的感知能力，同时也成为幼儿探索音乐深度与广度的重要桥梁。

第三，韵律活动鼓励幼儿用肢体动作进行再现性和创造性的艺术表达。这种表达方式不仅让幼儿有机会展示自己的音乐感受和理解，而且促使他们在动作中融入自己的想象和创造，从而培养了音乐表现能力，还为幼儿提供了一个自由发挥和创造的空间。在韵律活动中，幼儿可以自由地编排舞蹈、创作歌曲，或者通过即兴表演来表达自己的想象和创造。这种创造性的表达不仅让幼儿有机会展示自己的个性和才华，而且激发了他们的创新思维和想象力。

如中班音乐活动"披萨披萨"。基于幼儿的认知经验，以小小披萨师做披萨为情境铺陈，将做披萨的重要步骤融入乐曲，并使幼儿感受乐曲的不同。幼儿根据音乐的变化，愿意用动作大胆表现做披萨的过程，在情境中体验做小小披萨师的快乐。在活动中，教师以精准的语言、生动的视频和启发性的配图环节帮助幼儿认识和了解这个音乐。

活动中几句小结语起到了点睛的作用："原来我们跟着音乐的节奏，用不同的动作可以把面团揉得更筋道。""飞饼就是要用各种不同的动作让饼皮旋转、飞起来。"小结语提示幼儿根据音乐的节奏进行动作的表现，之后在掌握节奏的基础上增加动作的强度。在飞饼时，音乐旋律是回旋的，就像饼在空中飞的景象，动作指导要提醒幼儿动作的连贯性和不同动作、位置、运动的分布状态。最后，教师通过鼓励同伴互评、模仿学习等方式推动幼儿能大胆、自信地做出动作。

通过大量参与韵律活动，幼儿接触到各种不同的音乐风格和节奏类型。同时，幼儿在学习和模仿各种动作的过程中，也会逐渐积累起一套属于自己的、特有的音乐经验。幼儿园韵律活动通过促进音乐感知能力、提升音乐表现能力、激发音乐表现能力以及促进音乐与身体动作的协调发展等多方面作用，有效地促进了幼儿音乐素养的发展。

四、节奏乐活动

节奏乐活动是一种高度综合性的幼儿音乐教育活动，它要求幼儿充分调动手、眼、脑等多感官系统的协同作用，通过身体动作和打击乐器的演奏形式，展现个人对音乐作品的独特理解。在幼儿参与节奏乐活动的过程中，教师应着重支持幼儿对各类打击乐器的兴趣，满足幼儿敲奏乐器的需求，鼓励并指导他们运用打击乐器创造性地表现音乐内容，促进他们对音乐感受能力的全面发展，在实践中提升幼儿的音乐综合素养。

　　节奏乐活动是幼儿感受音乐的重要途径之一，不仅能够帮助幼儿掌握一些小乐器的演奏方法，还能发展幼儿的节奏感，让幼儿对音色、曲式结构、多声部合作等产生敏感。在节奏乐活动中，幼儿感受节奏变化的多样、节奏组合的有趣、合作演奏的快乐，不再是被动的听众，更是积极的参与者与表现者。通过演奏乐器或是拍打身体，他们充分感受着节拍转化为具体的声音表达，这个过程本身就是灵动之美的展现过程。音乐的旋律和情感色彩，在表现时需要运用不同的节奏型、力度和速度来诠释，在这个过程中幼儿体会了音乐的生命力和动态美。

　　在幼儿音乐教育中，让幼儿充分感受和表现节奏之美是一项重要任务，而合适的材料是组织有效音乐活动的前提。音乐材料丰富多样，选材时需紧密结合主题背景，充分考虑幼儿的年龄特点和本班幼儿的实际水平，还可依据教育目标和要求做适当的截取与改编。

　　如中班音乐活动"小动物搬新家"，聚焦唱节奏和演奏节奏，教师精心挑选了《巡逻兵进行曲》作为背景音乐。此曲为 2/4 拍的管弦乐曲，原曲 A 段起始有两个八拍小军鼓声的引子，这对幼儿意义重大。它能让幼儿在演奏前对音乐形成良好意识和心理预期，利用前奏时间从容做好演奏准备，避免直接进入主题部分而产生紧张、慌乱的情绪，且演奏速度为中速，不会过快，非常适合幼儿进行节奏练习。

　　本次活动的教学重点是根据自己设计的节奏型，进行说唱和演奏。教师采用的方法为：创设情境，在游戏中逐步闯关，一点一点取得进步。通过律动、模拟动物叫声唱节奏、小乐器演节奏等不同形式，让幼儿进行积极练习，从而有效地完成活动重点任务。教学难点是为了解空拍概念，在音乐中用动作表现空拍。对于难点，则采用音乐可视化的方法，将抽象的音乐变成了具体的形象。把空拍与小动物不在家的情节联系起来，让幼儿在演奏到该处时用动作提示空拍。实践表明，大部分幼儿都能理解这个概念。

　　通过这样精心的选材与活动设计，能让幼儿在音乐活动中充分感受节奏之美，提升节奏表现能力。

　　节奏乐活动不仅是幼儿感受音乐和表现音乐的重要途径，更是他们创造音乐的重要平台。在节奏乐活动中，幼儿可以自由地组合不同的节奏型、音色和乐器，创造出独一无二的音乐作品。这种创造过程需要幼儿具备一定的音乐素养和想象力。他们需要先了解各种乐器的音色特点和演奏方法，然后根据自己的理解和感受，将这些元素巧妙地融合在一起。在创造过程中，幼儿可能会遇到各种挑战和困难，但正是这些挑战促使他们不断思考、尝试和改进，最终创造出令人惊喜的音乐作品。

同时，节奏乐活动还鼓励幼儿进行合作创作。他们可以与同伴一起讨论、协商和分工，共同设计出一个完整的音乐作品。这种合作不仅增强了幼儿的团队意识和协作能力，还让他们学会了如何在集体中发挥自己的特长和贡献自己的力量。

如大班节奏乐活动"闪闪的红星"，在活动中幼儿已经非常熟悉《红星歌》这首曲子，他们也会使用各种常见的小乐器进行演奏。

教师将会师情境融入：将历史性的会师情境代入《红星歌》的小乐器合奏，不仅为幼儿提供了一个生动的历史背景，还让他们在音乐中感受到了团结协作的力量。活动中幼儿自主摆放图谱，尝试根据乐曲的变化设计配器方案，随后将乐器加入其中，尝试演奏。

舞蹈与音乐的融合：通过舞蹈的形式再现《红星歌》，让幼儿在舞动中感受音乐的节奏和旋律，加深了他们对歌曲的理解和记忆。

小组合作与节奏创编：让幼儿两人一组进行节奏信号的创编，不仅锻炼了他们的合作能力，还激发了他们的创造力和想象力。

会师合作与演奏：通过小范围会师和大范围会师，让幼儿感受合奏带来的丰富体验和团队合作的力量。

通过节奏乐活动的创造实践，幼儿不仅能提升自己的音乐素养和创造力，还能够培养对音乐的热爱和追求。他们会在创造中感受到音乐的魅力和力量，从而更加深入地理解和欣赏音乐。

第二节　以提升幼儿音乐素养为目标的课程内容

现如今，音乐课程的内容早已超越了单纯培养幼儿听力感知、创作技巧、即兴演奏能力、音乐改编、演绎表达及指挥技能，而是延伸至音乐本体之外。正如"坦格尔伍德宣言"中所认为的，音乐具有丰富生活体验、促进艺术审美、构建个人身份认同以及激发创造力的价值。① 历经三十载，美国豪斯赖特研讨会在其《2020 视野》报告中，明确指出音乐能够激发人的精神活力，提升民众的生活品质，成为人类共享意义、创造文化价值的关键媒介。② 音乐教育哲学家艾略特（Elliott）也指出，音乐对教师和学生而言是一种社会文化，是一种情感，而音乐学习的过程即是一种社会实践。他强调，学生在学习过程中，不仅要积极将理论知识与音乐实践活动相融合，更要学会如何将个人的音乐体验转化为社会交流的一部分，将聆听音乐创作过程中已知的一切相关"知识"与音乐学习相关联。③

因此，在幼儿音乐素养培养内容的选择上，我们不再局限于欣赏、感受、表达与创作音乐作品，而是创设了主题课程、节日课程、生活课程，将音乐作为途径，以培养幼儿的审美、生活、社会等方面的能力。

一、主题课程

主题课程是师生共同甄选出与生活紧密相连且蕴含多学科维度的议题或概念，作为学习的核心探究主题，进而设计的课程体系，旨在综合统整与该主题相关的知识与实践经验，并致力于深化对这一主题的理解或解决相关问题。主题课程体现为教育内容的多元化与跨学科性，更强调在教学方法上实现各领域的深度融合，从而促使幼儿以"完整儿童"的身份面对并体验一个完整关联的世界。可以说，主题课程超越了传统分科教学的局限，甚至在音乐学科课程中，都可以不再拘泥于区分哪些知识属于音乐、数学或语言等单一学科范畴，而是倡导从整体视角出发，思考如何运用最合宜、最相关的知识组合，以应对具体问题的解决或新知识的获取。

基于此，在设计主题课程时，首要考虑的是幼儿年龄特征与发展水平，确保课程内容既符合其认知规律，又能激发其内在学习动机。同时，课程的设计需

---

① CHOATE R A. Documentary report of the Tanglewood Symposium［C］. Washington, DC: Music Educators National Conference, 1968.

② MADSEN C. Vision 2020: The Housewright Symposium on the Future of Music Education ［C］. Lanham·Boulder·NewYork·London: Rowman&Littlefield, 2020.

③ ELLIOTT D. Assessing the concept of "assessment": Some philosophical perspectives. Paper presented at The Second International Symposium on Assessment in Music Education.

具有足够的吸引力，以维持幼儿对某一主题的持续兴趣，可持续数周乃至更长时间。值得注意的是，主题虽可能源自幼儿个人的想法或生活经验，但教师的角色同样不可或缺，他们需组织一个小组，通过集体智慧的碰撞，不断拓展深化主题内容。这种基于幼儿兴趣的综合主题建构方法为幼儿创造了动态、有价值的学习机会，体现了尊重个体差异、鼓励自主探索的教育理念。然而，仅由教师外部建构的连续性，虽能在一定程度上促进主题课程内容的连贯性，却难以完全满足幼儿内在学习与思维发展的需求。因此，教师的观察显得尤为重要，它要求教师必须深入了解每位幼儿的学习进展与已有经验，以便提供更加精准、个性化的教学支持。课程的设计既要顺应幼儿自然成长的规律，又要通过搭建学习"脚手架"，适度引导他们向更高水平发展，实现"顺应"与"引导"的有机结合。此外，主题课程还需具有外部连接性，特别是与后续教育阶段的衔接，如幼小衔接课程。以英国 1988 年颁布的《教育改革法案》为例，该法案规定 5 岁幼儿需接受国家规定的课程，并在 10 个领域与小学课程实现对接，这一举措标志着幼儿教育开始注重与小学教育的外部连续性，开创了学前教育的新纪元。[①]

幼儿园主题课程是一种整合性、情境性、活动性和开放性的课程模式，它围绕某个中心主题来组织教育教学内容和活动。这种课程模式旨在通过一系列与主题紧密相关的活动，推动幼儿全面、深入地理解并探索该主题，从而促进他们的认知、情感、社会性等多方面的发展。而一个优秀的主题课程设计，最突出的优点就是它具有"儿童视角"。一般而言，"儿童视角"被视作一种方法。首先，成人需倾听儿童的声音、观察他们的行为举止、洞悉他们的需求与想法，以此来深入理解儿童的世界。随后，将这种对儿童深刻的理解融入教育实践，为儿童的学习与发展提供有力支持，并在这一过程中持续反思并优化教育实践。最后，在基于儿童视角设计的主题活动中，从活动的构思、推进、高潮到圆满落幕，每一个环节都彰显教师对儿童主体地位的深切尊重。幼儿在活动中不仅是积极的参与者，更是充分的表达者、勇敢的尝试者、乐于探索的求知者和积极的合作者。他们用自己的独特方式展现对周遭世界的感知、认知与理解。而教师，则

---

① （英）卡西·纳特布朗. 读懂幼儿的思维：幼儿的学习及幼儿教育的作用第 3 版［M］. 刘焱，刘丽湘，译. 北京：北京师范大学出版社，2010.

化身为活动的默默观察者、耐心倾听者与坚定支持者，站在幼儿活动的幕后，给予他们充分的关注与必要的支持。

下面我们就以一个大班的主题活动"我是中国人"为例。

主题目标分析

教材中的"内容与要求"

◆　首都北京

• 了解我国的首都是北京，北京有天安门、有长城等

• 培养爱祖国、爱国旗的情感

◆　欢腾的国庆节

• 了解十月一日是国庆节，是全中国人民的节日

• 体验庆祝国庆的欢乐情绪

◆　旅行去

• 了解我国主要的名胜和特产

• 到各地去旅游的经验和感受

◆　多彩的民间活动

• 了解我国丰富多彩的民间节日及习俗，感受民俗活动的快乐

◆　了不起的中国人

• 了解我国许多有名的人物和事迹，为自己是一个中国人而自豪

核心经验

◆　情感与态度

• 爱祖国、爱家乡、为自己是中国人而自豪

◆　认知与能力

• 标志（如国旗、国歌、国徽等）

• 城市（如上海、北京等）

• 民族（如汉族、维吾尔族等）

• 民俗（如春节、元宵节、中秋节等传统节日）

◆　表达与表现

• 民间艺术（如剪纸、捏面人、画京剧脸谱等）

• 民间游戏（如猜灯谜、竹竿舞等）

结合以上核心经验，教师对幼儿进行了初步的调查，了解幼儿的已有经验，产生了以下主题活动开展的基本架构（见表 3-2-1）：

表 3-2-1 东方江韵幼儿园主题活动结构

我是中国人					
内容	首都北京	欢腾的国庆节	旅行去	多彩的民间活动	了不起的中国人
集体教学活动	我爱天安门（艺术 / 音乐）	大中国（艺术 / 音乐）	嘿，请跟我一起旅行去（语言）	老鼠娶新娘（艺术 / 音乐、语言）	瑶族舞曲（艺术 / 音乐）
	月亮船（语言）	细绳上的火箭（综合）	青花瓷（艺术 / 美术）	盘古开天辟地（语言）	粽子的故事（语言）
	登长城（艺术 / 美术）	五星红旗升起来了（社会）	十二生肖（科学 / 数学）	国庆真热闹（社会）	京剧脸谱（艺术 / 美术）
	乘着月亮船去旅行（艺术 / 美术）	印章（语言）	快乐中秋（社会）	快乐重阳节（社会）	地图的妙用（科学 / 探究）
	娃娃到北京（科学 / 探究）	看灯笼找算题（科学 / 数学）	金山农民画（艺术 / 美术）	纸桌（科学 / 探究）	中国功夫（艺术 / 音乐）
	小小兵（艺术 / 音乐）			献上最美的哈达（艺术 / 音乐）	彝族娃娃真幸福（艺术 / 音乐）
个别化活动	修建长城	敲锣打鼓		十二生肖	火箭飞上天
	爬长城	五星红旗飘起来	中国棋	民族服饰	京剧脸谱
	万里长城	天安门广场	纸扇	蓝印作坊	脸谱迷宫
				猜灯谜	竹竿舞
其他活动	亲子小制作："去旅游"调查表		亲子小制作：旅行相册		

在这样的主题课程系列中，幼儿音乐素养的培养要通过以下几个方面来实现。

1. 尊重幼儿的音乐兴趣与需求

通过与幼儿的日常交流，倾听幼儿的喜好，了解他们喜欢的音乐类型、歌曲或乐器。比如，在"首都北京"子主题开展中，幼儿对解放军非常崇敬，他们通过观看阅兵式、升旗仪式等视频资料觉得解放军是非常了不起的人。这时教师就应尊重幼儿的音乐选择，在主题课程中融入他们感兴趣的音乐元素。

集体教学活动"小小兵"

学情分析

在情感认同上：大班幼儿对解放军的崇敬和向往之情已经比较浓烈。在日常生活中，他们通过国庆阅兵式的观看、红色场馆的打卡、红色游戏的体验、电影电视的欣赏等途径，充分感受与体验了解放军的坚强勇敢、不屈不挠、不怕牺牲的精神，并在这种精神的驱动下逐渐从崇敬生发出想成为一名解放军战士的愿望。韵律活动"小小兵"让幼儿通过身体动作来表达情感和想法，幼儿在模仿解放军站军姿、勇敢杀敌的各种动作中满足了他们当兵的愿望。

在动作表达表现上：大班幼儿已经能做较复杂的上下肢配合的联合动作，可以同时协调手臂、手指、头部、眼睛、腰部和脚做动作，也能掌握较为复杂的连续移动动作。这些能力让幼儿在"小小兵"移动瞄准、杀敌、左右前后换位等动作中表现自如。

在学习方式上：大班幼儿开始逐渐理解团队合作的重要性，能够在活动中分工合作，共同完成任务。在"小小兵"活动中，小组合作创编六个乐句的舞蹈动作，并用符号记录创编计划。在实践中通过讨论、镜子的反馈和同伴的建议、评价等方式不断调整和完善自己的表现。这种分组表演和互相评价的学习方式，进一步增强了幼儿的合作意识和团队精神，使他们体验到集体活动的快乐和成就感。

"小小兵"活动设计充分考虑了大班幼儿的年龄特点、兴趣爱好和发展需求。通过循序渐进的活动，既满足了他们的表现欲和合作需求，又有效提升了他们的艺术表现力和团队合作意识。希望通过教师的引导和同伴间的互动，促进幼儿在活动中得到多方面的发展和成长。

在目标制订时，教师充分考虑大班幼儿的年龄特点，通过激发兴趣来提升他们的自主学习动力，鼓励各小组自由创编舞蹈，促进自我表达和创造美能力的发展。用计划书推动幼儿的任务意识和团队合作意识，使他们在反复练习中明确目标，勇于展示自我。并通过反馈评价不断调整与完善，借助幼儿之间的自评与他评促进幼儿自我意识的形成，增强他们的自信心和集体凝聚力。

活动设计

教学目标：

（1）与同伴合作表演小组创编的舞蹈，并愿意对同伴的舞蹈发表自己的想法与观点。

（2）根据计划书自主创编、分享、表现舞蹈，体验其中的快乐。

教学重点：

根据计划书，和同伴合作表演舞蹈，充分表现小小兵的精气神。

教学难点：

尝试对同伴与自己的舞蹈进行评价，并能及时优化调整。

活动准备：

（1）经验准备：幼儿已经分组制订完成小组计划书，并根据计划书进行排练。

（2）物质准备：PPT、音乐、计划书、画架。

图 3-2-1 　幼儿创作的舞蹈计划书

活动过程：

（1）谈话导入（目的：回顾已有经验，激发幼儿表演兴趣）。

（2）幼儿分组表演（目的：幼儿能够大胆地表现自己，体验集体表演的乐趣，尝试进行评价）。

（3）观看视频，交流分享（目的：增强幼儿的观察分析能力和语言表达能力）。

（4）活动延伸。

★ 个别化学习活动——"小小兵"故事绘本创作

材料投放：绘本纸、彩色铅笔、蜡笔、绘本封面材料、装订工具、图片资料。

玩法：

——故事创作，提供解放军的图片资料，激发幼儿想象力。让幼儿分组创作故事绘本，绘画并讲述自己心中的小小兵故事。

——绘本展示，将完成的绘本装订成册，并在图书角展示。鼓励幼儿互相阅读和分享，培养他们的故事创编能力和表达能力。

★ 运动游戏——小小兵闯关游戏

材料：障碍物、跳绳、小旗子、音乐播放器。

玩法：

——障碍训练：设置不同的障碍物，如跳绳、平衡木等，模拟军队训练场地。幼儿分组通过障碍训练，锻炼身体的协调性。

——旗子接力：幼儿分成小组，进行旗子接力比赛。在音乐的伴奏下，每组小小兵依次传递小旗子，锻炼他们的合作能力和团队精神。比赛结束后，大家一起分享比赛的乐趣和感受。

2. 观察幼儿的音乐行为

在主题开展过程中，教师应注意幼儿在各类活动中的音乐表现，如他们对音乐的反应、参与度等。根据幼儿的行为反馈，调整教学内容和活动设计。

例如，在"我爱天安门"这个集体教学活动中，教师发现幼儿非常喜欢《我爱天安门》这首歌曲，但是歌曲较长，幼儿对歌词的理解和掌握有一定的困难。于是再次梳理活动的重难点，活动的重点在于帮助幼儿感受《我爱天安门》的旋律美与内容美，通过反复练习，使他们能够初步跟唱，增强对歌曲的理解和参与感。活动的难点在于鼓励幼儿准确捕捉歌曲中的关键歌词，并以绘画或文字等方式进行记录，以提升他们的理解能力和创造力。

教师用了多种方法：① 多感官体验法，鼓励幼儿用自己喜欢的方式来欣赏歌曲旋律，如通过身体动作、小乐器伴奏等，让幼儿通过多种感官参与，更全面地感受和理解歌曲。②探索发现法，通过多次聆听和记录歌词的方式，让幼儿自主探索并发现歌曲中的美，培养他们的观察力和记录能力。同时，也鼓励合作完成歌词记录，促进幼儿之间的交流和合作。③分层教学法，根据幼儿的年龄特点和理解能力，将活动内容分为不同的层次进行。初次听：让幼儿自由表达；再次听：加入小乐器伴奏；欣赏时：多次聆听和记录，逐步深入理解歌词。④互动参与法，教师注重与幼儿的互动，通过提问、讨论、分享等方式，激发幼儿的学习兴趣和积极性。同时，鼓励幼儿之间的合作和交流，培养他们的团队精神和社交能力；鼓励幼儿主动探索，在实践中感受音乐的魅力。

3. 创设丰富的音乐环境

在子主题"多彩的民间活动"中，幼儿对少数民族的舞蹈非常感兴趣。许多幼儿带来了旅游时他们穿着各民族服饰在当地拍的照片。教师立刻抓住了这个活动契机，调整了主题环境，在教室里和户外场地投放了民族服饰，营造浓厚的音乐氛围，激发幼儿对少数民族文化的兴趣和好奇心。幼儿立刻装扮了起来，他们还搜索关于各民族的图片和音乐。幼儿接触到多样的音乐形式，拓宽了音乐视野，让幼儿更加直观地感受到音乐的魅力。

4. 教师的角色与支持

作为观察者：在活动中仔细观察幼儿的表现和反应，了解他们的音乐需求和兴趣点。根据观察结果调整教学策略和活动设计，以满足幼儿的学习需求。

作为倾听者：耐心倾听幼儿的想法和意见，鼓励他们表达自己的音乐感受和创作想法。通过倾听了解幼儿的音乐素养发展水平，为他们提供个性化的指导和支持。

作为支持者：在活动中为幼儿提供必要的帮助和支持，如提供乐器、音乐素材等。鼓励幼儿积极参与音乐活动，为他们创造展示自己才华的机会和平台。

例如，在"我是中国人"的主题下，早操升国旗时，小树小朋友向着国旗敬礼，有的幼儿说不能敬礼，有的幼儿说可以敬礼。关于升国旗要不要敬礼这件事，幼儿展开了激烈的讨论，随着讨论的深入，幼儿对国旗展开了研究，国旗为什么是红色的？上面为什么有五颗星？国旗是怎样升起来的？国歌里唱了些什么？

（1）感受表达，尝试发现

将孩子们的问题收集后，我们通过调查表的方式让他们进一步了解有关国旗、国歌的知识。我们发现他们对国旗、国歌充满兴趣。孩子们了解到国旗那鲜艳的红色和五颗闪耀的星星的寓意；而对于国歌，这首独特的音乐作品，他们的探索更为深入。虽然孩子们可能还不能完全理解每句歌词背后的深刻含义，但当那激昂的旋律响起，节奏的强弱变化、和声的大气磅礴，都深深触动着他们。他们开始感受到国歌中传达出的自豪与责任，这是音乐情感感知的重要体现。

孩子们与小伙伴分享喜欢国歌的原因。在这个过程中，他们不仅锻炼了语言表达能力，更在探讨中，加深了对国歌旋律与歌词的理解。就像国歌中某一段激昂的节奏，表现振奋人心的歌词，孩子们能真切地感受到其中的力量。

在升旗仪式和其他正式场合，当国歌奏响，孩子们都会认真聆听。他们会肃穆站立，沉浸在庄严的音乐氛围中。这既是对祖国的尊重与热爱，也是他们音乐感知力和专注力提升的表现。通过对国歌的学习和感受，孩子们在音乐的节奏、旋律、情感表达等方面的素养都得到了潜移默化的提升，为他们今后更深入地探索音乐世界奠定了基础。

（2）深入探索，主动学习

随着探索的深入，孩子们产生了更多的问题：升国旗时还要注意些什么呢？有一次轮到班里的孩子升国旗了，一个孩子问："国旗到底是怎么升上去的？"有升旗经验的同学说："拉绳子就上去了！"升旗时看着国旗缓缓上升，有的孩子提出想试着自己搭建升旗台，于是找来材料，尝试多种材料后确定了用来固定旗杆的材料。对于同学说的拉一拉就升上去，孩子们观察户外的升旗台后发现原来在旗杆的最上面有一个会滑动的轮子，当拉动绳索时，绳索向上运动，滑轮跟着转动，国旗也向上运动。

在探索发现的过程中，孩子们的好奇心和探索欲进一步萌发，通过主动探索和研究，他们的动手能力和创造性思维也得到进一步发展。孩子们根据材料特性选择适合的材料，各抒己见并聆听同伴的想法，寻找适合的解决办法。

随后，孩子们又开始讨论如何让国旗在音乐结束的时候刚好升到旗杆顶端，他们又回到了分析国歌的原点。这次，几个孩子围坐在一起，拿着小乐器，模仿着国歌的节奏，一边敲敲打打，一边嘴里还哼着旋律。有的孩子提议，按照国歌的节拍来确定拉绳子的速度，快节奏的时候就拉得快一点，慢节奏的时候就拉得慢一点。于是，他们开始分组实验，一组数拍子，另一组则负责拉绳子。一开始，总是出现各种状况，要么节奏和升旗速度对不上，要么拉绳子的力度不均匀。但孩子们没有气馁，他们反复调整，不断尝试。有的孩子还提出最后一句歌词反复好几次"前进"，这个时候如果旗子还没到顶就可以迅速多拉几次；如果升得差不多了就可以慢慢拉，等到最后一句"前进进"的时候将国旗一下子升到顶。慢慢地，国旗上升的速度和国歌的演奏配合得越来越好了。孩子们兴奋不已，他们感受到了自己探索带来的喜悦，也更加深刻地理解了国歌演奏与升旗动作之间的紧密联系。

在这个过程中，孩子们不仅提升了对音乐节奏的把握能力，还将音乐与动作相结合，锻炼了逻辑思维和解决问题的能力。他们对国歌的理解，不再仅仅停留在旋律和歌词上，而是融入了自己的实践和思考。这份独特的体验，将成为他们成长道路上宝贵的财富，也为他们音乐素养的提升增添了浓重的一笔。（见图3-2-2，3-2-3，3-2-4）

图 3-2-2　参观国歌展示馆　　　　图 3-2-3　制作升旗装置

图 3-2-4　研究怎样升国旗

综上所述，在一个主题课程中，培养幼儿的音乐素养，要尊重幼儿的音乐兴趣与需求、创设丰富的音乐环境、设计互动性的音乐活动、结合情境教学提升音乐素养以及发挥教师的角色与支持作用。通过这些措施的实施，可以有效地提升幼儿的音乐素养水平，促进他们的全面发展。

二、传统节日课程

中国传统节日作为中华文明的重要组成部分，其历史源远流长，文化底蕴深厚。节日习俗更是纷繁多样，各具特色。随着时代的变迁，节日习俗的形式虽历经演变，但其中蕴含的民族精神与情感纽带却历久弥新，世代相传。这种深植于民族血脉中的精神力量，是维系民族认同与文化传承的关键所在。

情感是幼儿智慧发展、品德塑造和全面成长的重要基石。健康的情感如同阳光雨露，滋养着童心、塑造着完美的人格。然而，幼儿的情感世界并非完全自发形成，而是需要外界的引导与培育。幼儿期是情感萌发的关键阶段，情感教育的重要性尤为凸显。正如郭沫若先生所言："人的根本改造应当从儿童的感情教育，美的教育入手。"这一理念与我们所倡导的"韵美"教育价值追求不谋而合。有鉴于此，我们深入挖掘传统节日的教育价值，精心提炼节日文化精髓，设置节日主题课程。通过传统节日的体验，让幼儿在欢乐的氛围中感受传统文化魅力，浸润于深厚的民族情感之中，从而增强民族认同感与归属感。

具体而言，我们将传统节日文化分为两个方面：一是习俗文化。我们遴选春节、元宵节、端午节、中秋节、重阳节等传统节日，让幼儿了解它们的来历、习俗与寓意，在充分的感知、体验、模仿、浸润、创造中感受中华优秀传统文化。二是关爱感恩。我们选择与家庭生活息息相关的重阳节、母亲节、父亲节等节日，让幼儿"关注"身边人，讲述家人给予的照顾，体会家庭给予的温暖，而后升华为"关爱"身边人，培养敬老、友爱等传统品德。

值得一提的是，我们注重从幼儿视角开展相关活动。活动一开始教师就让幼儿观看相应节日的介绍，幼儿根据介绍选择和设计节日活动的内容与方式。例如，在节前，教师引导幼儿一起布置活动室，陈列、悬挂了教师与幼儿一起收集制作的与节日有关的物品；在节庆、区域活动中，幼儿积极参与调查、交流、制作、讨论等环节，一起协商布置主题游戏区、主题表演区等，在此过程中调动幼儿学习主动性与参与积极性，加深幼儿对节日的理解，使之初步具有传统文化情怀。

节日案例：习俗文化篇——欢乐中国年

一、背景

春节到了，大地回春，周而复始，不同地区迎接新年的方式都有所不同，但是又有着许多的共同之处，家家户户都会贴窗花、对联，打扫卫生，购买新衣，对家进行装饰，每样活动都让新年的氛围凸显了出来。春节是每个中国人都应熟悉的节日，现在的孩子对于传统节日的了解甚少。"欢乐中国年"课程围绕春节这一主题，结合各种活动，加深幼儿对春节的感知，感知过年时欢乐、祥和、喜庆的气氛，培养幼儿观察、欣赏、感知、表现的能力，发展幼儿手工制作能力和审美能力，使中华优秀传统文化植根于幼儿的灵魂深处，从小培养幼儿热爱中华优秀传统文化，激发民族自豪感和文化自信心。

二、概念

中国年，是春节的别称。"百节年为首"，春节是中国农历新年的开始。在我国的传统节日中，春节占据着不可或缺的重要地位，是中国民间最隆重、最热闹的节日，它由上古时代岁首祈年祭祀演变而来。围绕着春节开展的各种活动，有着浓郁的传统文化特点，除旧布新、纳福祈年、亲朋团聚、娱乐饮食，庆祝新年的形式多种多样。这是民俗的延续，其中凝聚着中华优秀传统文化。由于经验有限，幼儿对于春节的了解并不是特别深，通过课程的组织，能够有效地提升幼儿对新年的了解，不仅让习俗得以传续，也让幼儿获得更强烈的民族归属感。

三、活动目标

小班：

1. 感受新年愉悦的氛围。

2. 简单了解春节的各种习俗。

中班：

1. 知道过年的来历，巩固对春节习俗的认识。

2. 对春节民俗文化产生兴趣。

大班：

1. 了解我国的传统新年文化，懂得用语言表达对新年的感受。

2. 用动作表现春节里的各种景象与活动内容。

四、内容构成

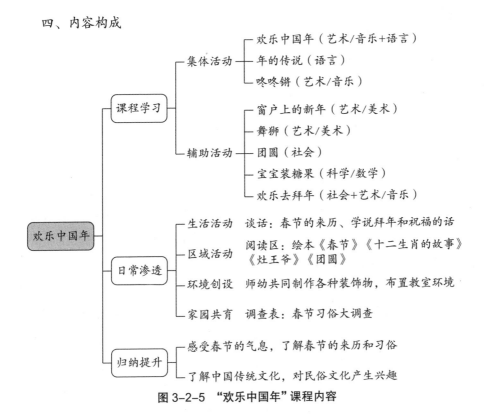

图3-2-5　"欢乐中国年"课程内容

五、实施活动

表3-2-2　"欢乐中国年"活动安排表

集体活动	咚咚锵 （艺术/音乐）		年的传说 （语言）		欢乐中国年 （艺术/音乐＋语言）
辅助活动	窗户上的新年 （艺术/美术）	舞狮 （艺术/美术）	团圆 （社会）	宝宝装糖果 （科学/数学）	欢乐去拜年 （社会＋艺术/音乐）
生活活动	1. 谈话：春节的来历 2. 歌曲：新年好 3. 生活：学说拜年和祝福的话				
区域活动	1. 美工区：剪窗花、新年卡片 2. 游戏：幸运汤圆、送礼物、卷爆竹 3. 音乐区：新年喜洋洋（乐器、表演） 4. 益智区：数花灯 5. 阅读区：绘本《春节》《十二生肖的故事》《灶王爷》《团圆》				

（续表）

环境 创设	1. 将幼儿拍的新年照布置于春节主题墙上。 2. 师幼共同制作各种装饰物，布置班级环境，如窗花、中国结、灯笼等，凸显新年热闹、喜庆的气氛。
家园 共育	1. 亲子制作：彩陶泥《年夜饭》。 2. 家长与幼儿共同完成调查表：春节习俗大调查。

三、生活课程

教育的经典理念"生活即教育"，从某种程度上说明了生活是教育的来源，学习是教育的核心，进而可以说生活是学习的来源。因此，幼儿的生活是幼儿学习内容的主要来源。因为幼儿就是在这些生活中存在着，经由这些生活获得身心的发展，比如认知、情感、社会性等方面的发展，就要从实际生活中进行培养。[1] 为了确保幼儿的学习过程不被人为割裂，我们必须将教育目光投向其生活中去。生活本身是一个丰富多彩、真实可感的整体，它提供了未经雕琢、原汁原味的素材情境，是幼儿获取知识与技能的直接源泉。因此，音乐教育应深深植根于生活之中，以生活的真实面貌为蓝本，促进幼儿全面和谐发展。

在陶行知的视野里，生活是无所不包的，教育是生活的一部分。他认为教育的过程和生活的过程是同一的，"生活教育是以生活为中心之教育。它不是要求教育与生活联络……联络的本意原想使教育与生活发生更密切的关系……生活与教育是一个东西，不是两个东西……是生活便是教育；不是生活便不是教育"。[2] 教育唯有与生活深度融合，方能充分发挥其效能。脱离实际生活的教育，难以称之为真正意义上的教育。而"教学做合一"的理念，正是生活教育的核心方法与实践路径。陶行知指出，无论是教授还是学习，都应当与实践活动紧密相连，通过实施"教学做合一"，可以有效扭转学校教育中普遍存在的"学而不做"的弊端。在此意义上，"教、学、做"三者实为一体，教师需在实践活动中教授，学生也需在实践活动中学习，从而实现教育与生活的无缝对接。也正如杜威在《什么是学校》中指出："学校必须呈现现在的生活——即对于儿童说来是真实而生气勃勃的生活。像他们在家庭里、在邻里间、在运动场上所经历的生

---

① 陈鹤琴.陈鹤琴文集[M].南京：江苏凤凰教育出版社，2008.

② 陶行知.陶行知全集第三卷[M].长沙：湖南教育出版社，1985.

活那样。不通过各种生活形式或者不通过那些本身就值得生活的生活形式来实现的教育，对于真正的现实总是贫乏的代替物，结果形成呆板而死气沉沉的局面。"[1]陈鹤琴提倡的"五指活动"，也认为一切的活动要在儿童的生活上、智力上、身体上互相联系，连续地发展。如果把这只手掌当成人的，那么儿童心身的发展就不能依据正常的途径前进，而每次活动也因此变得枯燥乏味，脱离儿童实际生活。[2]这也说明幼儿的学习必须是来自生活的，应建立在幼儿的生活之上，是不能与实际相脱离的。

我们常常将教育理解为知识的源泉、学习的殿堂，理解为人的知识化过程，殊不知其本身就是一种生活过程。这意味着在音乐课程中，幼儿不仅是学习者和受教育者，更是生活者。因此，我们根据《3—6岁儿童学习与发展指南》《上海市学前教育课程指南（试行稿）》《上海市幼儿园办园质量评价指南（试行稿）》相关精神，结合幼儿园课程实施方案，设置"习惯养成记"渗透性微课程。内容包括"生活服务""生活礼仪""生活健康"三个篇章，通过音乐把习惯养成渗透于幼儿一日生活，期望幼儿获得良好的生活习惯、文明习惯并愿意与人交往、友好共处。

生活案例：礼仪篇——开开心心幼儿园

一、背景

我国自古以来就有"礼仪之邦"的美誉，所以礼仪要从幼儿抓起，从小做一个懂礼貌、讲文明、重礼仪的人。幼儿时期是孩子不断学习模仿外界和大人言行举止的时期，这一阶段幼儿的可塑性很强，因此我们要在幼儿教育中加大对礼仪教育的关注。幼儿懂得礼仪，才能更好地与他人交流沟通。如果缺乏礼仪，幼儿留给他人的印象就不好，这不利于友好相处。孔子曾有句关于礼仪的名言："不学礼，无以立。"这句话的意思就是说不学习礼仪，就很难有立身之处，由此可见礼仪对一个人的重要性。我们应该教育幼儿在特定环境中具备怎样的言行举止，什么样的礼仪表达是恰当的。只有尊重他人，我们才会受到他人的尊重和欢迎，因此要培养幼儿建立良好的人际关系。

---

[1] 转引自：郭华. 理智？ 情感？：中国校长芬兰、以色列考察笔记[M]. 北京：科学教育出版社，2016.

[2] 陈鹤琴. 陈鹤琴文集[M]. 南京：江苏凤凰教育出版社，2008.

二、活动目标

小班：

1. 了解与人交往的基本方法，愿意与同伴友好相处。

2. 游戏后能将玩具整理干净。

3. 会使用"老师好""老师再见""谢谢"等礼貌用语。

中班：

1. 来园、离园时能够主动与教师、同伴打招呼或道别。

2. 游戏活动时遵守规则，能与同伴友好相处。

3. 与他人交往时能够使用礼貌用语。

大班：

1. 能与同伴友好相处，能自己解决相处时的小摩擦。

2. 生活中习惯使用礼貌用语。

三、内容构成

表 3-2-3　"开开心心幼儿园"课程内容

集体活动	小白兔上幼儿园 （社会）		你先来吧 （社会）	我会排队 （社会）
辅助活动	我上幼儿园 （艺术／音乐）	放学啦 （社会）	我们都是好朋友 （艺术／音乐）	我很有礼貌 （社会）
日常活动	1. 谈话：说说礼貌用语。 2. 音乐视频《我上幼儿园》《我们都是好朋友》。 3. 生活：设立礼貌之星。			
区域活动	1. 阅读区：绘本《有礼貌的怪兽》《你别想让河马走开》。 2. 游戏：情境表演"找朋友"。			
环境创设	1. 入园步骤图。 2. 根据主题调整班级环境。			
家园共育	1. 家庭礼貌大比拼。 2. 亲子制作：手拉手约定卡。			

生活案例：快乐"食"光

在东方江韵幼儿园，每年的六一儿童节是孩子们许愿的日子，有孩子许下了要在幼儿园里吃自助餐的愿望。愿望传到了园长妈妈的耳朵里，园长妈妈一口就答应了。但是自助餐吃什么、怎么吃、在哪里吃？园长妈妈把这些问题的决定权交还给了孩子。于是，孩子们七嘴八舌地讨论开了……

孩子们围坐一起，小脸蛋上洋溢着兴奋与期待。豆豆先跳起来说："我要吃我最爱的炸鸡块，还有薯条，蘸上番茄酱，超级好吃！"他的话音刚落，就引来了一片赞同的欢呼声。

小雨眨着大眼睛，温柔地说："我希望有水果沙拉，里面有甜甜的草莓、酸酸的橙子，还有脆脆的苹果，吃了能让我们变得更健康。"小朋友们纷纷点头，觉得这是个好主意。

乐乐则兴奋地提议："还要有蛋挞，我去饭店吃的时候，自助餐有很多美味的点心。我们可以一起分享！"他的描述让大家仿佛已经闻到了蛋挞的香气，眼睛里都闪烁着期待的光芒。

这时，细心的朵朵想到了一个实际问题："我们得找个合适的地方吃自助餐，我记得上次和家里人去吃的时候，有一张长长的桌子。大家坐一起吃！"大家一听，都觉得这个主意既新鲜又有趣。

孩子们还兴奋地补充道："我们还要像在真的饭店里吃饭那样，放着好听的音乐！"他们的眼中闪烁着对美好体验的向往。

园长妈妈微笑着点头，心里充满了欣慰。她知道，孩子们不仅仅是在期待一顿美味的自助餐，更是在期待一个充满仪式感、能够留下深刻记忆的特别的午餐。

于是，老师又把问题抛给了孩子们："听什么音乐呢？"

乐乐想了想，认真地说："我觉得可以放一些欢快的歌曲，比如，我喜欢《孩子的天空》，这样我们吃起来会更开心！"

"可是，我上次去的餐厅放的音乐都是轻轻的，吃饭的时候不能很吵的。"朵朵温柔地提出了自己的意见，她希望音乐能带来一种宁静的感觉。

老师给孩子们三天的时间去收集歌曲，孩子们收集来的既有欢快的儿歌，也有轻柔的古典乐。然后商议投票，最终形成了自助餐背景音乐库，准备每天午餐的时候轮流播放。

到了活动前一天，孩子们又兴奋地讨论起了自助餐的话题。"我们吃自助餐的时候，座位是不是可以自己选呢？"小明率先提出了这个问题，他的眼神中充满了期待。

"当然可以！"小雨立刻回应道，"这样我们就可以和好朋友坐在一起聊天、分享美食，多有趣呢！"

接着，话题转到了不浪费粮食上。"我们要记得，吃多少拿多少，不要浪费食物哦。"乐乐认真地说道，他深知每一粒粮食都来之不易。

"对，我们可以根据自己的胃口来取餐，如果不够吃，可以再去拿。"小杰补充道，他觉得这样既能保证每个人都能吃饱，又能避免浪费。

孩子们你一言我一语，讨论得热火朝天。他们不仅期待着一顿美味的自助餐，更期待着一个文明、和谐、愉快的用餐氛围。而这一切，都源自他们对餐桌礼仪的尊重和重视。

终于，六一儿童节这天，一张张摆满美食的桌子在彩灯下显得格外诱人。孩子们穿着自己最喜欢的衣服，手拉手走进多功能厅，脸上洋溢着幸福和满足的笑容。那一刻，他们不仅享受到了美味的自助餐，更体会到了参与和合作的乐趣，以及园长妈妈给予的无限爱与尊重。这个六一儿童节，成为他们心中一段难忘而美好的记忆。（见图3-2-6）

图3-2-6　幼儿自助餐场景

在幼儿阶段，生活正是他们学习内容的主要来源，通过参与实际生活中的各种活动，孩子们能够在认知、情感、社会性等多个方面获得全面的发展。在这次活动中，孩子们从讨论自助餐的安排到选择音乐、制订餐桌礼仪，都是在真实的生活情境中进行的。这些活动不仅激发了孩子们对音乐和用餐文化的兴趣，还让他们在参与过程中学会了尊重他人、团队合作以及珍惜食物等重要品质。更重要的是，通过这次自助餐活动，孩子们在实际生活中体验了音乐的魅力，学会了如何将音乐与日常生活相结合，从而提升了他们的音乐素养。这种从生活中学习的方式，不仅让孩子们在轻松愉快的氛围中获得了知识，更让他们在实践中学会了如何运用所学，实现知识的内化和能力的提升。

幼儿园的一日生活各环节，都可以看作是幼儿学习和成长的机会，教师要及时捕捉存在的教育契机，在指导中避免说教和包办代替，多给幼儿一些操作与自主体验的机会，将寻常生活中的点滴与幼儿的发展目标有机联系在一起。东方江韵幼儿园的"美好'食'光"活动案例正是这一理念的生动体现，它启示我们在幼儿教育中，应充分利用生活这一宝贵资源，通过设计富有教育意义的活动，激发幼儿的学习兴趣，促进他们的全面发展。

第三节　以提升幼儿音乐素养为目标的课程形式

幼儿音乐素养的培养应是日常生活化的、循序渐进的。幼儿园一日活动通过预先设定并精确分配幼儿每日需参与的各项活动的时间和顺序，以详尽的日程表，用制度化的方式对幼儿在园期间的时间进行系统化安排，构建了幼儿一日之内稳定且有规律的生活模式。通过执行日程表，教师将一个完整的生活时空划分为一个个独立的时空单元。不仅幼儿的活动被限定在时空单元内，就连幼儿在特定时空内的行动和身体位移都处于教师的监控之下（教师往往要指定幼儿的座位或活动位置）。[①]生活时空的界限意味着活动的受限，意味着活动及活动兴趣的中断。因为遵照时间表，就意味着必须在引起兴趣前开始活动而在兴趣消失前终止活动。在教育回归幼儿"生活世界"的语境下，我们需要审慎思考幼儿园的制度化生活，研究一日活动的制度化局限。尽管制度化有其必要性，但我们可在其框架内寻求"去制度化"的最大可能，即采用"渗透"的方式，给幼儿充分的自主权和选择权，增加音乐活动的弹性，减轻幼儿园活动的结构化程度。

---

① 郑三元.幼儿园班级制度化生活［M］.北京：北京师范大学出版社，2004.

具体而言，我们通过幼儿在园一日活动的全方位"渗透"，系统性地融入音乐素养培育元素，通过音乐俱乐部、音乐魔法时和音乐万花筒活动，将音乐"渗透"至幼儿早晨入园到傍晚离园期间的所有活动环节：入园接待、自主性游戏、集体教学活动、户外体能锻炼、午餐膳食、午休静养、午后茶歇及离园整理等，以此促进幼儿音乐素养的渐进式全面发展。

一、音乐俱乐部

"音乐俱乐部"旨在以俱乐部活动的形式，把幼儿个性化特点、年龄特点与课程内容有机结合。通过开放的活动空间、多元的活动内容、自主的活动形式，发挥幼儿的爱好特长，提供全面、自主、富有个性的、带有一定主题特征的音乐活动，从而提高幼儿的音乐素养，促进幼儿全面而有个性的发展。具体而言，音乐俱乐部活动分为以下五大活动。

1. 唱乐俱乐部：幼儿围绕主题、热点、节日、兴趣等相关内容，自主选择演唱曲目、结伴讨论演唱方式，并尝试按照计划进行排练与展演，享受不同演唱方式的美妙，体验歌曲传递美好生活的快乐。

2. 舞乐俱乐部：幼儿愿意用肢体动作创编表现对音乐的理解，初步学习一些基本舞步，感知舞蹈队形变化带来的美妙体验，并能与同伴一起获得幼儿舞、民族舞、圆圈舞、邀请舞等不同舞种的相关经验。

3. 奏乐俱乐部：幼儿尝试用肢体、小乐器、自然物、生活用品等器具为某一音乐进行伴奏或拟声，体验独奏、合奏、重奏的不同，感受生活中节奏的无处不在，并能创造性地表达与表现。

4. 赏乐俱乐部：幼儿愿意仔细辨听某一音乐的性质与结构，并用绘画、伴奏、舞蹈、演唱、表演等多元方式展现自己对这一音乐的理解，体验音乐与自然、与生活相融合的美好。

5. 演乐俱乐部：幼儿自主选择表演的曲目，改编剧本，设计与寻找服装，分配角色与排练，每个班级一学期完成一到两个剧。表演的方式可以是模仿表演、改编表演、创编表演等。教师与家长根据幼儿的需求形成比较完善的剧本，寻找比较合适的音乐，提供服饰、对话旁白助力等辅助服务，使幼儿充分体验到表演活动的快乐。

在"音乐俱乐部"活动中，大班幼儿自主选择音乐俱乐部，教师基于幼儿视角发起活动与幼儿自主发起活动相结合，有主题、有计划、有目的地开展音乐活动，从而促进幼儿音乐感受力、表现力及创造力等音乐素养的提升。小班主要为教师发起的沪语童谣、器乐、听辨、唱歌表演等音乐游戏活动。

为促进教师基于幼儿视角开展音乐俱乐部活动，我们提供音乐俱乐部的操作提示，期望在实施过程中，将俱乐部内容、表现方式、时间安排等都让幼儿选择做主，使之成为音乐俱乐部的小主人。

表 3-3-1　音乐俱乐部各项活动人员分工

活动	教师	保育员
唱乐俱乐部	1. 以合唱为主要内容，幼儿在演唱中感受协调一致且富有变化的音色美。 2. 根据幼儿发声音色分声部，对幼儿姿势、发声、呼吸等歌唱技能进行指导。 3. 与幼儿一同商定合唱曲目，通过小组合唱、集体合唱的方式进行合唱练习。 4. 根据幼儿的需求及时提供乐器、道具、服装、多媒体背景等材料，支持幼儿多形式的演唱形式。 5. 及时记录幼儿的彩排情况，保存完整表演视频。	1. 活动开展前与教师一起商讨，准备好相关材料。 2. 配合教师或者幼儿意愿调整教室环境。 3. 活动结束后检查材料的整理情况。
舞乐俱乐部	1. 以儿童舞、中国舞、芭蕾舞等舞蹈为主要内容，幼儿在舞蹈中得到形体锻炼及美的享受。 2. 邀请幼儿欣赏各类舞蹈展演视频，增强幼儿对舞蹈表演的认识。 3. 与幼儿一同商定练习的舞种及舞曲，提前准备好舞蹈音乐、服装和道具。 4. 根据幼儿意愿与实际情况开展个人舞蹈、小组舞蹈或集体舞蹈等多种方式的练习，对幼儿的体态姿势、舞蹈表现力等方面予以指导。 5. 及时记录幼儿的彩排情况，保存完整表演视频。	1. 活动开展前与教师一同商讨，准备好相关材料。 2. 配合教师或者幼儿意愿调整教室环境。 3. 配合教师对幼儿舞蹈姿势、站位进行调整和指导。 4. 活动结束后检查材料的整理情况。
奏乐俱乐部	1. 以演奏节奏为主要内容，前期帮助幼儿熟悉各类小乐器的演奏方法，支持幼儿演奏形式多样化。 2. 根据招募的幼儿人数准备充足的小乐器，提供或自制节奏谱。	1. 活动开展前与教师一同商讨，准备好相关材料。 2. 配合教师或者幼儿意愿调整教室环境。

(续表)

活动	教师	保育员
奏乐俱乐部	3. 鼓励幼儿用身体打节奏，用生活中的各类物品拟音，感受节奏之美。 4. 幼儿掌握演奏的方法后，根据乐曲自主敲击演奏。 5. 及时记录幼儿的演奏情况，保存完整演奏视频。	3. 活动结束后检查材料的整理情况。 4. 配合教师定期检查乐器的使用情况，乐器有损坏时及时修理。
赏乐俱乐部	1. 以听赏古典乐、了解名家名曲、自由表达表现为主要内容。 2. 活动前要熟悉软件中的古典音乐及课件的使用方法。 3. 每次活动都要根据孩子的年龄特点及需求来选择古典乐曲，开展赏析活动。 4. 熟悉音乐后，可以按幼儿的需求提供各种材料，如乐器、服装、道具等，支持个人、小组或集体形式表现古典乐曲。	1. 活动开展前与教师一同商讨，准备好相关材料。 2. 配合教师或者幼儿意愿调整教室环境。 3. 活动结束后检查材料的整理情况。
演乐俱乐部	1. 以儿童剧、音乐剧为主要内容，提供各类经典剧本或以绘本为蓝本进行编剧表演，鼓励幼儿展示自我魅力，支持幼儿创造性地表现剧本。 2. 邀请幼儿欣赏大量的儿童剧、音乐剧，增强幼儿对儿童剧、音乐剧表现形式的认识。向家长推送优质儿童剧的信息，鼓励观演。 3. 与幼儿一起商定表演的剧本，选择合适的音乐，按照幼儿意愿分组，及时提供幼儿需要的表演道具，对幼儿表现动作及情绪给予指导。 4. 按照剧本和幼儿实际表演需求安排录音、音乐剪辑、背景编辑等多媒体制作，及时调整，保证每次排演效果。 5. 及时记录幼儿的彩排情况，保存完整表演视频。	1. 活动开展前与教师一同商讨，准备好相关材料。 2. 配合教师或者幼儿意愿调整教室环境。 3. 活动结束后检查材料的整理情况。

音乐俱乐部案例：狮子王（演乐俱乐部）

一、活动背景

（一）活动缘起

音乐是培养美感的艺术手段之一，优美的音乐是审美主体获得美感的重要源泉。我们响应幼儿园的号召，孩子们自由组队，分成了四组，在家长的协助下，带领孩子们一起开展了"音乐之旅"活动。

通过家长带领孩子去观看儿童剧、音乐剧、舞台剧、交响乐，或是参观与音乐有关的场馆，让音乐成为亲子间沟通的桥梁，优美的音乐可以刺激孩子的听觉器官，选择优秀的音乐作品，引导孩子领略音乐艺术美，陶冶性情和品格。

（二）幼儿已有经验

1. 音乐经验

已欣赏过儿童剧或舞台剧，对儿童剧有初步的认识。

2. 非音乐经验

有初步的表演、创作、手工、音乐、舞蹈等多种类型的知识。

（三）本活动指向的幼儿发展领域

1. 艺术领域

培养幼儿对于事物的审美及判断能力；将各种艺术表演形式有效结合，培养幼儿兴趣，不断提高他们的综合能力。

2. 语言领域

通过日常的练习不断加强他们的表演能力；能在表演的对话中不断提高语言表达能力。

3. 社会领域

通过排练培养幼儿的人际交往能力；在儿童剧活动中不断培养幼儿的综合素养。

4. 其他领域

通过对儿童剧中各人物品德进行诠释、加工、联想处理，培养幼儿想象力和创造力。

二、活动目标

1. 在自主选择角色、扮演不同角色、制作道具、设计海报的过程中，获得表演儿童剧的经验。

2. 感受狮子家族之间的浓浓爱意，体会战胜敌人的快乐。

3. 促进认知理解、社会性情感、审美等方面的发展，感受真善美。

三、活动准备

（一）活动场所

专用活动室（表演室）、教室、户外、多功能厅。

（二）活动材料

1. 幼儿自制道具的纸、盒子等。

2. 家长购买狮子王服饰。

3. 幼儿园提供表演室、户外游戏小舞台、低结构材料。

四、活动过程

（一）活动结构

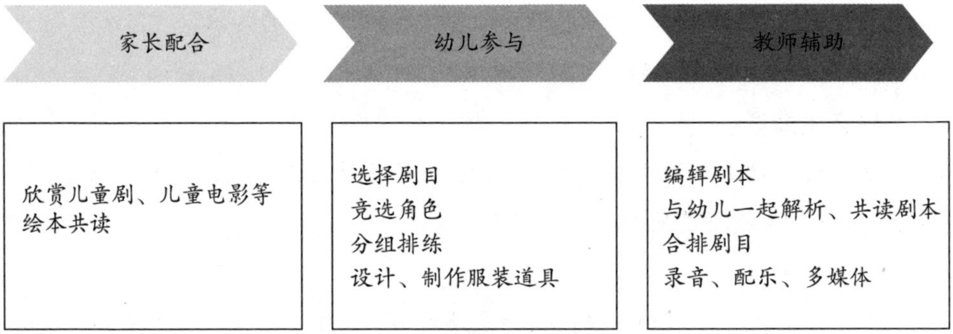

家长配合	幼儿参与	教师辅助
欣赏儿童剧、儿童电影等绘本共读	选择剧目 竞选角色 分组排练 设计、制作服装道具	编辑剧本 与幼儿一起解析、共读剧本 合排剧目 录音、配乐、多媒体

图 3-3-1 "狮子王"活动结构

（二）活动经过

活动一：亲子活动

1. 欣赏儿童剧、儿童电影等

儿童剧本来就是为孩子带来欢乐，促进孩子成长。而孩子除了能从剧情欣赏中，得到许多有形或无形的东西，更能从看剧的过程中体会到"欣赏别人"的乐趣。因此，父母只要把孩子带到演出地点，让他/她专心融入，他/她就能有所体悟。反倒是先解说剧情，或根据剧情讲道理，很容易扼杀孩子的欣赏兴趣。在看完剧之后，孩子如果有什么感动、体会想和父母分享，这时父母就得专注倾听了。另外，如果孩子因有趣的情节引发出"我也想演演看"的兴趣，那不妨和他/她一起来体验这新鲜的过程吧！这个过程可以让孩子锻炼表现力、表达能力，又可以得到与人合作完成一件事的经验，还能体验被人欣赏的快乐与成就感。

（1）实录

本班孩子在大班上半学期分成了四组，开展了亲子音乐之旅活动。其中一组的小朋友们在汤圆爸爸的组织下，开启了音乐之旅，他们一行来到了张江戏剧谷观看儿童剧《狮子王》。在观剧结束后，家长纷纷对此次音乐之旅活动表示了肯定。

（2）家长反馈

嘉怡爸爸：小女儿上幼儿园之前，我告诉她以后爸爸妈妈每年都带她去参加幼儿园的春游和秋游。没想到，上学没多久就碰上了疫情，幼儿园也取消了各项常规活动。这次的小组活动算是女儿参加的第一次与同学一起的校外活动了。《狮子王》儿童剧故事对我们大人来说是很熟悉的，没想到改编得有点让我惊讶。还好，情节更加简明易懂，主旨是要多学本领，要勇敢拼搏。女儿说她能看懂，但怕难为情，没敢举手上台互动。我们感谢幼儿园能组织这样的活动，也感谢组里各位家长的精心准备。

晏然妈妈：第一次参加园外活动，我们都很开心。听说小朋友们是自发组队的，看到大家相处融洽，我很欣慰。

俊涵爸爸：我们孩子转校过来第一次参加校外活动，感觉很棒！孩子们很开心。看着孩子的天真可爱，不由赞叹童年真好。感谢组织活动的家长。

黛尔妈妈：小朋友们一转眼就升到大班了，之前期待的班级春游和秋游，因为各种原因都错过或者取消了。今天带她跟幼儿园的小伙伴们一起看儿童剧，宝宝特别开心。童年就像个糖果罐头，和朋友们玩耍嬉戏的时光就像一颗颗糖果，长大后还会常想从罐头里闻闻甜蜜的香气。谢谢幼儿园组织的这次音乐之旅，也感谢负责本次活动协调组织的家长，希望下次还有机会一起遛娃。

鹤雅妈妈：非常感谢各位家长组织这次活动。我们妹妹前几天开始就很期待和同学们一起看剧，儿童剧非常不错，台词和动作都很符合小朋友这个年龄阶段看，能看懂能理解，小朋友和大人都看得很开心。希望将来有机会多和小朋友们一起参加活动。

2. 绘本共读

肢体接触是一种无声的信号，会向孩子传达"我愿意和你共同享受阅读时光"的想法。家长可以搂着孩子一起读一本书。但要注意书本和孩子的眼睛保持一定距离，不要自己越看越近，带着孩子也越看越近，影响用眼健康。

读书需要一个安静的氛围，家长提问需适度，有时甚至不需要提问，等孩子全部看完，再跟他去聊，不失为一种更恰当的办法。一成不变的提问会让孩子感到厌烦。等孩子到了大班时，家长可以直接告诉孩子"你自己先读，有什么问题就来问我"。反过来直接让孩子提问，可能会得到意想不到的效果。

小班时，一本书拿到手里，可以先从封面、封底开始，引导孩子慢慢看，了解都有些什么内容。到了中大班之后，书可以跳着看，以激起孩子的好奇心，他们会更加仔细地观察书中的细节，猜测故事的发展。这样也能保持阅读的新鲜度，让孩子更积极主动地自发探索。

活动二：投票排练

1. 选择剧目

有了观看儿童剧的初体验后，汤圆这个小组的孩子们就迫不及待地与同伴分享观剧的喜悦与剧情内容。

实录

汤圆："我们去了张江戏剧谷看了《狮子王》。"

黛尔："这部剧讲了一个小狮子历经磨难最终成了狮子之王的故事。"

妮妮："这个舞台剧很好看的。"

嘉怡："我爸爸告诉我，还有一部《狮子王》的电影。"

在他们的感染下，孩子们纷纷回家让爸爸妈妈播放《狮子王》电影给他们看。

教师："孩子们，我们准备演一部儿童剧，你们想演哪一部呢？"

孩子们异口同声地说："我们想演《狮子王》。"

就这样，《狮子王》这部剧便成了本学期孩子们关注的热点。

一次偶然的机会，一个孩子竟然在班级的书架上发现了一本上一届哥哥姐姐遗留下来的《狮子王》故事书。孩子们兴奋不已，一到自由活动的时间，他们便围坐在一起，抢着读这本书，几个认字的孩子轮流读着书中的内容，其他人则津津有味地听着。就这样，儿童剧《狮子王》的剧本初现雏形。

2. 竞选角色

在剧本出现后，教师与孩子们进行了一次谈话。

实录

教师："我们来聊一聊你们最想演哪个角色吧。"

元宝："我要演辛巴，它最可爱。"

宝弟："我也喜欢辛巴，它是新国王。"

小彭："我想演爸爸，木法沙为了救辛巴，最后死了。"

晏然："刀疤是坏的，我才不要演！"

惠惠："我想演刀疤，因为大家都想演辛巴，就没人和我抢着演刀疤了。"

小奕大声对好朋友睿睿喊道："我们演土狼吧，有三只土狼呢。"

教师："那么究竟谁来扮演辛巴？"

元宝、小黄、小杰等好几位小朋友举手："我要演辛巴！"

教师："可是辛巴只有一个，老国王也只有一个，大家都想演狮子王，这可怎么办？"

小民："我们可以投票呀。"

教师："那你们想怎么投票呢？"

小黄："让他们试试说台词吧，谁说得好，谁就演辛巴。"

孩子们一致同意，于是他们开始试演了。

试演完后，孩子们进行了投票，由他们推选出了每个角色最适合的人选。

图 3-3-2　投票结果

3. 分组排练

在竞选完角色后，接下来我们就要进行排练。在排练前，教师与幼儿进行了讨论。

实录。

教师："我们准备开始排练了，要怎么排呢？"

图 3-3-3　排练现场

中中："可以按照角色来练，每个人把自己的内容练会。"

韬韬："我觉得大家要先知道自己的台词，把他背出来。"

奕奕："那我们要演什么呢？"

教师："是的，奕奕提出了个新问题，我们要演哪几幕呢？"

孩子们你一言我一语地说着他们最喜欢的场景，经过讨论，最终确定了演出内容。

第一幕：辛巴出生；

第二幕：辛巴长大遇到刀疤；

第三幕：老国王被杀，辛巴逃到森林生活；

第四幕：辛巴战胜刀疤，当上新国王。

经过孩子们的商讨，我们一起总结了排练前的准备事项：

（1）了解故事的大致内容，知道自己的上场顺序。

（2）熟记自己的台词，知道台词的前后关系。

（3）熟悉自己表演动作。

（4）细化分组：主角组、配角组、动物组、野人组、歌唱组、旁白组。

4. 配音

我们的儿童剧不只局限于教室内，还利用户外空间助力情节的创编、造型的想象。例如，在户外游戏时，我们鼓励孩子们自发排练。在孩子们创设、编排的过程中，他们发现了以下三个问题。

问题一：怎样设计场景？

孩子们把自己想选的童话剧的三幕场景（打斗、森林生活、成为新国王）在纸上画了出来，用自己的奇思妙想展现了场景。

问题二：怎样给场景配乐？

孩子们纷纷化身设计师，一开始利用身体部位来制造声音，如用嘴巴、双手、双脚来拍节奏、踩脚等。

问题三：除了用身体部位发声，还能借用什么产生音效呢？

孩子们寻找物品。他们用手指刮椅子的表面模仿打斗情节时候的声响，从不同高度的物体上跳下来模仿打雷的轻响，甩动塑料袋模仿下雨的声音。

活动三：教师支持

1. 编辑剧本

教师可以在幼儿选择的绘本或者电影中，选择合适的剧情。剧情的选择和创作应以弘扬中华传统美德为主，旨在借助儿童剧向幼儿传达积极向上的人生价值观。同时，也应适当地考虑幼儿的年龄特点和理解能力，如果选择或创作过于复杂的剧情，幼儿无法理解，则无法保证儿童剧活动的顺利开展。

2. 解析、共读剧本

幼儿在融入儿童剧之前不应是盲目的，需对剧情的进展过程有一定了解，这就需要教师讲解故事梗概。教师通过声情并茂地讲解，提升幼儿的思维想象力，使剧本更为丰富。

3. 合排剧目

幼儿对事物的理解和认知尚处于萌芽阶段，因此儿童剧排练时，教师需要进行指导，提醒幼儿记住台词、动作以及站位等。同时，通过合排也可以帮助幼儿提前适应儿童剧的每个环节，进而可以将背景音乐与剧情有效地融合。合排还有重要的一点是，使教师在反复训练中排查出可能存在的安全隐患，保障幼儿安全。

实录。

幼儿利用自由活动、户外游戏等时间，以小组为单位进行排练，教师巡回指导。

教师："今天我们进行了整个故事的集体排练，你们觉得今天的演出怎么样，有什么问题可以说出来大家一起讨论。"

然然："我们经常看到演员的背，他们总是背对着我们。"

语桐："我们一起排练的时候，有人总是没有及时上场。"

睿睿："我们有点听不见说话的声音，不知道什么时候轮到我。"

原原："表演时我有点紧张，突然忘记台词了。"

怡怡："我听到音乐了，但是看其他人没动，我就不知道该不该走。"

瑶瑶："我觉得他们没有演出狮子的样子。"

操作要点：

针对幼儿提出的一系列问题，教师做了反思，和孩子们一起讨论后，想到了一些办法来帮助他们解决。

（1）在排练时，我们采取拍照或录像方式，让幼儿观察彼此的站位进行调整，避免背对观众的现象发生。

（2）考虑到演出地点较大，我们将幼儿的台词提前进行录音，演出时放大音量播放解决了声音过小的问题。这样幼儿即使一时紧张，也可以跟上台词。

（3）幼儿不知道何时该进场，我们梳理了剧本，让他们用自己的方式加入了一些音效，例如，打雷声、鸟叫声等，这样能更好地感知故事进度，以免错过上场时间。

（4）建议幼儿加上一些动作来表达情绪，例如，大声哭泣、生气跺脚、摔倒等动作。

儿童剧中的音乐不仅是为了有效地推进剧情，更重要的是提升幼儿的歌唱能力，并帮助幼儿建立对事物的认知和理解。因此，儿童剧中对背景音乐的选择至关重要，动听和恰当的音乐可以使幼儿产生情感共鸣，使幼儿深入理解儿童剧的剧情和故事内涵，从而丰富幼儿的情感体验。

五、策略研究

（一）活动分析

儿童剧不同于以往的单一教学方式，包含唱歌、舞蹈、台词、旁白、表演等多种形式的内容。儿童剧对发挥幼儿的性格特点和艺术特长有重要的作用，幼儿可以根据兴趣选择自己擅长的领域，这对幼儿的成长和发展有着深远的意义。

幼儿本身没有戏剧经验，生活与戏剧又有一定的距离，如何让幼儿在戏剧中表现自己呢？我们可以从游戏的角度出发，激发幼儿对戏剧的兴趣，从而生发出与戏剧有关的经验。通过游戏的方式，让幼儿将日常生活中的经验转化为戏剧的内容和意义，让幼儿慢慢接触、认识、熟悉戏剧，这是戏剧表演最初的基础。

在俱乐部活动中，给幼儿空间，并不是简单地让教师腾出自己的"空间"，而是让教师善于创造不同的空间给幼儿提供表达与思考的机会。为幼儿设置"对比"的情境，可以给幼儿提供不同情境下的多重思考，不再只是单线思维。给幼儿一个支持性的空间，他们能想象出比眼前世界更大的世界；给幼儿一个信任的眼神，他们能做得比大人想象得更好。

（二）跟进策略

1. 在区域活动中，提供适合幼儿准备儿童剧的材料，如在阅读区中投放各种适宜的绘本故事；在美工区提供各种制作服化道具的材料；在音乐区提供录音设备、配音乐器等。

2. 让幼儿尝试各种表演的机会，在班级环境中留下痕迹。

六、课程资源

《狮子王》电影、戏剧、音乐剧赏析材料绘本。

二、音乐魔法时

人类大脑左、右半球各司其职，左脑主导逻辑思维与语言组织能力，右脑则主导创造性想象与审美活动。研究表明，音乐作为一种非言语性的艺术形式，不仅能够激活右脑功能，还能通过刺激大脑兴奋点，对左脑发育产生积极影响，进而促进左右脑功能的平衡发展，为个体的想象力、思维能力和创造力的提升奠定基础。"音乐魔法时"正是基于音乐的听觉艺术优势，在幼儿园日常环节中悄然"渗透"，为幼儿创造聆听音乐的机会。在这一过程中，幼儿在音乐环境的浸润下发展音乐欣赏能力，自然而然地提升音乐素养，接受潜移默化的熏陶，从而诱导其内在潜能与智慧的觉醒。

具体而言，我们将"音乐魔法时"分为四个时间段，分别是开心入园、幸福餐点、美妙午睡和爱在路上。开心入园时段选择的音乐是愉悦、轻快的，并根据四季的交替更换曲目，让幼儿在音乐中感受春天的萌发、夏季的生长、秋日的丰收和冬日的冰雪。希望幼儿能在音乐中有一个快乐的情绪体验，缓解幼儿的紧张情绪，用音乐开启一日生活。幸福餐点时段选择轻音乐，以圆舞曲为主，音乐风格优雅温柔，为孩子餐后散步营造温馨的氛围，散步消食后准备午睡。美妙午睡时段选择轻柔、明快的音乐，让幼儿在音乐中苏醒，享受下午茶的时间。爱在路上时段则是在放学后所聆听的和谐、舒畅、欢乐的音乐，以家长推荐曲目为主，营造一种愉快的情绪等待爸爸妈妈接回家，使幼儿感到幼儿园生活的幸福与美好，期待明天再来幼儿园。

（一）播放时间

开心入园：7：45—8：10

幸福餐点：11：30—12：00

美妙午睡：14：30—15：00

爱在路上：15：50—16：15

（二）播放内容

以中国音乐为例。

1. 开心入园时段曲目

表 3-3-2　推荐曲目表

序号	推荐人	推荐曲目	推荐理由
1	时 *	《江韵之歌》（合唱版）	该曲是我园园歌的合唱版，节奏轻快、寓意美好。老师以爱呵护幼儿成长，以善帮助幼儿习得本领，让幼儿做懂礼貌、会生活的中华好儿童。
2	朱 **	《茉莉花》	这首民歌的五声音阶曲调具有鲜明的民族特色，它又有流畅的旋律和周期性反复的匀称结构。此外，句尾运用切分音符，给人以轻盈活泼的感觉。
3	杨 **	《紫竹调》	该曲是一首描写山清水秀、鱼米之乡的民歌。它的旋律爽朗，情绪乐观亲切，一句一顿，节奏活泼明快，表现江南地区劳动人民勤劳朴素的性格。
4	狄 **	《桃花笑》	该曲是 2/4 拍，曲风欢快、跳跃，以拟人的手法讲述春天到了。描绘了生机勃勃、春意盎然的景象，以桃花笑语向孩子们展开了一幅春天的美丽画卷。
5	朱 **	《开心向前飞》	该曲节奏轻快活泼、内容积极向上、歌词朗朗上口，是一首极易传唱的歌曲。歌曲风格轻快简约，伴随着开心的节拍，带着听者进入七彩斑斓的梦想世界。
6	秦 *	《快乐星猫》	该曲是动画片《快乐星猫》的主题曲，是孩子们非常熟悉的歌曲。调式为 G 大调，三段体结构，全曲 4/4 拍。起伏的旋律，犹如翻滚的海浪。
7	乔 *	《我们的幼儿园》	该曲是 2/4 拍，旋律优美、情感真挚，表现出了幼儿园孩子们的可爱与天真以及老师对孩子们满满的爱。

2. 幸福餐点时段曲目

表 3-3-3　推荐曲目表

序号	推荐人	推荐曲目	推荐理由
1	杨 **	《茉莉花》（钢琴版）	钢琴独奏曲《茉莉花》是储望华根据江苏民歌《茉莉花》创作的。它的旋律委婉生动，感情细腻，结构严谨。 《茉莉花》属于民歌中的小调。小调的风格流畅，

（续表）

序号	推荐人	推荐曲目	推荐理由
1	杨**	《茉莉花》（钢琴版）	虽不张扬却充满内在的张力，而这种内在的张力很适合用钢琴来表现。在午餐时听着这首曲子，能使孩子从热闹的游戏中走出来，静静地享受午餐时光。
2	袁**	《梁祝》	《梁祝》小提琴协奏曲是何占豪与陈钢的著名作品。所用题材是民间故事，以越剧的曲调为素材，融合交响乐与戏曲音乐，根据剧情精心构思，采用奏鸣曲式结构，寄托了对悲剧男女主人翁的深切同情和祝愿。听这首曲子，能培养孩子对传统音乐的兴趣。
3	华**	《小小世界》（钢琴版）	《小小世界》是一首传唱很广的儿歌，也是伴随很多人成长的经典儿歌。它的创作目的是呼唤世界和平，希望人类能和谐相处，这一理念也借着这部佳作走向世界。我们在音乐中培养孩子获得快乐，培养健康的价值观。
4	邱**	《青花瓷》（钢琴版）	《青花瓷》是由方文山作词、周杰伦作曲并原唱的、流传很广的流行音乐。曲调宛转，歌词古雅。钢琴版的演绎淡化了它作为流行音乐的特点，而将周杰伦在作曲中多用的五声调式完美地演绎出来。此曲宛然一幅烟雨朦胧的江南山水，带着孩子们感受民乐的灵动，激发他们对传统艺术的兴趣。
5	郭**	《C调卡农圆舞曲》	卡农，是复调音乐的一种，原意为"规则"，一个声部的曲调自始至终追逐着另一个声部，直到最后的一个小节，最后的一个和弦，融合在一起。卡农的所有声部虽然都模仿一个声部，但不同的声部按照一定间隔依次进入，造成一种此起彼伏、连绵不断的效果。让孩子感受这种曲式的美妙变化。
6	田*	《乘着歌声的翅膀》	原为德国诗人海涅所作的一首诗，因门德尔松为其谱曲而广为传播。歌曲以流动的旋律和分解和弦的伴奏共同描绘了一幅温馨而富有浪漫主义色彩的图景。孩子们能够在音乐中感受到梦幻般的意境。

3. 美妙午睡时段曲目

表 3-3-4　推荐曲目表

序号	推荐人	推荐曲目	推荐理由
1	黄 **	《茉莉花》（民乐版）	这是一首优美的中国民歌，音乐结构是由主歌和副歌组成的二部曲式，主歌和副歌都有重复的部分，形成了对比和变化。乐曲凸显茉莉花的形象，用笛子、琵琶、二胡等传统乐器来表达茉莉花柔美、纯洁和芬芳的意象，营造了一种清新和优雅的气氛。可以帮助孩子们放松心情，调节情绪，为下午的活动做好准备。 曲风是中国风，旋律是抒情而又欢快的，表达了对美的向往和赞美。可以让孩子们感受到中国文化的魅力，培养他们的音乐素养和审美情趣。
2	袁 *	《彩云追月》	这是一首极具魅力的中国经典民乐，旋律线条流畅自然，没有过多的跌宕起伏，却能在简洁之中展现出灵动之美，给人以轻松愉悦之感。在乐器运用上，巧妙地融合了二胡、古筝、扬琴等传统民族乐器。二胡的悠扬婉转，如彩云轻柔的身姿；古筝的清脆悦耳，似月光洒下的灵动音符；扬琴的明快跳跃，仿佛彩云追逐时的活泼姿态。这些乐器共同协作，生动地描绘出了夜幕中彩云追逐明月的美妙画面，将彩云的轻盈、明月的皎洁表现得淋漓尽致，营造出了一种如梦如幻、清新雅致的氛围。其轻松愉悦的风格能引起听众的情感共鸣，让幼儿在音乐中感受到宁静与美好，放松身心。
3	顾 *	《春江花月夜》	这是一首具有深厚文化底蕴的经典古曲，承载着中国传统文化的精髓。古筝独特的音色古朴、典雅又空灵。那清脆的弦音如同山间的清泉，叮叮咚咚地流淌，又似夜空中洒落的月光，轻柔而静谧。古筝的演奏将春天的江水、盛开的花朵、皎洁的明月等画面生动地展现出来。 乐曲节奏舒缓平稳，没有强烈的起伏和刺激的节拍。它以一种悠然的速度展开，就像母亲温柔的摇篮曲，轻轻地摇晃着幼儿。这种稳定的节奏能够安抚幼儿的情绪。
4	金 **	《渔舟唱晚》	这首乐曲节奏平稳且富有规律，开始的节奏缓慢而平和，如同夕阳西下时湖面的平静，让幼儿的思绪渐渐沉淀；随后节奏虽有轻微变化，但依然保持着舒缓的基调，仿佛渔人悠然划船的姿态，不会让幼儿感

（续表）

序号	推荐人	推荐曲目	推荐理由
4	金 **	《渔舟唱晚》	到兴奋或紧张；最后又回归到平静舒缓的节奏，就像一切归于安宁。 古筝弹奏出的《渔舟唱晚》旋律悠扬婉转，好似山间潺潺的溪流，温柔地淌过心间。其音符灵动而轻柔，没有丝毫的尖锐与嘈杂，能迅速让幼儿躁动的情绪平静下来。
5	黄 **	《鸿雁》	这是一首蒙古语歌曲，音乐结构是两段体，每个部分都有不同的旋律和和弦。节拍是 4/4 拍，节奏型是以四分音符为主，也有八分音符和附点，使得乐曲有了平稳和规律的感觉。歌曲由呼麦和马头琴配合。呼麦是一种蒙古族特有的喉音唱法，能够模仿自然界的各种声音；马头琴是一种蒙古族传统的弦乐器，形似马头，能够发出悠扬而哀怨的声音。可以让幼儿感受到蒙古族文化的魅力，培养他们的审美意识。
6	马 **	《高山流水》	这是一首中国古筝曲，歌曲的音乐结构是由前奏、高山、流水、尾奏组成的四段体，每个部分都有不同的旋律。节拍是自由的，节奏型变化丰富，使乐曲有了丰富和细腻的表现力。歌曲由古筝演奏，古筝是一种中国传统的弦乐器，能够发出清亮而悠扬的声音。让孩子们感受到中国传统文化的魅力，培养他们的审美情趣和情感表达。

4. 爱在路上时段曲目

表 3-3-5　推荐曲目表

序号	推荐人	推荐曲目	推荐理由
1	陈 *	《茉莉花》	该曲的五声音阶曲调具有鲜明的民族特色，它旋律流畅。该曲属于小调类民歌，是单乐段的歌曲，感情细腻又含蓄。
2	徐 **	《外婆的澎湖湾》	该曲为 F 大调，二段体结构。歌曲让人们联想到漫步走在童年时熟悉的沙滩上、一步一个脚印的生动场景，引起对童年美好生活的回忆。
3	高 **	《大中国》	该曲的音乐创作以《东方红》《红绸舞》以及东北民歌、朝鲜族音乐作为素材，在曲调方面，融合了许多

（续表）

序号	推荐人	推荐曲目	推荐理由
3	高**	《大中国》	地方民歌的特征，伴以铿锵喜庆的锣鼓伴奏，形成了一种热烈的气氛。旋律集中国南北音乐为一体，曲调节奏感强。
4	陈**	《少年中国说》	该曲以热血激昂的歌声配以少年们铿锵有力的呐喊，与百年前的梁启超隔空对话。"少年智则国智，少年富则国富，少年强则国强……"该曲歌颂少年的朝气蓬勃，也唱出了当代中国少年发奋图强的精神风采。
5	陈**	《国家》	该曲是一首振奋人心的爱国歌曲，歌曲曲调大气优美。歌曲旋律以民族风格为主，主歌部分温婉朴实，副歌部分高亢，旋律朗朗上口。歌词内容情感真挚，主题鲜明，表现手法简练。

幼儿园层面利用校园广播开展"音乐魔法时"活动，班级音乐魔法时则是在班级电脑建立音乐魔法时文件夹，班级活动由本班幼儿和家长提供各种欣赏素材，利用餐前或放学前等碎片时间进行欣赏。"音乐魔法时"活动发挥音乐作为听觉艺术的独有特点，配合幼儿园生活环节，为幼儿创设听音乐的机会，使他们在音乐环境中发展音乐听觉能力，培养音乐素养，自然地接受音乐艺术的熏陶，获得潜移默化的教育。

每天清晨，当孩子们踏入托班的那一刻，一场温暖的音乐之旅便悄然开启。教师们会播放幼儿自主点播的音乐，这些熟悉的旋律，宛如一双双温柔的小手，轻轻抚去孩子们心中与家人短暂分离而产生的不安与焦虑。在那轻快的音符中，教室仿佛瞬间变成了孩子们熟悉的温暖的家。孩子们不再是刚入园时的紧张与哭闹，取而代之的是被音乐吸引，沉浸在轻松愉悦的环境中，快乐地开启美好的托班生活。这些音乐不仅是安抚情绪的良方，更是他们在托班成长的美妙开端。

小班的教师精心挑选了一系列与生活紧密相关的歌曲，如《收拾玩具》《我有一双小小手》《快乐洗手歌》，旨在通过这些旋律欢快、歌词生动的歌曲，引导幼儿逐步学会自理，培养他们的独立性和动手能力。这些歌曲不仅旋律易于接受，歌词也富含教育意义，能够激发幼儿参与日常活动的兴趣，让他们在轻松愉快的氛围中逐渐掌握生活自理技能，如整理玩具、自我清洁等，为他们的成长奠定基础。

在中班，教师会在幼儿美术创作的时候播放背景音乐，优美的音乐不仅能够提升他们的专注力和创造力，还能够激发情感表达、增强审美体验和促进身心放松。随着孩子们身心的发展，他们开始渴望展现自我，追求成就感。因此，教师精选了一系列节奏感强、曲式清晰的音乐，旨在培养中班幼儿的时间管理、团队协作能力。到了大班，教师们巧妙地利用"音乐魔法时"，将音乐与孩子们的成长相结合，激发他们探索未知的热情和自主解决问题的能力。

三、音乐万花筒

"音乐万花筒"是以表演类、实践类的音乐活动为载体，为幼儿搭建自我展示的平台，开发各种社会资源开展音乐体验活动。鼓励幼儿积极尝试多种方式表达表现，在活动中发现和感受生活的美，从而萌发审美情趣。"音乐万花筒"主要由三个部分组成：

艺术周：每年六一儿童节期间，结合音乐俱乐部活动，开展幼儿艺术展演活动。形式可以是幼儿独立表演，也可以是师幼共同表演，还可以是家长与孩子一起表演。

才艺秀：每月月底开展一次才艺秀，才艺秀的内容有钢琴、唱歌、舞蹈、器乐等。由幼儿自主报名并选择表演的曲目，每月底在班级进行表演，并推荐2—3名幼儿参与年级组的才艺秀，最终年级组推荐每个班级1—2名幼儿参与六一艺术周才艺秀。

节日会：以四季为单位，举行秋季歌会、冬日舞会、春日演奏会、夏季时装秀等活动。教师与幼儿根据活动方案进行相关的学习与准备，展示的内容由幼儿与教师共同讨论，征询家长意见后确定。

案例：东方江韵幼儿园2023年春日演奏会活动方案

一、活动背景

幼儿开展演奏活动，对他们的音乐感受力和理解力来说有着不容忽视的帮助和促进作用。春天是一年中最令人期待的季节，因为它标志着冬季的结束和新生命的开始。在春天，气温逐渐升高，花草树木开始抽出新芽，万物复苏。春天也是一年中最适合户外活动的季节。我们举办春日演奏会就是希望在这样一个充满欣喜的季节，和孩子们一起享受美好。春日演奏会将打破原有的固定场地、固定乐器的演奏方式，将活动主动权交还给幼儿和教师。激发幼儿的学习兴趣，能使他们感受到音乐的美。

二、价值取向

1. 希望通过此次活动，让幼儿体验参与合奏的乐趣，增加对打击乐活动的兴趣。

2. 鼓励幼儿自主进行排演，大胆表现自己的艺术才华，发展表现能力，锻炼胆量，培养自信与勇气。

三、活动流程

表 3-3-6　活动流程表

时间	内容	负责人	活动地点	要求
2023 年 4 月 1 日—4 月 10 日	歌曲选择班级准备	各班教师	各班自定	★ 活动预告，幼儿知晓活动规则 ★ 各班教师根据幼儿年龄特点与兴趣选择相应的乐器与乐曲进行练习 ★ 家委会成员负责落实服装
2023 年 4 月 11 日—4 月 20 日	园内彩排场地布置	各班教师	各班自定	★ 各班自主排练 ★ 环境创设，场地布置到位
2023 年 4 月 21 日—4 月 30 日	邀约式展演	园长、保教组成员、教研组长	各班自定	★ 各班进行邀约式展演，由班级幼儿和教师确定演出时间和地点 ★ 展演时做好拍摄工作，用于后续学习交流 ★ 评委及时打分
2023 年 4 月 30 日	活动总结	各班教师	各班教室	★ 各班在"孩子通"App 上传宣传精彩瞬间。幼儿撰写活动感悟 ★ 颁奖合影留念（评委老师与参演幼儿）

四、活动预约情况

表 3-3-7　活动预约表

时间	班级	地点
4 月 23 日 09：40	森兰部大二班	操场
4 月 23 日 14：50	森兰部大四班	操场（霍比特人小屋）
4 月 23 日 15：00	森兰部大五班	多功能厅

（续表）

时间	班级	地点
4月23日 15：15 4月23日 15：30	森兰部中四班 森兰部中三班	门厅 操场
4月24日 09：40 4月24日 14：50 4月24日 15：00 4月24日 15：15 4月24日 15：30	樱花部小一班 樱花部小二班 樱花部小三班 樱花部中一班 樱花部中二班	操场（小木屋前） 操场（山坡旁） 操场（秋千草坪区） 山坡（滑滑梯旁） 本班教室
4月25日 09：40 4月25日 15：00 4月25日 15：15	森兰部中一班 森兰部中二班 森兰部小一班	门厅 操场 大厅
4月26日 09：40 4月26日 15：15 4月26日 15：30	森兰部大三班 森兰部大一班 森兰部小二班	操场（安吉积木建构区） 操场 多功能厅

五、活动过程

当孩子们得知春日演奏会即将举办的消息，教室里瞬间炸开了锅，大家兴致勃勃地讨论起演奏的曲目。得知演出地点由他们自主选定，更是兴奋不已，你一言我一语地推荐起心仪的场地：有着错落台阶、充满艺术氛围的音乐活动室；自带漂亮舞台、仿佛童话世界的霍比特人小屋；开阔的大草坪；高低起伏的小山坡；还有那宽敞明亮、装饰精美的幼儿园门厅。每一个地方，都承载着孩子们满满的喜爱和期待。

曲目与地点确定后，孩子们迅速投入紧锣密鼓的排练。挑选小乐器时，孩子们的创意令人惊叹，原来在他们眼中，大大小小的安吉积木、厨房里的锅碗瓢盆、装满铃铛的塑料瓶，甚至大自然中的稻草和木棍，都能成为演奏美妙旋律的神奇道具。

有的孩子还提出，既然是正式演出，那当然要有门票。于是，宣传组应运而生。孩子们分工明确，有的精心设计色彩斑斓的宣传海报，有的绘制精致的邀请函和门票，他们满心欢喜地向整个幼儿园宣告这场即将到来的音乐盛会。他们盛情邀请幼儿园的老师们一起来聆听他们的音乐会，体验他们的快乐。

孩子们的热情也感染了家长们，家长们全力支持，精心为孩子们准备了漂亮的演出服装。万事俱备，只等演出那天的到来。

演奏会当天，孩子们早早来到幼儿园，迫不及待地做着最后的准备。在这场充满自主性和自由氛围的活动中，每一个孩子都焕发出独特的艺术活力，他们沉浸在美妙的旋律里，尽情享受着创造美的快乐。这场春日演奏会，不仅是一场音乐的盛宴，更是孩子们展现自我、追逐梦想的美好旅程。（见下图）

图 3-3-4　精心挑选曲目

图 3-3-5　考察表演地点

图 3-3-6　选择适配乐器

图 3-3-7　准备演出道具

图 3-3-8　演出海报

图 3-3-9　演出开始

图 3-3-10　演出现场

图 3-3-11　演出合影

六、活动反思

（一）活动目标达成度

幼儿参与合奏的乐趣与对打击乐的兴趣：活动现场，大部分幼儿都全身心投入合奏，脸上洋溢着笑容，充分体验到参与合奏的乐趣。活动结束后，通过与幼儿交流发现，他们对打击乐活动的兴趣明显提升，很多幼儿表示还想参加类似活动，这表明该目标达成情况良好。

自主排演与表现能力：幼儿在自主排演时积极讨论、分工合作，在舞台上大胆展现自己。不论是节奏把握，还是动作表现，都展现出超出预期的水平。不过，仍有少数性格内向的幼儿参与度不够高，在表演时较为羞涩，有待进一步努力。

（二）幼儿音乐素养提升分析

节奏感：通过此次演奏会，幼儿在合奏过程中不断磨合，对节奏的把握更加精准。从最初的节奏混乱，到最终能整齐地完成演奏，他们学会了如何根据音乐的节拍调整自己的演奏速度，节奏感得到了显著提升。

音乐感知与创造力：在乐器选择和演奏方式上，幼儿充分发挥了自己的想象力和创造力。他们尝试用不同乐器的组合探索各种音色的搭配，对音乐的感知从单一走向多元，不再局限于传统的演奏模式，极大地拓展了音乐思维。

表现力与自信心：站在舞台上面对观众进行演奏，幼儿们不仅锻炼了胆量，其音乐表现力也得到增强。他们通过肢体动作、表情等方式将音乐中的情感表达出来，自信心也在一次次的展示中逐步提高，为今后音乐素养的发展奠定了良好的基础。

（三）幼儿全面发展

团队协作能力：演奏会以合奏形式为主，幼儿们在其中学会了倾听他人、团队协作。遇到节奏不一致或者演奏失误时，他们会协商解决，这对于团队意识和沟通能力的培养至关重要，为融入集体生活提供了实践经验。

问题解决能力：在自主排演过程中，幼儿会遇到各种问题，如乐器分配不均、演奏顺序不合理等。在解决这些问题的过程中，他们学会了思考，尝试不同的方法，逐步提升了自主解决问题的能力，这对其今后的学习和生活都有积极的影响。

（四）幼儿表现分析

优点：幼儿们在演奏中展现出丰富的创造力，自主选择乐器组合、设计演奏动作，并在团队中相互配合，学会倾听他人节奏，整体表现出较高的音乐素养和团队协作精神。

不足：部分幼儿在面对众多观众时，出现紧张情绪，导致演奏中出现一些小失误。在自主排演过程中，个别幼儿过于依赖教师指导，自主思考和解决问题的能力还有待加强。

（五）活动组织反思

成功之处：打破场地和乐器的限制，给幼儿和教师充分的自由，激发了他们的积极性和创造力。活动现场氛围热烈，组织流程较为顺畅，各个环节衔接紧密。

不足之处：在场地布置方面，虽然追求自由开放，但也存在音响效果不佳的问题，影响了演奏的听觉效果。

（六）改进建议

针对幼儿个体差异：在今后活动中，应更加关注性格内向的幼儿，提前给予更多鼓励和引导，设置一些小组合作的预热活动，帮助他们更好地融入集体表演。

活动组织优化：在场地布置和设备调试方面，园方可以提前做好充分准备，设置一些收音和扩音的设备，确保活动的视听效果。

四、音乐加油站

该活动以集体活动满足幼儿欣赏与感受、表现与表达的学习需求，支持幼儿在积极体验、主动创造的过程中，用歌唱、律动、舞蹈、乐器演奏等形式表达自己的情绪、表现自然界的情境，促进幼儿良好个性的形成和综合音乐素养的发展。

"音乐加油站"活动利用下午个别化学习活动时间进行，频率为小班每月两次，中班每月三次，大班每月四次。课程素材为我园园本课程"幼儿音乐素养培养"中的课例、我园在各类开放活动中积累的音乐"经典课"和"音乐加油站"推荐歌单。以小班为例，活动内容如表。（见表3-3-8）

表3-3-8　音乐加油站小班活动内容

形式	活动内容	适宜主题
歌唱活动	《我爱我家》（歌唱） 《小蝌蚪找妈妈》（歌唱）	娃娃家 小花园
韵律活动	《走路》（韵律） 《小汽车》（韵律）	学本领 小司机
节奏乐活动	《蜜蜂做工》（节奏乐） 《大雨小雨》（节奏乐）	学本领 雨天
欣赏活动	《小乐器唱歌》（欣赏） 《快乐的小老鼠》（欣赏）	好听的声音 白天与黑夜

五、亲子音乐行

家长在活动中以设计者、实施者的身份，发挥他们的兴趣、特长，利用专业及相关资源设计并实施亲子音乐行。教师给予家长相关指导，家园协作，共同完成活动，从而提高幼儿感受美、表现美、创造美的能力。我们鼓励家长利用闲暇时光，带领幼儿走进剧场，让幼儿沉浸于艺术之中，以此作为激发幼儿艺术潜能的起点。在这一过程中，家长的陪伴、积极交流、肯定性评价以及启发鼓励，对幼儿从无意识艺术表现向有意识审美体验的转化起到重要的作用。不仅促使幼儿逐渐意识到美的存在，更引导他们学会辨识美、理解美。同时，我们也引导家长如何利用社会艺术资源，关心音乐与美术领域的各类活动，为幼儿提供审美机会，以促进其审美能力的全面发展。基于此，亲子音乐行的推荐路径如下：

表 3-3-9　亲子音乐行推荐路径表

推荐形式	具体介绍	推荐内容	推荐理由
儿童音乐剧	音乐剧是一种舞台艺术形式，结合了歌唱、对白、表演、舞蹈。通过歌曲、台词、舞蹈、肢体动作等紧密结合，把故事情节以及所蕴含的情感表达出来。而儿童音乐剧，更适应儿童特有的情趣、心理状态和对事物的理解、思考方式。精致的舞台、奇异的服装、活泼的表演、趣味的情节，能为孩子们带来欢乐新奇的体验，促使孩子的审美得到提高。	尔多音乐剧团系列儿童音乐剧:《多杰》系列、《阿兔酱紫》《寻找声音的耳朵》《复活吧，胡萝卜》	尔多音乐剧团是一个面向少儿群体的专业音乐剧团，团中演员清一色是活泼的少年儿童，家长可以带孩子欣赏最新系列《寻找声音的耳朵》的音乐剧演出，故事讲述了男孩小聃带着自己的"魔法"瓶子和一双纯真空灵的耳朵转学到重点学校。环境的反差，让他无比怀念乡下的生活。现实世界的冲突与无奈、老家的拆迁使他渐渐失去了对声音的渴望，最终瓶子"碎了"，耳朵"飞了"……对孩子们而言，这是与他们深度共情的作品，上演的就是他们自己每天在经历的生活，剧中贴近生活的笑点紧跟时下热点，每一轮都由小演员们头脑风暴集体创作，真实、鲜活又热气腾腾。

（续表）

推荐形式	具体介绍	推荐内容	推荐理由
儿童剧	儿童剧深入内心，深入儿童的精神世界，具有教育性、人文性、感染性、启发性和知识性，是给予孩子的一道艺术大餐。儿童剧是由（演员）当场、当众扮演角色和故事，与观众直接交流的语言和动作艺术。它较深刻反映了社会生活的面貌。 　　家长带领幼儿欣赏儿童剧表演活动，不但培养艺术素养和综合素质，也是幼儿和家长共享的艺术，为家长和孩子提供共同观摩戏剧和交流机会，它伴随着儿童的健康成长，是儿童不可或缺的成长因素。	《永远永远爱你》	《永远永远爱你》这个绘本在我们的幼儿园中也是孩子们所熟悉的，故事讲述的是一场跨越种族的亲子关系，能够让孩子们深切体会到母爱的温暖。因此家长选择这个相对贴近幼儿经验的绘本儿童剧来带领孩子们感受艺术表演之美，相信这种集表演、音乐、歌舞于一体的表现形式会给孩子带来全新的音乐体验感受，让他们能了解并开始学会欣赏音乐剧的魅力，在孩子们心中种下一粒爱音乐的种子。

第四章 实施音乐课程路径：四个结合与三种方法

课程实施的过程是教师与幼儿共同探寻世界、建构知识的过程。一方面，幼儿通过与外在环境的多维互动，促进自身经验的累积深化。此过程实质上是一个"外部世界向内部世界转化"的内化过程，幼儿将现实生活及实践经验内化为自身的认知与情感，实现了生命质量与认知能力的提升。另一方面，幼儿并非被动接受者，他们能够积极调动自身已有的认知框架，对外在环境进行主动改造。当面临新情境与旧经验之间的冲突时，幼儿通过策略获取新知，实现了个体意义世界的重构与"内部世界向外部世界转化"的过程，体现了幼儿作为主动学习者在知识建构与社会化发展中的主体地位。

第一节 四个结合

基于此，我们所创设的课程实施路径，旨在全面激活幼儿的自主性、积极性以及创造性潜能，让幼儿勇于探索未知，与外在环境形成深度互动，并与同伴开展积极有效的协作。通过"四个结合"的实施路径，幼儿将能够获取富有意义的学习经验，这些经验不限于知识层面，更涉及情感、态度及价值观的培养。更进一步，幼儿在活动中被鼓励主动构建个人的意义世界，这个过程不仅是对外部信息的内化，更是对自我认知与外在环境关系的反思与重塑。

一、校园环境与音乐元素相结合

校园环境创设在幼儿教育中具有重要作用，我们致力于增强环境创设的真实感、体验感和浸润感，以此来构建能让儿童在认知发展过程中综合运用多种感官的平台，从而丰富幼儿在音乐方面的多元体验。为此，我们将音乐元素巧妙融入校园的每一个角落：校园公共区域有互动乐器；设置不同功能的专用音乐活动室；安装内容丰富的多媒体互动设备；展示音乐家故事和幼儿活动花絮。环境中的音乐元素无处不在，成为幼儿日常生活中不可或缺的一部分。

（一）打造多元、开放的音乐活动室

作为专用活动空间的音乐活动室需要更加合理规划。以幼儿自主探索和学习为前提，以提升幼儿音乐素养为目标，我们创设了各种体现不同功能和幼儿需求的音乐活动室。

"哆哆乐园"是一个以开放式音乐厅为设计灵感的儿童娱乐场所，我们精心打造了一个微缩版的音乐厅，包括阶梯式的观众席、圆弧形的表演区以及开放式的乐器陈列区，空间开阔一目了然，操作材料随手可得。此外，活动室内还提供了操作简便的互动式多媒体选曲系统，旨在为幼儿提供一个自由开放的歌唱表演空间，让他们能够放声歌唱，大胆演奏。孩子们可以走近音乐，爱上歌唱。

"扭扭舞台"是一个开放自助式的舞台，幼儿可以在舞台一侧自由选择服装后进入化妆区域，另一侧的道具区域可让幼儿选择表演所需道具，甚至自己简单制作。舞台采用自由组合形式，可大可小，可根据表演需求自由调节。舞台对面通墙满铺的镜子可以让幼儿在表演中看到自己的状态。灯光调节可以营造出不同的表演氛围，激发幼儿的表演欲和创造力。我们还设置了互动式的音响设备，幼儿可以通过简单的操作，调整音量、选择背景音乐，为自己的表演增添更多的色彩和乐趣。在这个舞台上，孩子们不仅能够锻炼自己的表演能力，还能学会团队合作，共同创造美好的表演回忆。

"咚咚鼓房"作为一个独立的活动室，其中囊括了中国鼓、非洲鼓和架子鼓等各种常见的鼓。幼儿在其中可以自由选择不同类型的鼓进行敲击，感受不同鼓的声音特质和节奏感。活动室内还配备有专业的鼓架和座椅，确保幼儿在敲击鼓时能够保持正确的姿势，避免受伤。此外，我们还设置了静音鼓垫，让幼儿在不打扰他人的前提下，也能享受敲击鼓的乐趣。活动室环境中展示了对各种鼓的介绍和演奏技巧，帮助幼儿更好地了解鼓的种类和演奏方法。

"乐动大厅"与其他几个音乐活动室略有不同，它更像是一个综合的音乐活动空间。这里有大面积的多媒体大屏、互动影像设备、大型的乐器等设施。幼儿可以在这里进行集体性音乐游戏，或是观赏音乐表演和音乐剧。大屏幕和互动影像设备不仅为孩子们提供了视觉上的享受，而且通过互动式的影像，让幼儿参与到音乐活动中，增强他们的参与感和体验感。大型的乐器，如钢琴、架子鼓等，让幼儿有机会接触它们并尝试演奏。整个乐动大厅的设计，更像一个综合的、充满音乐氛围的活动空间。

（二）营造经典、浸润的音乐走廊

我们将音乐的元素与空间、时间交织在一起，将幼儿园内的走廊、楼梯营造出致敬经典、展现风采和展示幼儿兴趣的音乐浸润之境。

走廊的墙面布置着世界著名音乐家的肖像、简介以及经典音乐作品的介绍，依托具备互动功能的多媒体设备，让孩子们在行走间就能听到经典乐曲，不经意间就能将乐曲与大师联系在一起，仿佛穿梭于音乐的历史长河之中。走廊两侧还设有小型乐器体验区，摆放着各种小型打击乐器，孩子们可以随时停下来敲击，感受不同乐器的独特音质。这些设计不仅丰富了走廊的空间层次，更让音乐成为孩子们日常生活中不可或缺的一部分，在感受到音乐魅力的同时，经典元素悄然浸润孩子的心田。

此外，结合幼儿年龄特点，各走廊的音乐作品内容也各有不同，除了大师和经典音乐之外，各种来自大自然的声音也是走廊音乐的一个重要部分，家里锅碗瓢盆的碰撞、路上车水马龙的嘈杂、海边海浪和海鸥的共鸣、森林里飞禽走兽的吼叫、自然中风雨雷电的呼啸，这些大自然的乐章，都被巧妙地融入走廊的音乐设计，使孩子们在体验经典音乐的同时，也能感受到大自然的和谐与美妙。我们特意挑选了一些适合幼儿聆听的自然声音，通过高保真音响设备播放，让孩子们仿佛置身于大自然之中，聆听万物的声音，培养他们的自然观察力和对自然的热爱。这不仅丰富了走廊的音乐氛围，也为孩子们提供了一个更加多元、立体的音乐学习环境。

"人生第一首歌"是音乐走廊上一个深受幼儿家长喜爱的环境，这个区域让每个人推荐自己人生的第一首歌，包括孩子的、父母的，甚至祖辈的。让孩子聆听长辈们或自己的第一首歌，发现它们的异同，体会音乐给予生活的滋养。在这个区域里，每一面墙都是故事的载体，记录着一个个温馨而动人的音乐瞬间。家长们热情参与，他们有的带来了自己儿时的摇篮曲，有的则是孩子出生后第一次听到的儿歌，还有的分享了父母年轻时流行的经典老歌。这些歌曲不仅是音符的组合，更是情感的纽带，连接着过去与现在，传递着爱与希望。

孩子们在走廊上漫步时，在不经意间听到这些熟悉而又充满情感的旋律。他们或许会停下脚步，静静聆听；或许会兴奋地拉着父母的手，分享自己对这首歌曲的理解和感受。这样的互动，不仅让孩子们在音乐的海洋中畅游，更激发了他们对家庭、对亲情的深刻认识。

人生第一首歌区域不仅丰富了走廊的音乐内容，也为每个家庭提供了一个展示和分享的平台。在这里，每个孩子都能找到属于自己的音乐故事，感受到音乐的魅力和力量。同时，它也成了家长们回忆过去、展望未来的一个温馨的角落，让幼儿园真正成了一个充满爱与音乐的大家庭。

（三）创造自主、互动的音乐外场

除了对幼儿园建筑内部的音乐环境创设之外，户外场地也是我们设计规划的一个重点区域。在这里，我们将一系列金属打击乐器布置在户外场地的各个角落；满足幼儿童话表演需求，建造霍比特人小屋、森林小木屋等。我们精心挑选了各种形状和大小的乐器，以确保它们不仅能够吸引孩子们的注意力，而且还能适应不同年龄和能力水平儿童的需要。这些乐器被巧妙地布置在户外场地，既能激发孩子们的好奇心，又能够鼓励他们探索和体验音乐。

孩子们可以在户外游戏或自由活动时，自由地选择乐器，随心所欲地演奏出属于自己的节奏。或者在与同伴共同歌唱时，演奏出独属于自己，又充满童趣的配乐。同时，霍比特人小屋和森林小木屋等童话元素的设计，不仅为孩子们提供了一个梦幻般的表演舞台，更激发了他们的想象力和创造力。这些童话元素的融入，让孩子们仿佛置身于一个真实的童话世界，他们可以在这里扮演各种角色、体验不同的故事，在玩耍中学习和成长。在这样的音乐外场中，孩子们不仅能够享受到音乐的乐趣，更能在自主探索和互动合作中不断成长。他们通过与同伴的交流和合作，学会了倾听、分享和尊重，这些都是他们未来社会生活中不可或缺的重要技能。

通过这些措施，我们巧妙地将音乐元素融入校园的每个角落，这种融合不仅美化了校园环境，更营造了一种浓厚的音乐氛围，幼儿在日常活动中自然而然地与音乐元素产生互动。无处不在的音乐，成为幼儿日常生活中不可或缺的一部分。通过这样的环境设计，潜移默化地培养着幼儿的音乐感知能力与审美情趣。

二、一日活动与音乐渗透相结合

这一结合策略强调将音乐教育渗透到幼儿的一日活动中,让音乐成为幼儿日常生活的一部分,而不是局限于一次音乐教学活动或一个音乐游戏中。在一日活动中灵活运用音乐元素,无论是早晨的来园曲、午间的安静音乐,还是傍晚的告别曲;在进餐时播放轻音乐,帮助幼儿放松心情,享受美食;在午睡时播放摇篮曲,帮助幼儿安静入睡,音乐伴随着幼儿的每一天。这些微小的音乐渗透,能让幼儿在不经意间接受音乐的熏陶,在幼儿的心中种下音乐的种子,逐步培养起他们对音乐的喜爱和感知能力,为他们未来的音乐学习打下坚实的基础。

(一)生活环节中的渗透

生活活动作为幼儿在园一日活动中不可或缺的内容,是开展其他活动的重要基础。这个环节中的音乐渗透,不仅是让幼儿欣赏音乐,更要发挥帮助幼儿养成习惯的重要作用。

例如,在入园时播放欢快的欢迎曲,如《幼儿园园歌》《我们的幼儿园》《开心超人》等幼儿喜欢的歌曲,不仅能让幼儿感受到幼儿园的温馨氛围,还能激发他们的活力,为新的一天做好准备。

在洗手、如厕等日常活动中,通过播放轻松愉悦的音乐,如《洗手歌》《洗手好习惯》等,引导幼儿跟着歌曲的歌词、节奏进行盥洗和如厕,有助于他们养成良好的生活习惯。

此外,在整理玩具、排队等过渡环节中,使用特定的音乐信号,如《玩具要回家》《排队》等,可以帮助幼儿迅速理解并执行。还可以与幼儿共同商定曲目和单曲播放的次数,提高他们的自主性和时间管理能力。

音乐在午睡环节同样扮演着不可或缺的角色。当午睡时间临近,轻柔的摇篮曲如《小星星》《摇篮曲》等,可以营造出宁静舒适的氛围,帮助幼儿放松心情,逐渐进入梦乡。这样的安排不仅有助于幼儿养成良好的午睡习惯,还能提升他们的睡眠质量,为下午的活动积蓄能量。而在起床环节,选择轻快的唤醒曲,如《早晨的阳光》《起床歌》等,能够让幼儿在愉悦的音乐中醒来,摆脱困倦,以饱满的精神状态迎接新的活动。

生活环节中的音乐渗透,还体现在季节变换与特殊节日的主题音乐设置上。春天到来时,幼儿园可以播放轻快活泼的春日主题歌曲,如《春天在哪里》《小燕子》等，让幼儿在音乐的引领下感受春天的气息，增强对大自然的热爱。到了冬季，则可以播放温暖人心的冬日主题歌曲，如《雪花飘飘》《铃儿响叮当》，让幼儿在寒冷的季节里也能感受到温暖和快乐。

在节日前，如儿童节、国庆节等，播放与节日主题相关的乐曲，如《快乐的节日》《歌唱祖国》等，激发幼儿的节日情感，增强他们的归属感和自豪感。这样的音乐安排，不仅丰富了幼儿的生活体验，还促进了他们对传统文化的认识和传承以及对祖国母亲的热爱。

总之，生活环节中的音乐渗透是一种全方位、多角度的教育方式，这样的音乐渗透，既体现了对幼儿的细致关怀，也促进了幼儿一日生活的有序进行。它在潜移默化中影响着幼儿的行为习惯，使他们在享受音乐的同时，逐步建立起良好的生活习惯和自我管理能力。

（二）运动环节中的渗透

在一日活动的运动环节中，虽然看起来音乐元素并不容易融入，但细究起来，会发现音乐在运动中的作用是多方面的。从运动开始前的音乐提示，到运动过程中的走跑交替，再到运动结束后的整理环节，音乐都扮演着不可或缺的角色。

在运动开始之前，音乐可以作为一个有效的提示，通过播放节奏明快、充满活力的音乐，如《动起来》或《加油歌》，来激发幼儿的运动热情，帮助他们迅速地调整到运动状态，为接下来的活动做好准备。

当运动进入走跑交替的环节时，音乐的作用更是显而易见。通过播放不同节奏的音乐，可以引导幼儿根据音乐的快慢来调整自己的步伐。这种做法不仅使得运动过程更加有趣，而且能有效地锻炼幼儿的节奏感和身体协调性，使他们在享受音乐的同时，不知不觉地提高自己的运动能力。

一到下午的运动时光，校园中就会播放多首幼儿喜欢的乐曲，各年龄段幼儿在音乐中开始了他们最喜欢的"午后韵动"，每个班级有自己创编的韵律动作，实现了"我的运动我做主"的理念。小年龄段幼儿还可以跟着哥哥姐姐的动作一起律动，把操场打造成了幼儿律动的"共享空间"。

在一些主题运动会中，音乐的渗透同样重要。例如，在运动员入场、比赛间隙或颁奖环节，可以播放一些振奋人心的音乐，如《胜利进行曲》《欢乐颂》，以营造热烈而庄重的氛围。这样不仅能激发幼儿的集体荣誉感和参与热情，还能让整个运动会更加生动和难忘。

在运动结束后的整理环节，选择轻柔舒缓的音乐同样至关重要。例如，播放《放松一下》或《安静的夜晚》这样的乐曲，可以帮助幼儿从之前的兴奋状态逐渐平复下来，进入放松和宁静的状态。这有利于幼儿身心的恢复，帮助他们更好地准备进入下一环节的活动。

通过这样的方式，音乐在运动活动中实现了全方位的渗透，不仅丰富了运动的形式和内容，还提升了幼儿对音乐的感知和理解能力。当然，音乐在运动活动中的应用并不是固定不变的，可以根据幼儿的兴趣和反应，灵活地调整音乐的选择和使用方式。通过这些渗透方法，运动活动变得更加丰富多彩，幼儿在音乐的引导下，更加享受运动的乐趣，同时在愉快的氛围中获得身心的锻炼和发展。

（三）学习环节中的渗透

在学习环节中，音乐也在潜移默化地渗透，在集体教学活动中的幼儿自主操作环节中，音乐是非常好的定时媒介。例如，在绘画活动中，播放柔和的古典音乐，可以让幼儿沉浸在艺术的氛围中，更好地发挥想象力和创造力；在科学活动中，动感的电子音乐可能会成为幼儿积极探索的催化剂。在集体教学活动中，教师还可以利用音乐来引导幼儿进行思维转换。例如，从一种活动转换到另一种活动时，播放特定的过渡音乐，可以让幼儿意识到活动即将结束，需要做好心理准备迎接下一项任务。这样的音乐信号不仅有助于活动有序进行，还能培养幼儿的规则意识和自我管理能力。

个别化学习中音乐的渗透则更加自然。舒缓轻柔的背景音乐，可以让幼儿安静地开展自主学习。例如，在安静的阅读区域或美工区域，选择温馨的背景音乐，能让幼儿享受阅读和创作的乐趣，培养他们良好的学习习惯。与幼儿协商后可以采用一段音乐来结束个别化学习，让幼儿在音乐引导下完成整理。

此外，音乐还能在学习环节中发挥调节情绪的作用。当幼儿遇到学习困难或产生挫败感时，一段欢快、激励的音乐可以迅速提升他们的情绪，帮助他们重新找回自信，积极面对挑战。而在完成一项学习任务后，播放一段庆祝的音乐，可以让幼儿感受到成功的喜悦，增强他们的成就感和学习动力。

总之，在学习环节中，音乐的渗透无处不在，它以独特的方式影响着幼儿的学习和发展。通过巧妙地运用音乐，教师可以为幼儿创造一个更加和谐、愉悦的学习环境，让他们在音乐的陪伴下快乐成长。

（四）游戏环节中的渗透

游戏作为幼儿在园的主要活动，音乐在其中也发挥重要的作用，不管在户外还是室内，音乐是不变的媒介。

让音乐渗透于游戏环节中，我们可以从多个方面入手。在表演游戏中，音乐是不可或缺的元素。通过选取与游戏内容相符的音乐，可以增强游戏的情境感和代入感，使幼儿更加投入地表演。音乐的旋律、节奏和歌词都可以成为引导幼儿表达情感、塑造角色的重要手段。

在游戏过程中，背景音乐的运用也十分关键。它可以营造出独特的游戏氛围，激发幼儿的游戏兴趣。例如，在户外游戏区域，播放一些活泼欢快的音乐，可以让幼儿更加兴奋和投入；而在室内游戏环节，选择一些轻柔舒缓的音乐，则有助于幼儿放松心情，享受游戏的乐趣。

在游戏结束后，整理音乐也是音乐渗透的一个重要环节。通过播放一段特定的音乐，可以让幼儿意识到游戏已经结束，需要开始整理玩具和物品。这种音乐引导的方式，既有助于培养幼儿的规则意识，又能让他们在音乐的陪伴下愉快地结束游戏。

除了大块的游戏时间之外，贯穿一日活动的自主活动环节，也是音乐渗透的绝佳机会。在这个过程中，音乐渗透到每个班级，音乐的选择和歌单的形成大部分是教师、幼儿和家长三方的共同参与和努力的结果。在自主活动环节，幼儿可以在自己喜欢的音乐陪伴下，自由选择活动，享受游戏的乐趣，同时也促进了他们的全面发展。

音乐在游戏环节中的渗透是多方面的，我们可以充分利用音乐的魅力，为幼儿创造一个更加丰富多彩、充满乐趣的游戏环境。

综上所述，音乐可以渗透在一日活动四个环节中，曲目的选择权可以来自教师，更可以来自幼儿或家长。渗透的过程，是寻找和思考音乐元素的过程，是教师、幼儿和家长发表自己对音乐的想法的过程。教师可以根据幼儿的兴趣和发展需求，精心挑选适合的音乐作品，确保音乐的多样性和教育性。幼儿也可以在这个过程中表达自己的喜好，选择他们喜欢的歌曲，增强他们的参与感和自主性。同时，家长也可以参与到音乐的选择中来，分享家中的音乐资源，与幼儿园共同构建丰富多样的音乐环境。

三、日常教育与活动教育相结合

日常教育是指系统性实施的常规音乐活动，旨在全面促进幼儿音乐素养的培养。我们的日常教育内容包括音乐集体活动、音乐分组活动、音乐俱乐部等，在固定时间由教师设计后开展的教育活动。

为保障日常教育活动的开展，首先需要在规划层面，将音乐素养培养的日常教育活动纳入相关条线的工作计划，确保小、中、大三个年龄段的幼儿在固定时段能参与此类活动，实现教育安排的常规化与制度化。

其次，在日常教育的音乐活动内容方面，需制订详尽的活动方案，供教师参照执行。对青年教师而言，可直接依照方案执行以确保教学活动的基本质量；而对于成熟教师，则鼓励其在方案基础上进行创造性改编，并记录实践过程，以便持续优化与更新。

与日常教育活动的固定性不同，活动教育是指围绕特定主题，在特定时机策划与组织的音乐教育专项活动，如项目化学习活动、节日活动、各种随机生成活动等。此类活动的时间安排具有灵活性和随机性，一旦在幼儿一日活动中出现适宜的契机，班级、园所便会适时开展相应的活动。此外，活动音乐教育的内容设计具有高度的针对性，每个活动方案均紧扣主题，旨在满足特定活动需求。当然，活动教育不会因为其灵活性而不了了之，最后的活动成效需通过幼儿表现、家长反馈、教师心得、社会反响等多维度进行综合评估，以确保活动教育的质量和效果。

以上两类活动，前者面向常规音乐活动的实施，后者面向灵活性和生成性音乐活动的开展。我们注重两者之间的互补与协同，形成结合策略。教师发起的日常教育活动为幼儿发展提供了坚实的基础，确保了幼儿在音乐领域的基本素养和知识的积累。而幼儿生成的活动教育内容则如同一股新风，为日常教育注入了新的活力和创意，使幼儿能够在更加生动、具体的情境中体验音乐的魅力，深化对音乐的理解和感悟。

为了实现两者之间的有机结合，我们在实践中不断探索和创新。一方面我们鼓励教师在日常教育活动中既发挥主导作用，又尊重幼儿的主体地位和创造性。教师可以根据幼儿的兴趣和发展需求，设计一系列具有启发性和趣味性的日常音乐活动。同时，学校要求教师更敏锐地捕捉幼儿在活动中的表现和反馈，及时调整活动内容和方式，以满足幼儿的学习需求。

另一方面，幼儿在各类音乐活动中的生成性也是至关重要的。幼儿在日常活动中的表现、创造和想象，都是他们内心真实感受的反映。因此，教师要尊重幼儿的生成性，给予他们充分的自由和空间，让他们在音乐活动中自由表达、创造和想象，从而激发他们的音乐创造力和想象力。具体从以下几个方面展开。

（一）集体教学与个别化学习的贯通

集体教学活动是以《上海市学前教育纲要》为指导，以新课程教材的主题框架为基础，以幼儿发展的基本经验为依据，促进幼儿情感、态度、认知能力、技能等方面全面和谐发展。它着眼于最基本的经验积累，关注幼儿自身的兴趣、经验和需要，使每个幼儿积累相应的体验和感受，获得最基本的发展。

教师在音乐集体活动中要深化幼儿对音乐形象的感知体验，并鼓励幼儿尝试运用多元化的音乐表达手段来传达交流个人的思想情感。音乐集体活动的设计与实施，不仅要聚焦幼儿在音乐感知与表现中所获得的愉悦体验，更要灵活运用多种教学策略，确保不同音乐形式的均衡呈现，促进幼儿音乐素养的全面提升及音乐敏感性的增强。

集体活动内容丰富，形式多样，包含歌唱、韵律活动、节奏乐及音乐欣赏四大核心类型，为幼儿音乐素养的培育提供了全面的实践平台。在活动筹备阶段，教师需对教材内的音乐元素、形式及培养策略进行分析解读，把握音乐作品的本质特征，科学合理地设计活动方案，促进幼儿音乐素养的均衡发展。

音乐个别化学习活动则是对集体音乐活动的延伸和补充。它以自主宽松的形式给幼儿一个相对独立的学习空间，结合幼儿的经验和能力，为幼儿提供多种针对性的音乐材料，使活动室每一块区域都能成为幼儿自由探索音乐的场所。在个别化活动中，幼儿主要通过个别操作的方式，自主寻找并建构适合自身音乐感知与表达的方式，通过唱、跳、听辨、欣赏以及节奏乐等多种形式，享受音乐带来的乐趣，实现自主欣赏、积极体验、创造性表现。

音乐个别化学习活动鼓励幼儿根据自己的兴趣和能力选择适合自己的学习

内容与节奏，尊重每个幼儿在音乐理解与表达上的差异，从而促进幼儿音乐素养的个性化发展。这种个性化的学习方式有助于幼儿更深入地理解和感受音乐，同时还激发了他们对音乐深入探索的兴趣。教师在此过程中不仅要提供丰富的音乐材料，还需根据幼儿的学习情况灵活调整指导策略，确保每个幼儿都能在最适合自己的节奏下成长。

值得一提的是，在音乐个别化学习过程中，教师应扮演观察者、介入者与推动者的角色，对幼儿的学习过程进行观察和记录。通过对学习情况的复盘和梳理，发现幼儿间的差异和共性，从而提供不同的支持。对于共性问题，教师可以通过音乐集体教学活动进行问题的解决。教师还需关注幼儿的学习进程和个体差异，适时调整教学策略，以满足不同幼儿的学习需求。通过集体教学与个别化学习的有机结合，幼儿能够在音乐的世界中自由翱翔，享受音乐带来的无限乐趣。

案例：集体活动→个别化学习

集体教学活动：《我爱天安门》（艺术／音乐）

一、活动目标

1. 在反复欣赏与体验中感受歌曲旋律与歌曲内容的美，初步产生学唱的愿望。

2. 知道北京是中国的首都，是中国人民向往的地方。

二、活动准备

课件、音乐。

三、活动流程

1. 中国的首都是北京（目的：了解中国首都）

重点提问：在地图上找一找中国的首都在哪里？

小结：每个国家都有首都，首都是一个国家的中心，北京是中华人民共和国的首都，是全中国人民向往的地方。

过渡语：今天老师带来了一段音乐，音乐的名字叫《我爱天安门》，一起来欣赏一下。

2. 听赏歌曲，感受理解（目的：分段欣赏音乐）

（1）听赏歌曲旋律

提问：这段音乐非常优美抒情，你们听出来是几拍子的吗？

小结：大家都发现是三拍子的，三拍子的音乐总会给人优美连贯的感觉，让我们全体起立，一起听着音乐来拍一拍三拍子的节奏吧！

（2）欣赏歌曲内容

提问：听清楚歌里面都唱了些什么吗？（幼儿随意回答）

提问：这是歌曲的第一段，第一段有几句歌词？你们听清歌词了吗？

小结：第一段的四句歌词主要表达了天安门在人们心里有多么伟大。

过渡语：下面是第二段，第二段和第一段的旋律是一样的。

提问：第二段的四句歌词表达了什么？

小结：第二段主要唱出了小朋友们的心情和愿望。

提示：下面是第三段。

小结：第三段表达了小朋友们在期盼自己快快长大，可以去实现美好的愿望。

过渡语：现在让我们一起把这首歌曲《我爱天安门》完整地欣赏一遍。

（3）完整欣赏歌曲（播放歌曲 MTV）

3. 学唱歌曲激发情感（目的：尝试学唱歌曲）

过渡语：让我们一起试着唱一唱吧。

小结：到了国庆节那天，天安门前会有升旗仪式，到时候我们可以一边唱着《我爱天安门》，一边看升旗仪式，现在我们一起再去教室唱一唱吧。（见图4-1-1）

图4-1-1　听赏《我爱天安门》教学现场

四、思考与支持

由于活动时间限制和歌曲内容的复杂，导致幼儿在一次集体教学活动中无法学唱整首歌曲。基于幼儿对活动内容的兴趣，教师结合集体教学活动内容设计了个别化学习方案，同时将相关材料在区角内投放。

个别化学习活动：《我爱天安门》

一、活动目标

1. 在反复聆听、自主记录中熟悉歌词和旋律。

2. 在与同伴合作中感受演唱的快乐。

二、活动准备

拍拍录音盒、画纸、画笔、空白图谱、iPad 等。

三、活动内容

1. 幼儿自主聆听拍拍中的录音，了解每一句歌词内容。

2. 幼儿用自己的方法记录歌词内容并能贴到相应的图谱位置。

3. 幼儿看图谱进行演唱，或者与区域内的同伴一起演唱。

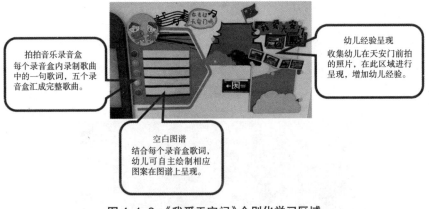

拍拍音乐录音盒
每个录音盒内录制歌曲中的一句歌词，五个录音盒汇成完整歌曲。

幼儿经验呈现
收集幼儿在天安门前拍的照片，在此区域进行呈现，增加幼儿经验。

空白图谱
结合每个录音盒歌词，幼儿可自主绘制相应图案在图谱上呈现。

图 4-1-2 《我爱天安门》个别化学习区域

案例：个别化学习→集体活动

个别化学习活动：《鸭子上桥》

一、活动目标

1. 在音乐伴奏中模仿小鸭过桥。

2. 在与同伴合作中感受排队过桥的快乐。

二、活动准备

空场地、独木桥、小鸭头饰、音乐伴奏等。

三、活动内容

1. 幼儿在音乐伴奏中模仿小鸭子的动作，如扇动翅膀、摇摆身体等。

2. 幼儿能学小鸭的样子过桥。（见图4-1-3）

图4-1-3　幼儿学小鸭过桥

四、思考与支持

在个别化学习过程中，幼儿模仿鸭子动作的差异比较明显。幼儿人数较多的时候，过桥环节明显受到影响，幼儿的秩序感良莠不齐。在分享交流时多次有幼儿提及该问题，因此准备组织集体教学活动来解决。

集体教学活动：《鸭子上桥》（艺术／音乐）

一、活动目标

1. 在游戏中熟悉歌曲的旋律和内容，有初步学唱的兴趣。

2. 享受轻松、愉快的歌唱氛围，体验共同游戏的快乐。

二、活动准备

1. 经验准备：知道小鸭子是怎么走路的。

2. 教具准备：课件《鸭子上桥》、"小木桥"一座。

三、活动过程

1. 故事导入（目的：抛出问题，引发思考）

提问：最近大家都在玩鸭子上桥的游戏，但是好多小朋友都觉得自己扮演得不太像，我们一起看看视频吧。

小结：原来鸭子走路的时候摇摇摆摆，脚尖往外，翅膀有的时候还会扇一扇。

2. 尝试表演（目的：结合旋律，尝试模仿）

提问：你觉得音乐中的小鸭子在做什么？

小结：小鸭子真可爱，一会儿理理羽毛，一会儿拍拍翅膀，一会儿摇摇头，一会儿游游泳……好像很滑稽的样子。

（播放歌曲伴奏）引导幼儿模仿小鸭子的动作，自由律动，熟悉旋律。

3. 集体表演（目的：发现问题，尝试解决）

提问：这么多鸭子要过小桥，该怎么办呢，一起试一试！

小结：小鸭子只有一个接着一个上桥，才能安全地过桥。

提问：这么多鸭子怎么下桥的？

小结：八只鸭子也是一个跟着一个下桥的。和上桥时一样，每个鸭子下桥的速度有点不同。

音乐集体活动与个别化学习的贯通，旨在构建一个既统一又灵活的音乐教育生态系统。在集体活动中，幼儿通过教师的引导，系统学习和体验音乐的多元表现形式，培养基本的音乐素养和审美能力。而在个别化学习中，幼儿则有机会根据自己的兴趣和能力，自由探索和表达音乐，发展个性化的音乐感知与表现能力。

为了实现两者的有效贯通，教师需要持续地观察和记录，确保集体教学与个别化学习在内容上的科学性和必要性，从而相互衔接，相互补充。在集体教学中，教师可以引入个别化学习中的案例，激发幼儿的学习兴趣和探索欲望；在个别化学习活动中，教师则可以引导幼儿将集体教学中学到的知识和技能应用到实际操作中，深化对音乐的理解和感知。

我们将集体性音乐活动与个别化音乐活动相结合，优势互补，以弥补单一音乐活动模式的局限性。集体教学活动以其高效性、广泛性和目标的一致性见长，而个别化活动则能更有效地激发幼儿的主动性，充分展现其个人特点，两者结合，共同促进幼儿音乐素养的全面而有个性的发展。

（二）音乐俱乐部与艺术节的交互

我园的音乐俱乐部活动主要指学校根据孩子们的年龄特点，让他们发挥爱好特长，提供全面、自主、富有个性的、丰富多彩的、带有一定主题特色的音乐活动。旨在通过俱乐部的形式，立足本园实际，把幼儿个性化特点、年龄特点与课程内容有机结合，以开放的活动空间、多元的活动内容、自主的活动形式，提高幼儿的音乐素养，并促进幼儿全面而有个性的发展。主要包括奏乐、舞乐、唱乐、赏乐、演乐等俱乐部活动。

音乐俱乐部活动始于幼儿的兴趣，可以采取教师基于幼儿视角发起活动与幼儿自主发起活动相结合的方式，有主题、有计划、有目的地开展音乐活动，从而促进幼儿音乐感受力、表现力及创造力等音乐素养的提升。小班主要以教师发起的沪语童谣、器乐、听辨、歌表演等音乐游戏活动为主。

参与其中的幼儿表现出较好的音乐感知力与强烈的表现欲，涌现出一批对音乐活动热情高涨、具备较高音乐表现力与创造力的幼儿。同时，幼儿在俱乐部活动中日积月累的活动，最终将编成一个个完整的节目，在各种平台上进行展示和演出，其中最大的平台，无疑是我园的艺术节活动。

艺术节活动是为庆祝特定节日而策划的一系列音乐表演与娱乐性活动。在艺术节活动中，教师与幼儿不仅是活动的发起者、组织者和策划者，还扮演着主持人、表演者等多重角色，幼儿可充分体验自由自主、合作创造及音乐表现的乐趣。在艺术节活动期间，幼儿、教师和家长共同筹备并呈现丰富多彩的音乐节目，其中大部分的节目就来源于各音乐俱乐部各种形式的节目，让艺术节成了一个展示才艺、欢聚一堂的盛大舞台。艺术节活动的举办拉近了师生间、家园间的距离，更让幼儿、教师和家长在音乐的世界里相聚，共同热爱音乐、展现艺术。无论是小舞台，还是大舞台，无论是小艺术，还是大艺术，每个幼儿都能在音乐艺术节中找到自我、表现自我、展示自我。

案例：大班童话剧《老鼠娶新娘》

《老鼠娶新娘》这个童话剧活动是演乐俱乐部基于幼儿兴趣展开的一次较为完整的活动，从剧本的选择到角色的确定，从幼儿自主排练到最终踏上艺术节的大舞台，教师始终尊重幼儿的兴趣，给了幼儿最大的自主空间。纵观整个活动过程，我们记录下了童话剧从无到有的一些关键的经验，与大家一同分享，感受幼儿自主发展、自主选择、自主提升的历程。

一、基于兴趣，确定剧本

演乐俱乐部活动开始之后，我们并没有急着确定要演什么内容，我们从与幼儿的聊天开始。聊最近大家看的书、大家看的电视、大家感兴趣的话题。《老鼠娶新娘》这本绘本，被好几名俱乐部成员提及，于是老师记了下来。在第二次活动时，又提起了这本书，发现看过的孩子人数增加了。究其原因，是上次提起的孩子人数多，让很多没看过这本书的成员也对这本书产生了兴趣，于是，大家就认真读起了这本书。这一次，也没有确定要将这本书要作为剧本来演。

第三次，老师没有提起这本书，但是孩子们却忍不住了，纷纷询问："今天怎么不读《老鼠娶新娘》？"老师问："上次读过了，今天为什么还要读？"有幼儿说，因为我们准备开始表演了，这个回答居然得到了其他孩子的认同。于是这一天，大家又读了一遍，这一遍大家听得尤为认真。剧本也就顺势确定了。

二、因人而异，竞选角色

在确定了剧本之后，我们马上开始着手选拔角色。在与幼儿反复研究绘本之后，我们和幼儿一起将绘本中出现的角色进行了罗列，发现其实在绘本中有专门的台词的角色并不多见。然而在了解我们班级幼儿的基本情况的前提下，老师反而觉得这样的情况是比较好的。因为我们班级幼儿性格的情况还是比较明确的，有的幼儿非常外向，而有的幼儿则更为内向。我们进行本次童话剧的目的是希望幼儿能力能够得到提升，但是同样我们也不否认，幼儿性格的变化绝不是一蹴而就的，所以我们在分析角色的时候发现，这些角色还是非常适合我们班级幼儿的普遍和个别情况的。

于是我们在幼儿熟读理解绘本内容后给了几天时间来准备，让他们就绘本中自己想要演的某一角色进行演绎，然后在现场由全班幼儿投票，选出最适合这个角色的幼儿。

"竞演"的当天，孩子们准备得非常充分，有的孩子甚至还准备了音乐，请家长与老师联系，帮助她现场播放。在整个的竞演过程中，我们感受到了孩子们对这次表演是非常重视的，这很好地激励了我们，要将这次的活动办得更生动有意义。

每个孩子都有自己心仪的角色，孩子们都大胆上台展示自己想要竞选的角色特点。不出意料，有非常多的女孩子竞演"美如花"女主角，过程也相对激烈。女孩们戴上了自己漂亮的头花，并对美如花"能歌善舞"的特点做了很好的诠释。最后的竞演阶段非常紧张，几位女生的表现都非常好，尤其有女生利用周末时间，还让爸爸妈妈和他们一起制作了云肩和一些老鼠新娘的服饰。大家都不想放弃这次机会，最后我们以投票的方式选出了女主角和其他几个角色的

扮演者。（见图 4-1-4）

图 4-1-4 竞演现场

三、每周轮选，惊喜连连

在进行了第一轮投票定角色后，我们就开始了第一轮的彩排。在排练的过程中，孩子们非常投入，但是在和他们的聊天中和一日生活的观察中，我们发现了一些孩子的内心想法，比如有些女生就还是非常想要演美如花，有的孩子就很想和平时的好朋友在一起演，那怎么解决呢？于是我们有了新的思考，既然大家都想演同一个角色，那我们是不是可以改变一下原有模式，每周有一次角色变动，让孩子们每周有机会自主选择想要演哪个角色呢？在和孩子们商量后，我们决定每周一孩子们可以到演员板上选择自己想要演的角色，在这一周的时间里可以尽情体验这个角色所带来的快乐。当然，在这一周的表演游戏中，有的孩子也会发现其实自己的性格并不适合这个角色，那在下周就可以选择新的角色。经过几轮角色选择后，孩子们把自己想要尝试的角色基本都尝试过了，最终确定最适合自己的是哪个角色。对于最后展演的时候没有演到自己喜欢的角色，他们也没有了遗憾。在之后的家园互动中，我们和家长聊这次活动时，问家长展演结束后孩子没有演喜欢的角色难过吗？家长多表示："他们不难过啊，他们之前都演过美如花了，这次正式演出的角色也很好啊。"孩子的回答让教师和家长都非常高兴，孩子在这个活动中不知不觉成长了很多。

四、分组排练，良性竞争

在每周轮换选角色中会出现一个问题，就是可能当天会有三个孩子想演美如花，那怎么办呢？因为我们的孩子对这个剧已经非常熟悉了，他们已经将剧本中所有的台词都练习好了，所以在台词方面我们并不需要花费很多的时间。所以我们尝试分组分幕进行彩排，我们把《老鼠娶新娘》分成了三幕，分别是抛绣球，择女婿；比比谁，更强壮；办嫁妆，娶新娘。这样不仅可以满足多个幼儿想要演同一个角色的迫切心愿，也可以让三组小演员进行同场竞争，在表演游戏的时候，他们会关注其他小伙伴这个角色是怎么演的，和自己比怎么样。

我们还会把孩子们的表演过程拍摄下来，在排练之后一起看，互相找问题，这个方法帮助部分孩子取得了很大的进步。又如太阳、风、乌云、墙这些景物同时需要三名幼儿一起进行表演，我们请同组的小朋友结对帮助纠正动作或者自己设计动作更好地呈现。（见图4-1-5）

图4-1-5 排练现场

五、舞台呈现，收获圆满

随着六一艺术节的到来，孩子们排练许久的《老鼠娶新娘》终于登上了艺术节的大舞台，伴随着表演过程中雷鸣般的掌声，孩子们的脸上都洋溢着自信又骄傲的神色。我们也看到了台下那些对童话剧充满兴趣的孩子的脸庞。

这次的童话剧从开始策划到最后成果展示，历时数月，这个过程中不论是幼儿还是老师，都遇到了很多的困难，但是幼儿从来不觉得那是困难，他们一直在积极地解决问题，最终将《老鼠娶新娘》呈现了出来。

在活动的过程中，我们真切地感受到了音乐俱乐部这个平台对幼儿的意义。当最终完成了这场从选择剧目到完整表演的整个过程后，作为教师，我们以第三视角观察到了幼儿从自主探索到大胆表现的发展和经验的积累。（见图4-1-6）

图 4-1-6　演出现场

俱乐部活动与艺术节活动的结合是一个交互的过程，俱乐部让幼儿因为兴趣走到一起，艺术节让俱乐部中的幼儿看到自己积累的经验得到绽放的精彩，艺术节更让许多俱乐部外的幼儿发现了自己的兴趣，从而选择自己想去的音乐俱乐部。就是这样的交互，为幼儿提供了宽松、自由且广阔的舞台，使其能够将平时在"俱乐部"中积累的经验，一朝在艺术节这个"大平台"上尽情展示，为自己的兴趣爱好和付出的努力奏出华彩乐章。

（三）音乐活动向五育融合的叠加

在实施音乐教育的过程中，一些以音乐作为出发点的活动，会因为幼儿的一些演绎而出现音乐活动与其他领域的叠加。此时，教师应运用专业知识与敏锐的洞察力，精准捕捉幼儿在音乐活动中衍生出的各种需求，适时提供适宜的引导与支持，并调整之前的方案，最终在无形中实现多育的融合。

这种融合不仅丰富了音乐教育的内容，也让幼儿在参与活动的过程中得到更全面的发展。比如，在童话剧的排练过程中，幼儿们不仅要学习歌曲的演唱和舞蹈的动作，还要理解剧情，掌握角色的性格特点，这就在音乐教育的基础上融入了戏剧教育，锻炼了幼儿的表演能力和理解能力。同时，为了更好地呈现童话剧，幼儿们还需要亲手制作道具、布置舞台，这又涉及美术和手工制作的技能，培养了他们的创造力和动手能力。此外，排练童话剧中的团队合作和角色分工也让幼儿们学会了如何与他人协作，如何承担责任，这是社会教育的内容。

教师在日常的观察和倾听过程中发现，音乐元素叠加五育内容不仅出现在童话剧中，在其他日常活动中，也经常出现类似的情况。

案例：从竹竿舞到竹文化

一、活动缘起

在最近的下午户外运动时间，幼儿掌握了一个新本领——竹竿舞，随着"进出｜进进｜出出"的节奏，幼儿的笑容灿烂，每天都期盼着跳竹竿舞。有一天幼儿想要挑战不同难度的竹竿舞玩法，于是他们展开了激烈的讨论：在最基础的玩法上，还可以怎么玩？

二、活动过程

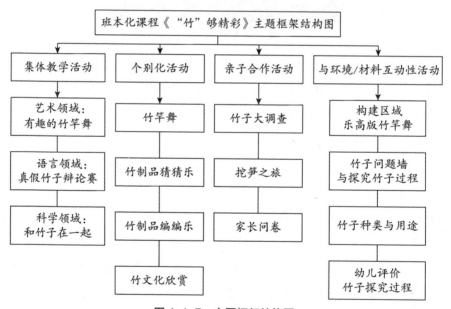

图 4-1-7　主题框架结构图

1. 传统文化引兴趣（美育、体育）

竹竿舞是幼儿从未接触过的传统民俗活动，当一根根竹竿出现的时候，幼儿都非常惊讶，这个游戏该怎么玩呢？先开始节拍练习"进出｜进进｜出出"，幼儿自己喊着节拍，一拍一个脚步。除了跳舞的幼儿，把控竹竿的幼儿也要有稳定的节拍"开合｜开开｜合合"，幼儿间相互配合着才能跳出好看的竹竿舞。一段时间后幼儿不再满足于最基本的玩法，于是我们找到一些竹竿舞的视频，看一看别人是如何跳出花样的。通过兴趣的激发，幼儿开始奇思妙想，他们设计出了不同竹竿数量的玩法，有4根、6根、8根、10根，但是这些都能成功吗？有的幼儿提出了质疑，于是我们利用乐高积木尝试幼儿的想法，最后发现幼儿的设计真的可以操作，带着幼儿的想法，我们再次投入实践。玩法的升级更加考验幼儿的专注力、节奏感和默契度。（见图4-1-8）

图4-1-8 跳竹竿舞

2. 辩论调查长知识（智育）

在跳竹竿舞的过程中，幼儿通过观察、触摸和辨别声音有了两种不同的判断，有的幼儿认为这个竹子是真的，有的则认为是假的。幼儿带着自己的思考，展开了一场真假竹子大辩论，双方辩手各抒己见，论述自己的想法。在这个过程中，有的幼儿被对方的观点说服，于是我们在第一轮辩论结束后请幼儿再次确认自己的观点。第二轮辩论结束后幼儿将自己最终的观点进行表征，并提出了一些疑问。

根据幼儿的观点和问题，我们进行了总结归纳，发现幼儿的问题集中于竹子的结构、用途、生长速度、竹子与竹笋的关系等问题。于是我们让幼儿开始了"竹子大调查"，利用假期进行自主探究。

在经历了亲手挖笋、网上查询后，幼儿了解了竹子的主要构造和特点；了解了竹子是一种生长速度非常快的植物，特别在雨季，竹子的生长非常旺盛；了解了竹子的用途非常广泛，可以用作建筑材料、装饰材料、生活用品、艺术品、食品原料等，有幼儿还带回了各种竹制品。（见图4-1-9）

图 4-1-9　幼儿观看竹制品

3. 绘本故事拓经验（智育）

看着竹制品，幼儿提出了疑问，竹子不应该是绿色的吗？为什么这些竹子是黄色的呢？带着疑问我们一起共读绘本《和竹子在一起》，书中提到了不同季节的竹子都会有不同的用途。竹子需要经过多重步骤的加工才变成了我们看到的竹制品，如：蹴鞠、竹床、竹门、竹屋、竹篓、竹耙等。通过绘本的阅读，我们更深入了解了有关竹子的知识。（见图 4-1-10）

图 4-1-10　绘本故事《和竹子在一起》

4. 竹子精神永相传（德育）

说到竹子，我们不得不提到竹子的精神和有关竹子的古诗。我们针对这个问题再次展开了解。竹子是中国的文化符号——竹子在中国文化中是一个极为重要的文化符号，与梅、兰、菊共同被誉为"四君子"。同时，竹子还与松、梅并称为"岁寒三友"，代表着中国传统文化中推崇的高尚品质和精神。许多文人墨客以竹为题，创作了大量的诗词歌赋和绘画作品，进一步丰富了竹文化的内涵。竹子还象征着坚韧不屈、高洁清廉、谦虚谨慎、团结友爱等。竹子在中国的文化中具有崇高的地位，这些象征意义体现了中国人的精神风貌和价值观，也丰富了中国文化的内涵和表现力。

三、活动感悟

这次竹文化之旅，从竹竿舞开始，幼儿跟随音乐的节奏，用竹竿敲打地面，表现出独特的韵律感。通过乐高积木操作，幼儿设计了不同竹竿舞的玩法，增加了游戏的趣味性，更激发了幼儿对竹子的兴趣。幼儿积极思考提出关于竹子的问题，锻炼了探究精神。这些活动不仅锻炼了幼儿的能力，更让幼儿在互动中感受到了学习的乐趣。走进竹林零距离接触，更是帮助幼儿直观了解竹子的各方面知识。

在此过程中，幼儿增长了知识，培养了观察能力、动手能力和创新精神。同时，还学会了欣赏和珍惜大自然的美好，懂得了与自然和谐相处的道理，传承和弘扬中华优秀传统美德。在一次活动中，能够让幼儿得到五育融合的发展，是教师们始料未及的，但正是因为认真观察幼儿、支持幼儿，才最终获得了一次完整的活动经历。

由此来看，音乐活动与五育融合的结合，必须要有幼儿的浓厚兴趣作为基础，同时要求教师具备敏锐的洞察力和良好的儿童观，才能更好地支持幼儿开展自主探究。此外，家园合作也是其中重要一环。通过这样的努力，我们不仅能够显著提高音乐教育的质量和效果，而且能有效地促进幼儿在德、智、体、美、劳等各方面全面素质的提升和发展。

综上所述，日常教育和活动教育相结合的策略在音乐教育中具有重要的应用价值。通过这一策略的实施，可以充分发挥教师在音乐教育中的作用。同时要尊重幼儿的主体地位和创造性，为幼儿的全面发展提供有力的支持。通过教师发起的日常教育活动与幼儿生成的活动教育相结合的策略，音乐教育活动不仅更加生动有趣，而且能够更好地培养幼儿的音乐素养和促进其全面发展。

四、家园共育与社区联动相结合

党的二十大要求"健全学校家庭社会协同育人机制"。2023年教育部等十三部门联合印发《关于健全学校家庭社会协同育人机制的意见》。可以说，家园共育是贯彻落实党的二十大精神，深化教育综合改革，构建良好育人生态，落实立德树人根本任务，培养担当民族复兴大任时代新人的重要举措。家园共育对于幼儿教育产生了积极的正向合力效应，而幼儿园教育与家庭教育的有机结合，也成了我们促进幼儿音乐素养提升的又一重要模式。

家园共育与社区联动是音乐教育活动中不可或缺的部分。家长作为幼儿成长的第一任教育者，他们对幼儿音乐素养的培养起着至关重要的作用。因此，在这一模式下，我们积极倡导家园共育的理念，鼓励家长参与幼儿园的音乐教育活动，邀请家长参与幼儿的音乐表演，让家长了解幼儿在音乐教育中的进步和成就，同时增强家长对音乐教育的认识和重视。

通过与家长的紧密合作，我们共同为孩子们营造一个良好的音乐教育环境，使他们在家庭中也能得到音乐的熏陶和培养。社区作为幼儿生活的重要环境，也是音乐教育的重要资源。幼儿园可以与社区合作，开展各种形式的音乐活动，如社区音乐节、音乐工作坊等，让幼儿有机会在社区中展示自己的音乐才华，同时拓宽他们的音乐视野和社交范围。同时，我们还与社区建立紧密的联动机制，利用社区资源为孩子们提供更多的音乐教育机会和平台。例如，我们组织孩子们参加社区的音乐演出、音乐会等活动，让他们在实践中感受音乐的魅力，提升音乐素养。通过与社区的联动，幼儿园不仅可以丰富音乐教育的内容和形式，还可以增强幼儿对社区的归属感和认同感。

利用周边社区资源，学校与社区合作开展"请进来"或"走出去"的活动，我们的"探寻音乐之旅"活动就是一例。在上海音乐厅、中国福利会儿童艺术剧院、东方艺术中心、施坦威钢琴旗舰店、上海民族音乐博物馆等场所开展了各类亲子音乐打卡活动。教师给予家长家庭教育指导，家长在参与亲子音乐之旅中为幼儿营造良好的艺术氛围，提高幼儿感受美、表现美、创造美的能力。幼儿在这些音乐之旅中潜移默化地获得了艺术的熏陶，将来会在各类活动中得到体现。

案例:家园社协同——共探艺术之美

一、活动介绍

审美,是一种探索自我、自我觉醒的过程。通过共探一座城、共读一本书、同看一部剧、共绘一幅画、共玩一场游戏的亲子探美活动,来开启幼儿的感官。让他们学着"欣赏美""感受美",试着去拥有一双发现美的眼睛。让丰富多彩的系列活动慢慢打开他们对美的认知,使亲子艺术之旅更具意义。

二、活动目标

1. 通过探美活动,以自然的启蒙、音乐的启蒙促进幼儿全面发展。

2. 通过活动增进亲子关系,提升家庭教育指导质量,拓展家园共育渠道。

三、活动准备

1. 提前定制仪式感满满的探美活动长条横幅。

2. 家委会组织了解艺术剧场开馆时间和注意事项并负责集体购票。

3. 通过班级微信群向家长发布活动通知,明确活动目的、时间、地点及参与方式。

四、教师建议

"玩耍吧,泥巴"将小朋友最喜欢的玩具之一——泥巴,融入"人类的诞生"主题中,以形体剧的形式,对幼儿作启蒙。依据幼儿的兴趣和特点,通过互动式阅读"小泥人"的形象,指导他们如何玩泥巴,初步了解泥巴的特性和泥人的制作过程。陶泥的质地和触感让孩子们直观感受到材料的特性,如湿度、柔软度和可塑性。绘本中的丰富色彩和图像促进了孩子们的视觉感知,而陶制品创作则允许他们将这些视觉感知转化为实体作品,进一步培养了他们的想象力和创造力。通过线上平台分享活动照片、视频和心得,让未能参与探美活动的小朋友也能体验惊喜和收获。

五、活动内容

本次活动以多种形式展开。(见表4-1-1)

表4-1-1 玩泥巴系列内容、活动形式和活动目的

内容	活动形式	活动目的
"玩泥"	集体教学活动	在自由探索中感知捏泥团、扔泥巴炸弹、做泥手印的快乐。

（续表）

内容	活动形式	活动目的
音乐活动"泥娃娃"	集体教学活动	引导幼儿欣赏中国经典乐曲，边唱边演，提高孩子们的音乐感受力和表现力。
游戏互动剧"玩耍吧，泥巴"	社会实践活动	观看表演进行游戏互动作为艺术启蒙，带领孩子们进入玩泥巴世界。
"小泥人"	亲子制作活动	在"小泥人"中，孩子们跟随小泥人的脚步，了解了陶泥从采集到制作的全过程，感受到了陶泥的神奇魅力。
"陶泥DIY"	亲子制作活动	泥巴的极强可塑性使大家可以用双手捏塑、把玩，创作出激动人心的作品。
"小泥巴咕噜咕噜"	个别化学习	通过一个小泥巴的冒险故事，让孩子们了解陶泥的特性和变化。

六、实施策略

1. 以音乐活动为起点，确定探美主题

在开展音乐活动"泥娃娃"的过程中，发现幼儿对泥巴的兴趣和对泥娃娃的喜爱，由此产生探美主题。在与家长的沟通过程中，了解到社区场馆正在开展的艺术活动正好与幼儿兴趣密切相关，指导家长设计此次走入社区艺术场馆的探美活动。

2. 以多种资源为支持，辅助幼儿探美

以亲子活动开启别开生面的探美之旅，通过走进社区、步入艺术场馆来观看演员利用泥巴创造形象表达情感和思想的过程。揉捏、塑造、重建、破坏、再重建，让孩子在这个过程中去发现、去思考，启迪幼儿们的艺术感。活动经历了从孩子们嫌弃泥巴脏，到主动拉着家人的手一起走上舞台的曲折过程。演员们尝试让同学捏一捏、画一画、用一用、堆一堆；引导他用小脚踩一踩泥巴，小手掰一掰泥巴，把泥巴搓成圆球，看谁丢得远！然后又把泥巴放进水里，发现不见了。在玩耍中不仅获得感官刺激，更引导他们主动探索。

3. 借助绘本《小泥人》让幼儿了解一堆黄土怎样先变成泥巴，再变成小泥人的过程

简单的画面告诉孩子们如何制作小泥人、怎样玩泥巴。绘本语言简洁、精

练，用拟人的手法赋予了小泥人生动、鲜活的生命力，契合托班幼儿的认知经验，引起了孩子们的共鸣，小朋友玩泥巴的兴趣被激发了！接着，孩子们穿上雨鞋和反穿衣，来到户外，一起来一场"泥巴狂欢"。孩子们尝试自己和泥巴：土干了加点水，泥湿了再加点土，在自由探索中感知捏泥团、扔泥巴炸弹、做泥手印的快乐。孩子们还用各种刷子拍拍打打，制作出各种图案和造型。孩子们是天然的艺术家，他们的泥巴作品不拘一格，充满趣味和想象。（见图 4-1-11）

图 4-1-11 幼儿一起玩泥巴

通过家园共育与社区联动的有机结合，我们不仅能更好地促进幼儿音乐素养的提升，还能培养孩子们的社会交往能力和团队合作精神。这种多元化的教育模式，为孩子们的全面发展提供了有力的支持，也为我们的音乐教育注入了新的活力和动力。这样的三方合作，不仅让音乐的选择更加贴近幼儿的生活和经验，还能促进家园共育，增强家长与幼儿园之间的互动和信任。

第二节 三种方法

《3—6岁儿童学习与发展指南》中指出："和幼儿一起感受、发现和欣赏自然环境和人文景观中美的事物。""和幼儿一起发现美的事物的特征，感受和欣赏美。""创造条件让幼儿接触多种艺术形式和作品。""尊重幼儿的兴趣和独特感受，理解他们欣赏时的行为。"因此我们设计了歌唱、韵律、欣赏和节奏乐等多样的音乐活动形式，让幼儿感受与欣赏音乐，引导幼儿体验并领悟音乐作品的内容与情感，同时培养其对音高、时长、力度等音乐元素的辨识力。在实践中，尽管幼儿在初次接触音乐时难以精确地用语言说明音乐到底美在哪里，但他们却能在节奏韵律中萌生出对音乐的本能期待。这种节奏直觉，是幼儿理解音乐节奏、音调乃至声音情感的起点，驱动他们自然而然地开启一个由音乐意象引发的、富有个性化情感色彩的审美体验过程，并在这一过程中不断重构与诠释音乐意境。从格式塔心理美学的视角来看，个体审美活动发生时，其内在情感体验与外在艺术对象之间存在着结构相似性，为幼儿审美心理过程与音乐之间的天然契合性提供了理论支撑。因此，在音乐课程实施中，我们首先要通过观察与倾听，把握幼儿既有的审美经验与心理结构，寻找其与音乐作品内在结构的契合点，以此作为课程实施的逻辑起点。随后，通过一系列紧密相连的环节设计，逐步推进课程进程，确保每一环节都能有效促进幼儿审美能力的发展提升，从而构建一个既符合幼儿认知特点又充满艺术魅力的音乐环境。

《3—6岁儿童学习与发展指南》中还指出："创造机会和条件，支持幼儿自发的音乐表现和创造。""营造安全的心理氛围，让幼儿敢于并乐于表达表现。""尊重幼儿自发的表现和创造，并给予适当的指导。"在幼儿与音乐作品的互动中，幼儿以其纯洁心灵与音乐作品发生共鸣，触发了内心深处的情感体验。这种体验并非浅尝辄止的瞬时情感，而是在幼儿的表现与创造活动中，达到的一种近乎"沉醉"的极致状态，表现为自发地构思出新颖的点子和独特的玩法。音乐渗透于生活的每一个角落，而创造的火花也在音乐活动中闪现。在音乐活动中的创新并非源于教师的强制要求，而是幼儿生命力量的自然流露。然而，幼儿在音乐表现与创造过程中的进步并非一蹴而就，而是经历了一个由萌芽而生长，最终抵达高峰的渐进式演变。这一过程随着时间的推移而不断深化，是多种情感体验交互生成的结果，是幼儿对音乐作品的形式、结构、内涵、风格以及深层意蕴进行深度心灵"化合"的产物。这种"化合"过程宛如化学反应，各种元素在特定条件下相互作用，催生出全新的物质。相应地，幼儿在音乐活动中，也将各种感受熔铸为一，构筑起独特的内心"综合体"或"化合物"，彰显出独特的音乐表现力与创造力。

众所周知，幼儿园音乐教育的各类活动基本包括感受与欣赏、表现与创造两大核心环节，这两大环节实质上是音乐欣赏与音乐创作等多元音乐活动的综合体现，同时也构成了幼儿参与感知、激发想象、抒发情感的动态过程。换而言之，感知、想象与情感三者之间存在着紧密的内在联系，它们并非孤立存在，而是各类音乐活动及心理机制发生综合作用，共同作用于幼儿的学习体验之中。

在音乐课程实践中，我们总结了三种教学方法，以促进幼儿的音乐感受能力、表达能力和创造能力的发展，进一步培养和提升幼儿音乐素养。

一、基于倾听和欣赏的音乐感受法

音乐是一种感性的艺术，音乐感受法的实现是建立在音乐音响对人的听觉器官直接刺激基础上的。基于倾听和欣赏的音乐感受法，通常是教师通过引导幼儿联系已有的学习经验和生活经验，帮助他们从旋律、节奏、音色等多个维度感知音乐的特点，唤醒内心的情感体验，产生一定的联觉反应或想象，从而对音乐形成初步的理解。

其理论基础是埃德温·戈登的音乐听想研究。他认为："声音本身不是音乐。声音通过听想才能成为音乐。当音乐家在大脑中对刚刚听到或过去某个时候听到的音乐的声音进行同化和类化时，听想就发生了。当他们在读谱、作曲，或即兴创作时，在脑中对曾经听过、未曾听过的熟悉的或不熟悉的声音进行同化和理解时，听想也会发生。声音在发出的那一刻被听到，听觉感知便会发生。只有在对声音进行听觉的感知之后，声音才会变成音乐，才会被听想。听是去感知，而聆听是去听想。"幼儿通过音调与节奏，从记忆库中提取既有的音乐片段进行回顾，再构想或预测后续音乐的发展轨迹，这一过程类似于在心中预先绘制音乐蓝图，随后再将它具体化。这是幼儿脑内自行创造的音乐体验，是对声音世界的幻想性重构，它为聆听、演奏、阅读和创作音乐提供了基础性的认知框架。这种感知不仅限于听觉上的体验，更涉及幼儿对音乐的情感共鸣和想象创造。例如，在欣赏一段欢快的儿歌时，孩子们可能会随着旋律摇摆身体，用表情和动作展现出歌曲中的快乐。这种表现不仅加深了他们对音乐的理解，还促进了情感的表达与想象力的发挥。

这种基于倾听和欣赏的音乐感受法在开展音乐活动的过程中最普遍的用法

是,问幼儿三个问题:"从歌曲(音乐)中你听到了什么?""听到歌曲(音乐)你会想到什么?""听了这首歌曲(音乐),你的心情是怎么样的?"这就是从幼儿的感知出发,以想象为主要方式,以情感激发为主要特征培养幼儿音乐能力的方法。

基于倾听和欣赏的音乐感受法实施过程中,教师还可以借助一些工具来增强幼儿的感受体验。例如,用音乐播放器播放高质量的音乐,或者通过音乐软件展示音乐的波形和频谱,让幼儿更直观地感受到音乐的节奏和旋律。此外,教师还可以结合视觉艺术,如展示与音乐主题相关的图片或动画,以激发幼儿的想象力。

同时,在实施过程中教师应注重个体差异,尊重每个幼儿的独特感受。不同的幼儿可能对同一首乐曲有不同的理解和反应,教师应鼓励幼儿表达自己的独特感受,而不是强行将某种固定的解释强加给他们。通过这样的方式,幼儿能更好地理解和感受音乐,在音乐的熏陶下培养自己的创造力和表现力。

案例:小班音乐活动"煮汤圆"

一、学情分析

正值元宵节之际,幼儿对元宵节有了一定的了解,知道吃汤圆是元宵节的一种习俗,通过观看生活中妈妈煮汤圆的视频,幼儿对煮汤圆的步骤和汤圆的变化有一定的了解。

考虑到小班幼儿对生动形象、节奏鲜明的乐曲比较偏好,在活动中,我们选择了《快与慢》这首节奏明显的乐曲,非常适合表现汤圆在水中由慢到快翻腾的形象。幼儿对音乐主题的感知与他们的生活经验有着密切的联系,我们设计反复倾听与欣赏的环节,引导幼儿在感受音乐快慢变化的同时,唤醒煮汤圆的经验记忆。

活动内容不但贴近幼儿的生活经验,而且易于唤醒幼儿的经验,在模仿煮汤圆的情景游戏中,教师可以根据孩子们的表现给予即时的正面反馈,鼓励他们积极参与和大胆表现。

二、活动目标

1. 让幼儿反复倾听欣赏音乐,感受汤圆在水中逐渐变化。

2. 让幼儿在游戏时,尝试根据音乐的强弱,表现出汤圆在锅里翻滚逐渐变大的过程。

三、活动准备

1. 经验准备：看过煮汤圆的过程，品尝过汤圆；能辨别音乐旋律的快慢。

2. 物质准备：PPT 课件，乐曲《快与慢》。

四、活动过程

（一）说说汤圆（唤醒经验，情境铺垫）

提问：他们在吃什么好吃的呀？（汤圆）

提问：你喜欢吃什么馅的汤圆？

小结：圆滚滚的汤圆肚子里有各种各样的馅儿，放在水里煮一煮可好吃了。

（二）观看煮汤圆（感知过程，发现变化）

1. 完整欣赏乐曲

过渡语：我们一起听听，谁在乐曲里玩游戏呢？（播放音乐）

提问：你听到了乐曲里有什么声音？可能是汤圆在干吗？

2. 分段欣赏乐曲

提问：你听，这是什么声音？

小结：原来是小汤圆一个接着一个，扑通扑通跳下了锅，准备开始煮汤圆啦。

提问：后来乐曲发生了什么变化，汤圆可能在干吗？

3. 结合视频完整欣赏乐曲

提问：水烧开时会发生什么？

小结：在水慢慢烧开的过程中，汤圆会在水里滚呀滚。当大勺子搅动水的时候，汤圆就会跟着水，排着队游动起来，越游越快。煮完的汤圆变得胖嘟嘟的，有的是肚子胖嘟嘟，有的是屁股胖嘟嘟，圆圆滚滚的真可爱呀。

（三）煮汤圆（初步听辨，明确信号）

1. 听辨乐曲，尝试游戏

提问：听听看，哪里是小汤圆可以下水的信号？

提示语：水开啦！小汤圆们开始在水里转起来喽。

小结：小汤圆很会听音乐，音乐慢的时候就慢慢转，音乐快的时候就快快跑。

2. 第二遍尝试游戏

小结：汤圆游泳的时候要顺着一个方向游，音乐慢的时候大家慢慢转，音乐快的时候就快快地游。

（四）完整游戏（反复游戏，感受快乐）

提示语：让我们再跟着乐曲玩一次煮汤圆的游戏吧。

在以往的音乐活动中，往往会因为教师干预或要求太多，而束缚了幼儿的大脑和双手，限制了幼儿的思想和感情，使幼儿难以自己去体验、去领悟、去发现。

基于倾听和欣赏的音乐感受法，从"煮汤圆"这个音乐活动中可见，设计多个环节的听辨音乐，让幼儿反复、充分地去听和赏，有利于幼儿结合经验大胆地想象音乐中的故事和情节，使幼儿对乐曲的性质和结构有初步的感受。只有当我们对音乐有了深刻理解，才能更加准确地辨析音乐中的共性与个性。

因此，在音乐教育中，倾听和欣赏是感受音乐的基础，也是让幼儿不断提高对音调和节奏变化的敏感性，对旋律的感知、记忆和理解、想象等能力的重要方法。

二、基于感受和体验的表达表现法

《3—6岁幼儿学习与发展指南》中指出，"每个幼儿心里都有一颗美的种子：幼儿艺术领域学习的关键在于充分创造条件和机会，在大自然和社会文化生活中萌发幼儿对美的感受和体验，丰富其想象力和创造力，引导幼儿学会用心灵去感受和发现美，用自己的方式去表现和创造美。"因此，只有当幼儿的感受和体验与音乐产生共鸣时，他们才能进入音乐的美好世界，才能理解和感悟音乐的美，继而产生表达音乐的强烈欲望。

通过这个方法，让教师明确音乐教育应当秉持对幼儿能力的充分信任，致力于构建一个促进幼儿自主音乐学习的环境，确保幼儿在音乐探索过程中能够作为一个完整、动态、自主的主体存在。我们通过基于感受和体验的音乐表达表现法，一方面充分发掘并保护幼儿潜在的音乐学习能力，确保幼儿的身体律动、嗓音表达、情感共鸣等生命成长过程中的感性需求得以充分满足；另一方面，助力幼儿成长为积极主动的个体，在与音乐及同伴的互动中，学会自我反思、自我调控，并培养对他人的认同与理解。此外，这个方法还能持续激发幼儿新的学习潜能，让他们的音乐学习充满奇妙与惊喜，实现自我超越的螺旋式上升。在音乐表达表现的过程中，幼儿感性和理性层面的生命成长需求均得到了恰当的回应与满足。幼儿以一个兼具情感丰富性与理性思考力的完整生命体出现，展现出感性与理性力量的和谐统一。

案例：中班集体教学活动：彝家娃娃真幸福

领域：艺术／音乐

设计思路：

《彝家娃娃真幸福》是一首典型彝族民歌音调创作的儿童歌曲，2/4拍，旋律轻松活泼、歌词短小简洁，具有很强的传唱度。歌曲中反复出现的"阿里里"，不仅凸显民族风格，还使歌曲的情绪表达更为欢快、热烈。整首歌曲描绘了彝家娃娃在喜庆佳节中盛装打扮、载歌载舞的生活场景，热情洋溢地赞美了彝族娃娃的幸福生活。

本活动通过让幼儿反复听赏歌曲，感受彝族人欢快时所表现出来的情绪与语言，让幼儿充分了解彝族的音乐特点以及独特的民族韵味。在幼儿熟悉旋律与歌词的过程中，逐渐丰富幼儿对彝族音乐的初步感受，同时感受到独特的民族魅力，萌发幼儿对各民族音乐文化的热爱。

活动目标：

1. 在反复听赏中熟悉歌曲旋律及歌词，尝试跟着歌曲边唱边跳。

2. 初步感受彝族特别的演唱风格，体验做彝家娃娃的快乐。

教学重点：

反复听赏，充分感受，熟悉旋律，理解歌词。

教学难点：

在边唱边跳中，稳定节奏与旋律。

活动准备：

1. 经验准备：听过歌曲伴奏、会跳彝族舞蹈。

2. 物质准备：PPT课件、音乐。

活动过程：

一、熟悉音乐，跳跳彝族舞（目的：感受音乐，唤醒幼儿已有经验）

导语：前几天我们学习了彝族的舞蹈，我们听着音乐一起来跳舞吧。（播放伴奏）

小结：从你们的表情、舞蹈中，我能看出来音乐让你们来到了彝族居住地，你们在跳彝族舞蹈的时候非常开心和快乐。

二、反复听赏，唱唱彝族歌（目的：反复听赏，熟悉旋律理解歌词）

1. 初步听赏，找到"阿里里"

过渡语：之前我们了解过彝族人民能歌善舞、热情好客，他们会一边唱歌一边跳舞来欢迎远道而来的客人。他们在很开心、很欢乐的时候的发出欢呼声"阿里里"。提问：刚刚我们跳舞的音乐也能唱成好听的歌曲，我们一起找一找在哪里唱出"阿里里"最适合呢？（播放第一段）

小结：原来在我们拍手的地方唱出"阿里里"是最适合的，试试把歌曲中的阿里里都找出来吧。（播放完整音乐）

2. 再次听赏，感受不同的"阿里里"

提问：歌曲里唱到很多阿里里，这次请你仔细听一听，每一个阿里里都一样吗？
小结：前两次的音是一样的，第三次音调慢慢变高了，最后一次的音调是最高的。

原来彝族人是生活在山上的，他们都想用歌声让远方的客人感受到热情与欢乐。

提问：我们一起来当彝族娃娃，用"阿里里"来欢迎客人，注意要唱出变化和热情哦。（随伴奏演唱"阿里里"，关注音高变化）

三、完整欣赏，尝试边唱边跳（目的：熟悉歌词内容，能够跟随音乐边唱边跳）

提问：那我们一起来听一听，歌曲里唱了什么？（反复听辨歌词，尝试演唱）

导语：彝族人民有个传统活动：火把节，在火把节上他们会围在一起唱歌跳舞，我们歌曲也学会了，舞蹈也学会了，那一起试一试边唱边跳来庆祝火把节吧。（幼儿尝试完整唱跳）

幼儿的音乐学习需要大胆表达表现的情境，自由表达的愿望需要激发，"彝家娃娃真幸福"这个案例中教师营造的生动情境给幼儿带来各种动力，让他们在身临其境中充分感受和体验，激发了他们强烈的表达意愿。教师在音乐活动中要善于观察和倾听，及时将幼儿零星的音乐体验加以梳理，鼓励幼儿交流感受，激励他们大胆表达。在确保幼儿自主性得到充分体现的前提下，他们才能大胆自信地朝着艺术化的生活方式迈进，展现出积极乐观的人生态度，才能在生活的各个方面主动寻求并实践真善美，进而实现个人成长与社会发展的和谐统一。

三、基于经验和积累的音乐创造法

爱因斯坦说过："要是没有独立思考和独立创造能力的人，社会的向上发展就不可想象。"灵活变通的思维能够让幼儿突破思维和视野的局限，发挥想象力和创造力来进行更多形式的自由表达。在音乐活动中，幼儿能够基于音乐经验进行音乐创造，是激发对音乐学习的兴趣、推动深入开展音乐学习的重要因素。

　　幼儿在各类活动中积累的丰富经验是进行音乐创造的基础，为了帮助幼儿充实音乐经验的积累，教师要不断地关注幼儿的需求，助推幼儿音乐经验的积淀。皮亚杰认为："教学不该仅仅是知识的传授，更重要的是刺激儿童心智的发展。儿童不应是从小接受知识灌输的'容器'，而是要学会思维。"因此，幼儿通过音乐活动要有所创新、发明和发现，而不是简单重复别人已经想到、说过甚至做过的内容，要让幼儿能在音乐中独立思考，让幼儿去想去做。这是幼儿在原有的基础上所进行的一种探究行为，是幼儿音乐学习的较高级阶段，也是基于经验和积累的音乐创造法的实际意义。

　　与成年人的思维定式不同，幼儿在接触音乐时，并非仅仅是被动的听者，还是积极的创作者。事实上，我们很少观察到幼儿会完全拘泥于某一音乐作品的原始形态，他们更倾向于以个性化的方式学习并诠释音乐。我们常常听到幼儿快乐地哼唱歌曲，这些歌曲或许源自他们的日常耳濡目染，或许是他们即时情境下的灵感迸发。无论其来源是什么，我们不宜期待幼儿只是忠实地再现原作的每一个细节。相反，幼儿总能在成人难以预料的时候融入个人的理解与创新，将耳熟能详的旋律演绎出别具一格的风貌。他们的创造力犹如"天才"作曲家，即便是随手拾起的物件，也能在他们的敲击下编织成独特的"乐章"，尽管这些"乐章"在成人听来或许略显随性。当我们向幼儿询问他们的"作品"时，他们往往会随时给出新的解释。这一现象有力地证明了幼儿对音乐天然的热爱，以及他们以个性化方式联想与创造音乐的本有能力。

案例：大班音乐活动"竹竿舞"

一、学情分析

　　"竹竿舞"这个活动以竹竿为主题，通过音乐、舞蹈和角色扮演等方式，带领幼儿探索和体验竹竿舞的乐趣和技巧。通过设计闯关游戏，反复引导幼儿参与舞蹈创造和合作，帮助幼儿积累对竹竿舞各种跳法的经验。

　　本活动重要前提是基于孩子已有的竹竿舞经验，在此基础上尝试新的乐曲以及角色分工。例如，舞者和竿手以及增加竹竿数量和演员人数，帮助儿童理解舞蹈的复杂性和团队合作的重要性。

伴奏乐曲分三段，是十分稳定的四拍男女对唱歌曲。每个段落中都有
"X|X|XX|X"的节奏型，方便幼儿进行不同跳法的创造。稳定的节奏和对竹竿舞
的经验促使儿童在游戏表演中更大胆自信。

二、活动目标

1. 能够合着音乐大胆创造竹竿舞的各种跳法。

2. 感受新跳法的有趣，体验合作舞蹈的快乐。

三、活动准备

1. 经验准备：对竹竿舞的基本玩法有所了解；熟悉歌曲《阿佤人民唱新歌》。

2. 物质准备：PPT 课件、音乐、竹竿、磁吸沙盘、自画像磁吸贴等。

四、活动过程

（一）阿佤人民来跳舞（唤醒经验，激发兴趣）

提问：上周我们跳了佤族的舞蹈，你们还记得吗？让我们一起舞起来！

小结：佤族的舞蹈是充满活力的，我们一边听着欢快的节奏，一边手拉手一
起舞蹈，真是太开心了！

过渡语：能歌善舞的佤族不仅会跳圆圈舞，还有其他有趣的本领哦！

（二）阿佤人民玩竹竿（大胆挑战，创造跳法）

提问：那里有两个村落，分别是人很多的人人村和竹竿很多的竿竿村，两个
村落有着不同的习俗，想要加入他们得先通过挑战才行。

解读游戏要素：两根竹竿、人、四个方向、沙盘队形，综合运用直到成功。

幼儿示范：沙盘已经准备好了，谁想试试来设计？

小结：沙盘就是一份舞蹈计划书，用来确定舞蹈队形和舞者方向。一会儿
我们分组尝试设计人人村的舞蹈，把你们的设计放在沙盘上，再进行练习。

再次挑战：我们的队形和步法已经完成了，怎样才能让舞蹈变得更精彩？

关键提问：你们设计了什么新的舞蹈动作？

小结：这次的竹竿舞更精彩了。原来舞蹈动作也可以融入竹竿舞，在这次
挑战中，我们又创造出了好多新的跳法，真厉害！

（三）阿佤人民去舞会（完整表演，体验快乐）

过渡语：竹竿舞会马上开始了，选择一种你喜欢的方式，一起去参加舞
会吧。

延伸：看了你们的表演，阿佤人民也不甘示弱，看看他们还有什么新跳法吧！

从"竹竿舞"这个活动中可以看到，幼儿积累的经验在他们创造不同的玩法中起到了至关重要的作用，由此可见，在音乐活动实践过程中，关注幼儿的经验积累与创造性思维的激发是一个重点要素。在"竹竿舞"这个活动中，幼儿们通过亲身参与和不断尝试，不仅掌握了竹竿舞的基本步法和队形设计，更重要的是，他们在创造不同玩法的过程中，充分发挥了自己的想象力和创造力。

在音乐创造的过程中，幼儿要利用已有的音乐基础知识和基本经验，将灵感和场景进行艺术创造。这种从经验中学习和创造的过程，对于幼儿的成长来说是一种宝贵的财富。它不仅让幼儿在活动中获得了乐趣和成就感，更让他们在实践中学会了如何运用已有经验去解决问题，如何与他人合作共同完成任务。这种经验和能力的提升，将对他们未来的学习和生活产生深远的影响。

作为教师，我们应该认真倾听幼儿的声音，了解他们的想法和需求，在此基础上，为幼儿提供接触更多音乐元素的机会，创设多元的条件。幼儿看到的听到的越多，他们的音乐创造力就被激发得越多；在创造的过程中，教师也要鼓励和助推幼儿的自主学习，同时鼓励和引导幼儿发现自己的经验和别人的经验，从而渴望获得更多的知识，形成螺旋式上升的学习过程。

第五章 建构音乐素养评价：以多元评价促进动态成长

教育评价是幼儿园教育工作的重要组成部分，有助于了解活动的适宜性、有效性，调整和改进工作，促进每一个教师和幼儿发展，是提高教育质量的必要手段。幼儿音乐素养的培养同样也需要通过评价来进行自我检测和调节。要建构幼儿音乐素养评价体系，助力教师更好地认识和调整活动内容与方式，提升幼儿音乐素养培养质量。

如果说教育目标是幼儿园教育的第一支点，那么教育评价就是撬动幼儿园教育发展的第一杠杆①。因此，制订幼儿音乐素养培养的评价指标要以幼儿音乐素养培养的目标为基准，以幼儿年龄特点为出发点，以对幼儿音乐素养的综合评价、过程评价为方法，以活动的目标、内容、方法、过程与结果等为基本要素。幼儿音乐素养培养评价指标的制订，对幼儿园管理工作和教师的教学调整和自我提高具有诊断、导向及激励作用。

第一节　建构幼儿音乐素养评价体系

建构幼儿音乐素养评价体系是对幼儿在音乐活动中的表现进行系统观察、分析和记录的动态过程。这一过程旨在全面了解幼儿的动态成长，为教师和家长提供有针对性的反馈，以支持幼儿音乐素养的提升。在音乐教育中，良好的成长评价能够有效地把握幼儿在音乐感受力、表现力和创造力等各方面能力的

---

① 赵伶俐.以目标与课程为支点的美育质量测评——为了有效实施《国务院办公厅关于全面加强和改进幼儿园美育工作的意见》[J].华东师范大学学报（教育科学版），2017，35（05）：87-99+161.

发展，为开展针对性、个性化的音乐活动提供参照。

一、对幼儿音乐素养评价的基本认识

幼儿音乐素养评价体系的构建，首要任务是明确其认知基础。科学的评价根植于对评价本质的理解，并紧密结合幼儿发展特性和规律，形成全面系统的认知框架，才可能发挥评价的积极效用。

（一）幼儿音乐素养评价的基本原则

我们根据幼儿身心发展规律，形成了对幼儿音乐素养评价的基本认识，明确了发展性、客观性、综合性和参与性原则。

1. 发展性原则

教育的基本前提在于肯定幼儿的发展性与可塑性，强调幼儿作为持续成长的存在，具有无可替代的独特性。发展性原则作为教育评价的首要指导原则，包括以下几个方面的内容。首先，发展的个体差异性。教师或家长应充分认识、尊重、满足每个幼儿在认知、情感、社交等方面拥有独特的发展节奏和特殊需求，让教育更贴近每个幼儿的实际需求。其次，发展的连续性。幼儿的发展是一个动态的过程，教师或家长需要通过连续的观察记录以系统全面地了解其变化和进展，更多关注纵向的发展变化，减少横向比较。再者，发展的自主性和主动性。音乐素养评价的目的在于激发幼儿的感受力、表现力和创造力，培养其独立思考和解决问题的能力，使其成为积极主动的学习者。最后，发展的支持性。评价旨在了解幼儿现状，提供个性化支持和引导，促使其更好地适应学习环境，实现全面发展。

2. 客观性原则

客观性原则在幼儿音乐素养评价中占据核心地位，以确保评价过程公正、真实、客观。该原则强化评价主体的科学意识，充分认识到评价是在收集客观事件和现象等真实信息的基础上形成的判断过程。如对于幼儿行为和表现的过程性记录要采用白描手法，避免主观臆断。在判定幼儿音乐素养发展情况时，可以列举出几个客观的、多个角度的、相互有关联的例证来说明，避免凭感觉或印象开展评价的习惯做法，提升评价可信度。此外，客观性评价还要关注幼儿全面发展，涵盖认知、情感、社交等多个方面，确保评价结果全面、综合，避免片面观察，为制订个性化教育计划提供准确依据。

3. 综合性原则

此原则凸显了对幼儿全面发展的重视。由于音乐感知的主观性受幼儿个体经验及所处成长环境的影响，加之幼儿本身的独特性与差异性，使得教师在进行评价时必须采取全面而细致的视角。具体而言，综合性评价不仅是对幼儿技术层面的评价，还涵盖艺术作品理解、课堂参与度、创造力发展等多个方面，要全方位审视幼儿在不同情境下的真实表现。此外，综合性原则还体现在评价方式的多元化上，通过综合运用观察、作品分析、访谈等多种手段，教师可以更加全面、客观地了解幼儿的发展状况，有效消除评价中的主观性与片面性，充分发挥评价的诊断和改进作用。

综合性评价是一个长期而持续的过程，它需要教师对幼儿成长轨迹进行长期观察与评估，以准确把握其发展趋势，及时调整教育策略。同时，要将评价渗透于整个教育过程的不同领域，通过音乐活动与德智体劳各育的有机整合，可以促进幼儿跨界学习能力的培养，还可以考查幼儿音乐素养的迁移与整合能力，为全面发展奠定坚实的基础。

4. 参与性原则

此原则强调了家长、教师及幼儿等多元主体在评价过程中的协同参与，以保证评价的全面性、客观性和有效性。首先，教师作为教育活动的直接实施者，对教学过程和幼儿发展有着最直接的观察和体验，如同"桥梁"一般，连接着幼儿的学习进展、兴趣导向和潜在挑战，为音乐教学策略的制订提供科学依据。其次，幼儿是教育的对象，他们对自身的学习和生活感受有独特的视角，他们有权表达自己的想法、感受和经验，对自己的学习、生活和发展进行自我评价和相互评价，让评价成为幼儿自我认识、自我发展的过程。再者，家长能从家庭环境和幼儿校外表现等方面提供重要信息。将家长的观察和了解融入幼儿评价，能够弥补教师在园观察的局限性，使评价内容更加完整。家长参与评价也会促使其更加关注孩子的成长细节，主动与教师探讨教育问题，为孩子的发展出谋划策，更加积极主动地承担起教育孩子的责任。

总之，构建开放、透明的评价机制，促进家长、教师和幼儿形成积极互动的共同体，是参与性原则的关键。唯有参与者的共同努力，方能为每个幼儿提供更为精准、个性化的教育服务，助力其动态而全面的成长。

（二）幼儿音乐素养评价的基本方式

在坚持基本原则的基础上，我们以观察记录法、作品集评价法和口头交流法等作为幼儿音乐素养评价的基本方式。

1. 观察记录法

观察记录法是一种深入了解幼儿音乐素养发展的有效评价方式。通过实地、细致入微的观察，教师能够全面捕捉并记录下幼儿在日常活动中的行为举止、言语表达和整体表现，进而形成一套详尽无遗的观察记录体系。该方法的核心在于直接观测幼儿在实际情境中的自然展现，以确保所获信息的精准性，为个性化教学方案的制订和幼儿全面成长路径的规划提供坚实的数据支撑。

首先，观察记录法强调在自然状态下对幼儿进行观察。在日常生活的真实场景中，幼儿展现出最为本真、无饰的一面，而此法正是通过捕捉这些瞬间，获取真实可信的幼儿行为信息。

其次，观察记录法在幼儿成长的多维度呈现上展现出独特优势。教师在观察过程中，不仅聚焦于幼儿的音乐才能，更广泛观察其社交技能、情感抒发、创新能力等多个方面，从而发掘幼儿的潜能与成长需求，为个性化教学的精准施策提供有力指引。

此外，观察记录法还强调构建详尽的记录体系。通过对幼儿行为、言语和表现的细致记录，教师能累积起一份内容丰富、层次分明的成长档案，这不仅便于随时回溯与分析幼儿的发展轨迹，也为与家长开展高效沟通提供了数据支撑。（见表 5-1-1）

表 5-1-1　"园歌变变变"观察评价记录表

观察对象	幼儿 A：小宸；幼儿 B：云云；幼儿 C：然宝；幼儿 D：月月	记录人：乔老师 日期：2024.3.16—2024.4.17
观察要点	语言表达：用语言在集体面前大胆表达自己的设想、对作品的理解与创造等。 歌声表达：用歌声及不同的演唱方式在集体面前大胆表达歌曲的意境、情绪情感，并能仿编、创编歌曲。	

（续表）

幼儿表现行为记录	行为评价
片段一 （幼儿与同伴分享自己设计的演唱方案） 幼儿A：我设计的方案里面有独唱、对唱、齐唱三种。刚开始"沙沙沙"的部分是男生、女生进行对唱。 幼儿C：这里有问题也有回答，很适合进行对唱。 幼儿D：那哪里是独唱啊？ 幼儿A：最后一句"让爱更美啦"，这句音太高了，我唱起来不好听。 幼儿D：最后一句怎么能独唱啊，最后一句肯定要一起唱才有气势啊。 幼儿B：我也觉得最后一句一起唱比较好听。 幼儿A：行，那我这里修改一下。 幼儿C：我设计的"沙沙沙"后面可以接尾音，这里接尾音很好听的。 幼儿A：怎么接啊？ 幼儿C：你先唱，我来接，你们听听看。 （幼儿进行演唱） 幼儿B：好听的，就这样接尾音吧。 幼儿D：我也觉得挺好听的。	**水平五（幼儿A）** 能使用连贯、清楚的语言讲述自己对作品的理解。 具体行为：把自己的演唱方案，用完整、连贯的话语表达出来，与其他幼儿分享自己的看法和经验。还能说出自己这样设计的理由。 **水平三（幼儿B）** 能较完整地讲述自己对作品的理解。 具体行为：幼儿B能说出歌词中的一问一答，很适合用对唱的形式来演唱，说明她对歌词内容很清楚，也对对唱的形式有一定的理解。 **水平五（幼儿C、D）** 乐于参与讨论问题，能在众人面前表达自己选择、计划、解决问题、评价等观点与想法。 具体行为：幼儿D在听完幼儿A的介绍后，能指出自己不同的想法，并给出了自己的建议。幼儿C也在后面给出了自己的演唱方案，并亲自示范。
片段二 （幼儿根据演唱方案尝试配合） 幼儿A：那我们先来试一试怎么唱吧。 幼儿D：我觉得"沙沙沙"接尾音的地方没有接好，你们进来的太慢了。 幼儿B：那我们这个地方再来单独唱一下。 幼儿D：还是有点慢，小宸你眼睛看着我，我带你唱。 幼儿A：好的，我再来试试。 幼儿B：这次对了。	**水平五（幼儿A、B、C、D）** 能运用独唱、轮唱、对唱、接尾音唱多种方式处理歌曲，表达自己对歌曲的理解。 具体行为：幼儿B、C、D能在确定方案后，准备用各种方式演唱。在同伴碰到困难时，给予一定的评价和指导。幼儿A在接尾音时感到困难，经过多次尝试后，问题得到解决。

以"园歌变变变"为例，在评价实践中，教师充分发挥观察记录法的优势，灵活运用定点观察与定时观察两种策略，前者聚焦于特定区域进行系统性观察，后者则在特定时段捕捉幼儿行为，两者相辅相成。

2. 作品集评价法

作品集评价法是一种富有启发性的幼儿音乐素养评价方式，通过收集幼儿的作品，如唱歌、舞蹈、戏剧等音频、视频或计划记录表征等，从中梳理其感受力、表现力和创造力的发展。作品集评价法能客观分析幼儿发展历程，有助于教师深入挖掘幼儿的个性潜能。

首先，作品集评价法高度重视幼儿的创造力。幼儿通过作品集这一载体，自由表达自我、挥洒想象力与创造力，为教师提供了观察其艺术、创造天赋以及发展水平的窗口。这种评价方法超越了对幼儿音乐技巧层面的关注，而且深入到作品背后的思想创意，为幼儿张扬个性提供了广阔舞台。

其次，作品集评价法在幼儿表现能力的多维度呈现上展现出显著优势。幼儿的作品不再局限于单一的音乐视频，而且涵盖了戏剧表演等多元化的表达形式，使教师能全面审视幼儿在不同领域的才能。通过作品，教师不仅能观察幼儿在音乐领域的专长，还能观察其跨领域整合运用的能力。（见表 5-1-2）

表 5-1-2 "闪闪的红星"
——幼儿戏剧展演的作品评价表

活动剪影	
关于红五星的大猜想	对剧目的理解
角色竞演	群舞的动作设计

（续表）

活动剪影

化盐

勇斗胡汉山

运盐

红军回来了

评价：

★不畏艰难的精神得以传承。感受红军长征的艰辛和不易，心中充满对先烈的敬仰和对历史的敬畏，不怕困难的精神正在萌发。

★团队协作的能力得以提升。学会了倾听和尊重他人的意见，更学会了耐心和坚持。

★自信坚定的品质得以塑造。在熟背台词与熟练动作中突破自己的极限，从而更加自信和坚定。

再者，作品集评价法强调幼儿个性化发展轨迹的记录分析。每个幼儿的作品集都是其独特成长路径的生动写照。教师通过追踪作品的演变，能够精准把握幼儿在不同成长阶段的兴趣变迁、技能进阶等关键特征，为制订进阶的教学计划提供生动形象的图文与视频依据。（见表 5-1-3）

表 5-1-3　"我是小小兵"——幼儿创编舞蹈的作品评价

时间	作品与分析	时间	作品与分析
第1次	能根据歌词内容按自己的理解进行动作设计，动作中舞蹈语汇与歌词内容吻合度高。	第2次	在第1次设计的基础上，增加了左右方向的变化和队形变化。在队形变化时用学号表示某个幼儿具体的位置，从单一的韵律表现发展为舞蹈表现。
第3次	在第2次设计的基础上，增加了依次出场、旋转等形式，舞蹈表现更为多元。	第4次	在第3次设计的基础上，增加了每个幼儿先后做不同动作、前后位置移动等要求，舞蹈表现的层次性更强。

　　此外，教师还定期举办作品展览，展示幼儿的优秀成果，并邀请家长参与，以此搭建家园沟通的桥梁。通过与家长的深入交流，教师不仅能分享幼儿的成长喜悦，还能听取家长独到的见解，共同构筑家园合作的坚实基础。

　　3. 口头交流法

　　口头交流法是一种最为直接的幼儿音乐素养评价方式，通过定期与幼儿开展深度沟通，教师能够了解幼儿的内心世界，准确把握其思维、情感与需求。这一评价方法不仅为全面审视幼儿的发展态势提供了有力支撑，还促进了师幼间和谐亲密关系，营造了积极向上的学习氛围。

　　一方面，口头交流法凸显了沟通的双向互动性。相较于书面评价，口头交流以其即时性和直接性见长，实现了信息的无缝对接与师幼双方的深度互动。

通过与幼儿的对话，教师能够迅速捕捉其真实心声与需求，而幼儿亦能在这种直接表达中获得满足。这种即时反馈机制为教师提供了丰富的教学素材，有助于精准制订个性化教学计划。

如在欣赏传统节庆经典民乐串烧《喜洋洋》《金蛇狂舞》后，教师与幼儿围绕"什么是民乐？为什么过年要配民乐？"这个话题进行交流。

实录

——什么是民乐？

奥奥说："我认识笛子，刚才听到的音乐里就有笛子。"

年糕说："我也认识笛子，我还认识琵琶。"

大齐说："我还听到有小喇叭的声音，听上去小喇叭吹得很开心。"

露露说："敲锣打鼓很热闹。好像我在放鞭炮。"

欣欣说："民乐团演出的时候都穿了红色旗袍，我也有旗袍，就是过年的时候穿的。"

——为什么过年时要配上民乐团演奏的乐曲呢？

彬彬说："因为是我们中国人过年，所以要听中国人的音乐。"

冬冬说："民乐是中国的艺术，交响乐是外国的艺术。"

虽然民乐对于孩子们来说比较陌生，但是他们交流很热烈，也讲得有些道理。因为民乐是传统乐曲，用传统乐器进行演奏，所以当我们过传统节日的时候，就需要使用民乐增加节日的气氛。

另一方面，口头交流法强调情感沟通的必要性。在交流过程中，教师借助语音、语调和表情等，敏锐捕捉幼儿的情感波动，实现了情感层面的深度共鸣。这种情感沟通不仅有助于教师理解幼儿在学习过程中的情绪变化，还促进了师幼间的信任与情感纽带的建立。在此基础上，教师得以更有效地引导幼儿学习，满足其情感成长的需求。

以歌曲《我和我的祖国》合唱设计方案的交流为例。

实录一：我们这样唱

大家首先听儿童版本的歌曲，听完后都有了自己的发现。

阿贝：我听到有一个小朋友唱歌，我们也可以让一个小朋友唱。

东东：那就不是合唱了，我们还要合唱的。

多多：那我们也可以每个人轮流唱一下，然后大家再合唱一下。

乐乐：要选唱歌最好的人来一个人唱。

最后大家选出了多多、阿贝来做领唱，其他孩子来进行合唱。

幼儿们在获得了教师的建议与鼓励后再做调整，得出了最后的方案：领唱唱第一段，合唱唱副歌部分。再次讨论与计划时，大家准备进行一次歌唱评比，班级分成两个小组并进行比赛。

实录二：我觉得这样更好听

小宝：我妈妈找到了许多种唱法，我看到了我们的那种，就是一个领唱，很多人合唱。

阿贝：我听到了，有男的唱，也有女的唱。

小安：有一些声音很大很大，唱得非常响亮；有一些声音就很小声，我的妈妈说小声唱的歌很有感情。

登登：不是的，《我和我的祖国》要大声地唱，才会更好听。

小安：不对，有一些他们就是很小声地唱歌，我也觉得非常好听。

当幼儿间有不同意见和争执时，不妨尝试引导幼儿进行对比，让他们自己发现问题并找到统一的演唱方法；请意见不统一的幼儿们的家长将他们观看的《我和我的祖国》的视频版本传到了班级群中。我们在班级中请幼儿们集体欣赏，欣赏结束以后，他们再进行讨论达成共识。

在此过程中教师还可借助小组讨论、个别访谈、互动游戏等多种形式，构建开放包容的沟通平台，鼓励幼儿自由表达。这种交流有助于评估幼儿音乐素养的进展，促进其表达能力的提升与自信心的增强。

二、幼儿音乐素养评价指标的建立

我们通过系统记录幼儿的成长历程，精确追踪其发展轨迹，实施阶段性评估与反馈机制。依据每个幼儿的独特个性，定制个性化教育策略。在时序维度上，融合长期跟踪观察、月度与学期评价，纳入家长评价，形成幼儿园与家庭双重视角的综合评价体系，科学严谨地揭示幼儿成长路径，为后续教育规划提供理论依据与目标导向。

（一）总体评价

"评价指标体系"内容依据音乐素养中三个核心素养，即感受力、表现力、创造力块面切入，每个块面均有1，3，5水平描述。教师在观察评价时，对幼儿音乐素养能力的评价可以从幼儿的某一方面连续评价，也可以从三个方面全方位评价，对于在水平1—3、3—5之间的幼儿，教师可以创生观察行为描述，灵活的界定使对幼儿的评价更显动态性、全面性。"评价指标"为教师提供了快速进行幼儿音乐素养发展水平评价可借鉴、可操作的工具，教师评价的意识更强烈，评价更客观与公正，指向性更明确。（见表5-1-4）

表5-1-4 分层分类评价指标体系

年龄段	音乐素养分类	水平1	水平3	水平5
小班	感受力	容易被自然界中的鸟鸣、风声、雨声等美好的声音吸引。	喜欢听音乐或者观看舞蹈、戏剧等表演。	对生动形象、节奏鲜明的乐曲有所反应和感受，能随着音乐做出动作反应。
	表现力	能够模仿学唱短小歌曲。	经常自哼自唱或模仿有趣的动作、表情和声调。	基本能够随着音乐节奏做一些简单的联合动作。
	创造力	能跟随熟悉的音乐做身体动作。	能用声音、动作、姿态模拟自然界的生活情境。	会用身体进行诠释和表达，对歌曲片段进行一些改编。
中班	感受力	喜欢倾听各种好听的声音，感知声音的高低、长短、强弱等变化。	欣赏艺术作品时会产生相应的联想和情绪反应。	逐渐辨别声音的细微变化，初步感受乐曲的结构。听出乐段、乐句之间的重复（简单的ABA结构）以及乐曲在情绪上的明显差异。
	表现力	能用自然的、音量适中的声音基本准确地唱歌。	经常唱唱跳跳，愿意参加歌唱、律动、舞蹈、表演等活动。	会表演熟悉的人物、动物或物体。

（续表）

年龄段	音乐素养分类	水平1	水平3	水平5
中班	创造力	能通过即兴哼唱、表演或者给熟悉的歌曲编词来表达自己的心情。	能用拍手、踏脚等身体动作或敲击物品打节拍。	通过声音、身体、乐器等媒介，将音乐的节奏运动创造性地模拟出来。对完整歌曲进行改编或重构。
大班	感受力	乐于模仿自然界和生活环境中有特点的声音，并产生相应的联想。	艺术欣赏时常常用表情、动作、语言等方式表达自己的理解。	愿意与别人分享交流自己喜爱的艺术作品、美感体验。
大班	表现力	能用基本准确的节奏和音调唱歌。	积极参加艺术活动，有自己比较喜欢的活动形式。	艺术活动中能用动作、表情和眼神与同伴配合，也能独立表现。
大班	创造力	能用律动或者简单的舞蹈动作表现自己的情绪或者自然界的情境。	理解音乐作品中的节奏类型，通过说和唱结合的方式自编自创属于自己的歌曲。	能自编自演故事，并为表演选择搭配简单的服饰、道具和布景。

（二）具体评价：环环相扣评价实施过程——以活动中幼儿表现表达能力评价为例

活动是指以音乐启蒙为目的，以合唱、舞蹈、打击乐、儿童剧、欣赏等音乐小团队为载体，开展促进幼儿音乐感受力、表现力和创造力等素养提升的实践活动，主要由唱乐、舞乐、奏乐、演乐、赏乐五个俱乐部组成。

幼儿自主表现表达能力是指幼儿在活动中，通过语言、歌唱、肢体动作、书面表征等方式，表达自己对音乐作品的感受与理解，再现与创造音乐作品的能力。结合总体评价指标体系，根据活动特质，在实施过程中，我们用四套表作为评价工具。

1. 评价前期——编制观察指引表（以下简称"指引表"）

此"指引表"根据分层分类评价指标体系以及活动特质演化而来。它从语言、歌唱、动作、书面表征等四大元素切入，并梳理了相关要素、观察要点、表现行为举例。如语言表达下分为语音发展、词汇发展、语句发展、语言运用发展这四个相关要素，在对应相关要素后又梳理了11条观察要点以及表现行为举例。

同时，在每个要素后对应了相应的具体表现水平 1、表现水平 3、表现水平 5，帮助教师注重幼儿经验的连续性与全面性，从而更有效地对幼儿的行为进行评价。

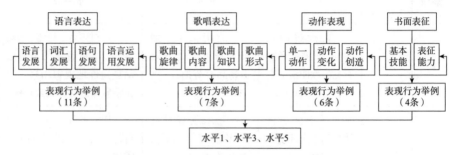

图 5-1-1　幼儿自主表达能力观察指引表结构

子领域一：语言表达

表 5-1-5　幼儿自主表现表达能力观察指引表

要素	观察要点	表现行为举例	水平 1	水平 3	水平 5	解读
语音发展	发音正确	声母韵母发音准确。	能区分 k 和 t、g 和 d 这类比较容易混淆的声母，会说普通话。	能在成人的提醒下，清晰发音。并能尝试调节音调区分四声，咬字逐渐清晰。	发音正确且稳定。能使用连贯的语气、语调以及音高音低来模仿一些角色的语言。	★从区分声母韵母到清晰发音，说明口语表达能力越来越强。
	咬字清晰	能调节音调区分四声。				★会说普通话到咬字清晰，说明语音发展的进步。
	语音稳定	发音熟练并灵活运用。				★从咬字清晰到发音稳定并能模仿，说明语音发展进入成熟运用的阶段。
词汇发展	词类范围	词汇的表达能从名词发展到动词和形容词。	能较清楚地用词汇表达生活中常见的具体事物。	能使用形容词、量词等词汇表达事物的形态、数量等。	能用概括性或有因果关系、条件关系的词汇表达自己的所见所闻。	★从用简单词汇表达事物到形容词和量词的使用，说明词汇量的增加和对词汇理解能力的提升。
	词义掌握	掌握的词汇从实词逐渐向虚词发展。				★从词汇的单独表达到各类词汇的混合运用，说明词汇使用能力的提高。

（续表）

要素	观察要点	表现行为举例	水平1	水平3	水平5	解读
语句发展	完整句	能将词连成词组或完整短句。	能将词汇连词成句，说出完整的词组或语句。	能使用主语加单词或词组等方式，说出简单的句子，表达自己的见闻和想法。	能运用因果、假设、条件等比较复杂的语句，且语言较生动。	★从连词成短语到含有主谓宾结构的简单句，说明组织语句的能力有所提升。 ★从简单直白的语句到有逻辑的复杂语句，说明知识经验的丰富和词汇、短句的熟练运用。
	简单句	能够使用简单语句表达自己的见闻。				
	复合句	能用逻辑关系或修饰词等表达比较复杂的语句。				
语言运用发展	有主题的谈话	能与同伴就一个话题进行语言交流。	能与同伴就话题或兴趣点展开交流，能关注事物之间的联系和讲述的重点。	能独立讲故事或叙述事情，连贯完整性有所增强，在叙事时有时间、地点、起因、经过与结果的意识。	在语言的连贯性、逻辑性发展的同时，幼儿也能逐渐掌握和运用一些说话的技巧，如表情、语调、速度等。	★从日常交流到独立完整讲故事，是对自己能力的自信和意愿的大胆表达。 ★从简单的讲述到能够运用技巧，这是表达能力提升的标志。
	连贯的叙事	能独立讲述故事或连贯的事情。				
	有技巧的讲述	能变换语速、语气、语调等进行讲述。				

子领域二：歌唱表达

表 5-1-6　幼儿自主表现表达能力观察指引表

要素	观察要点	表现行为举例	水平 1	水平 3	水平 5	解读
歌曲旋律	音准	根据旋律的曲调、准确唱出每个音符的高低。	喜欢参加歌唱活动；能够模仿唱一些短小、简单的歌曲。能听前奏整齐地开始，基本合拍。	喜欢演唱自己熟悉的歌曲；能基本区分歌曲的 2/4、3/4 节拍；能接前奏，和节奏基本准确。	能积极地参与歌唱活动；能区分歌曲的 2/4、3/4 节拍以及 ABA 结构；能接前奏、间奏，音调、节奏准确。	★从喜欢参加到积极参与歌唱活动，说明对歌唱活动的主观能动性越来越强烈。 ★从听到前奏整齐地开始到能接前奏、间奏，说明对旋律的熟悉与理解更加深入。 ★从基本合拍到能区分 2/4、3/4 节拍和 ABA 结构，说明感知旋律的能力有进步。
	节奏	把握歌曲的节奏，跟随节奏歌唱。				
歌曲内容	内容理解	理解歌曲内容，并有感情地演唱。	感受理解歌曲的内容，尝试把歌词唱清楚，基本表达出情绪；尝试为熟悉、短小、工整的歌曲替换某一乐句的歌词。	在理解歌曲内容的基础上，通过即兴哼唱、表演等方式来表达对音乐的理解与自己的心情；能给熟悉的歌曲替换或续编歌词。	能准确理解歌曲内容，能运用速度、力度、音色等手段表达歌曲意境；能对歌词进行改编与创编歌曲。	★从大概感受理解歌曲的内容到准确理解，说明对内容的理解力越来越强。 ★从唱清楚歌词到能表达歌曲意境，说明对内容愈发有共鸣。 ★从替换某一乐句的歌词到改编与创编，说明即兴创编的能力日益增强。
	内容创编	在理解的基础上替换、仿编或创编歌曲内容。				
歌唱知识	唱姿	站姿、坐姿准确。	演唱歌曲时站姿、坐姿正确；用自然的声音演唱歌曲。	能基本保持正确的歌唱姿势；掌握自然的发声方法，唱歌时与集体声音和谐一致。	保持正确的唱歌姿势；能用自然、美好的声音歌唱；较自如地控制、调节自己的歌声。	★从站姿、坐姿正确到保持正确的唱歌姿势，说明对演唱姿势的保持能力越来越强。 ★从用自然的声音演唱到较自如地控制、调节自己的声音，说明对合唱的演唱技巧掌握程度有提升。
	唱法	用自然好听的声音演唱歌曲。				

（续表）

要素	观察要点	表现行为举例	水平1	水平3	水平5	解读
歌唱形式	演唱方式	用多种方式演唱歌曲。	多以模仿唱、跟唱、齐唱的演唱形式为主。	能自然地接唱和对唱；能较自如地运用不同的速度、力度、音色来演唱。	敢于大胆地独唱、领唱以及简单的两声部轮唱、接尾音唱；能较恰当地表现歌曲情感。	★从模仿唱、跟唱、齐唱到两声部轮唱、接尾音唱，说明演唱方式愈发多样，演唱表现力越来越强。

子领域三：动作表现

表5-1-7　幼儿自主表现表达能力观察指引表

要素	观察要点	表现行为举例	水平1	水平3	水平5	解读
单一动作	基本动作	做出拍手、点头等基本动作；模仿动物、人物、生活等动作。	随音乐合拍地做简单的模仿动作（如动物、日常生活）；由非移位逐渐到移位，由上肢动作逐渐到上、下肢协同动作。	根据音乐的性质、节拍、速度做有规律的动作；能边做动作边简单地变化位置。	能尝试按自己想象自由地做模仿动作、律动及有韵律感的舞蹈动作；与同伴一起变化队形共同动作，感受共同的情绪。	★从简单的模仿动作到有韵律感的舞蹈动作，说明动作能力在进步。 ★从固定位置做动作到队形变化共同动作，说明动作集体性在提升。
	舞蹈动作	带有表演性质的简单舞蹈动作。				
动作变化	动作表现乐句	跟随乐句变换动作。	根据旋律的显著变化随之变换动作；用上肢、下肢等简单的身体动作模拟自然界的事物和生活情境。	随乐句的变化改变动作的方向、力度、速度等；有节奏地自由切换动作表现音乐的情绪	能较准确地随音乐情绪、结构的变化改变动作的力度、速度、节拍、节奏型、难度等；用律动或简单的舞蹈	★从随乐句变化简单动作到改变力度、速度、节奏型、难度等，说明动作变化的频率与难度在加大。 ★从用简单身体动作模拟事物和情境到用舞蹈动作表现音乐情绪与情

（续表）

要素	观察要点	表现行为举例	水平1	水平3	水平5	解读
动作变化	动作表现音乐性质	根据音乐作品的情绪、风格、结构等变化动作。		或自然界的情境。	动作表现音乐的情绪或自然界的情境。	境，说明动作变化从外显表达到内隐表现。
动作创造	创编外形特征动作	根据音乐作品的主题，形象地创编动作。	为熟悉的歌曲或音乐配上动作，喜欢自发随音乐进行简单的律动。	为熟悉的歌曲、乐曲自由创编动作，用简单的律动或舞蹈表现自己的感受与理解。	为歌曲、乐曲、作品中的角色创编与之匹配的舞蹈或角色形象；能自编自演故事，并为表演选择和搭配简单的服饰、道具和布景。	★从配上简单的动作到创编与内容匹配的舞蹈或角色形象，说明创造的针对性更鲜明。
	创编内心情感动作	用动作表现音乐作品的情绪、情感以及自己的心理体验。				

子领域四：书面表征

表5-1-8　幼儿自主表现表达能力观察指引表

要素	观察要点	表现行为举例	水平1	水平3	水平5	解读
基本技能	书写姿势	握笔姿势、坐姿正确	在提醒下，写写画画时有意识做到姿势正确；喜欢用涂涂画画表达一定意思。	在教师提醒下，写写画画时能保持姿势正确；喜欢用图画和符号表达自己的愿望和想法。	写写画画时姿势正确；将图画、符号、文字进行相关组合，用图文表达事物或故事。	★从教师提醒下有意识准确到自然保持准确，表示书写姿势的规范性逐步建立。
	书写方式	会通过表征的形式记录				★从喜欢涂涂画画到图文对应表达，说明表达手法与技能逐渐具体和丰富。

（续表）

要素	观察要点	表现行为举例	水平1	水平3	水平5	解读
表征能力	表征态度	自主记录表达想法	喜欢借助图画和符号等方式记录对歌词、旋律、作品的理解。	愿意与同伴一起用图画和符号表达自己在活动中的设想、观点和宣传的方案等。	积极与同伴一起运用多种工具、材料或不同的表现手法，进行计划、宣传、作品理解记录等表征活动。	★从喜欢借助图画和符号到积极与同伴运用多种工具，说明手段越来越多元。

2. 评价前期——设计评价任务单（以下简称"任务单"）

在评价前教师应依据观察对象、项目等具体情况设计相应的评价任务，创生"任务单"，包含项目目标、观察要素、观察方法以及观察工具，依据幼儿最近发展区、年龄特点等制订。观察的维度不用面面俱到，可以根据活动的特色进行梳理，选取重点观察点。（见表5-1-9）

表5-1-9　评价任务单

项目名称			班级	
观察对象			观察者	
项目目标				
观察维度		观察要素		
语言表达	语音发展：		词汇发展：	
	语句发展：		语言运用发展：	
歌唱表达	歌曲旋律：		歌曲内容：	
	歌唱知识：		歌唱形式：	
动作表现	单一动作：		动作变化：	
	动作创造：			
书面表征	基本技能：		表征能力：	

（续表）

观察方法	追踪观察 ☐	定点观察 ☐	视频检核 ☐	其他：＿＿＿
	个别访谈 ☐	幼儿表征 ☐	家园联动 ☐	
观察工具	手机 ☐	定点摄像机 ☐	幼儿故事 ☐	其他：＿＿＿

3. 评价中期——撰写观察评价记录表（以下简称"记录表"）

用白描的方式记录发生的片段并尽可能还原幼儿当下的行为表现，完成"记录表"。教师要及时将幼儿活动时的状态用文字、照片、录音、录像以及图画表征等方式记录下来，作为评价依据，然后结合"指引表"的相关指标进行判断。对幼儿的行为进行连续观察记录，开展复盘思考，最终给予幼儿后续的发展提出建设性建议与支持策略。（见表5-1-10）

表5-1-10 《春之序曲》观察评价记录表

项目名称	春之序曲	观察区域	哆哆乐园	观察时间	2024-04-14
观察对象	幼儿A：康康；幼儿B：月月；幼儿C：小黄；幼儿D：小宸	记录教师		潘老师	
案例背景	幼儿欣赏富有春天气息的乐曲，辨析乐曲段落，感受音乐的情绪，体会到春日的美好。并且乐意设计图谱和编排简单的节奏型。				

	片段记录	表达领域	行为评价	思考
观察描述	片段一 （幼儿欣赏不同的"春"乐曲） 幼儿B：这首乐曲真好听啊！ 幼儿A：这很好听，但是会不会太难了？ 幼儿C：感觉是很多很厉害的乐器一起演奏的，有点像上次妈妈带我去听的交响乐团的表演。 幼儿D：那我们选一首	语言表达	水平五（幼儿A、B、C、D）讲述时能使用常见的形容词、同义词等，能使用表示因果、假设相对较复杂关系的句式，语言较生动。 具体行为：幼儿对欣赏的	欣赏不同的乐曲，目的是让孩子有机会接触更多类型的音乐，在感受的过程中明确自己对于音乐的喜好，并且通过"说一说"的形式，让幼儿能够大胆地说出对抽象的音乐的感觉，与音乐进行充分的互动。

（续表）

	片段记录	表达领域	行为评价	思考
观察描述	简单点儿的歌吧，这样我们也能一起表演了。 　　幼儿A：我觉得第一首的《春天》挺好听的，很舒缓。 		歌曲会有自己的感受并且能够清晰地表达。	
	片段二 （幼儿投票并选择） 　　幼儿D：我觉得这首曲子是蝴蝶在飞舞。 　　幼儿A：我觉得好像在逛花园，花园里全是花朵。 　　幼儿D：一开始是下雨了，过了一会儿雨停了，蜜蜂都飞出来玩了。我感受到春风吹来了，一会儿大一会儿小。 　　幼儿A：这首曲子的节奏很舒服，是比较舒缓的。 	歌声表达	水平五（幼儿A、D） 　　能运用基本准确的音乐和节奏唱歌。 　　具体行为：幼儿用哼唱的方式感受节拍的变化。	在过程中可以看到幼儿对于《春天》《春之圆舞曲》《春》做了充分欣赏，所以在选择的时候，幼儿很有自己的主见。 　　《春天》的旋律、结构比较清晰，对于大班幼儿而言，可以比较顺利地区分段落结构。但是这首乐曲是三拍子的节奏，还是需要幼儿继续熟悉掌握的。
	片段三 （幼儿分组设计图谱） 　　幼儿A：刚刚我们感受下来是，一首三拍子的乐曲，是比较舒缓的。 　　幼儿B：是不是可以画下来？ 　　幼儿A：那大家一起演奏吗？ 　　幼儿B：我觉得一起太	书面表征	水平五（幼儿A、B、C、D） 　　积极运用多种工具、材料以及不同的表现手法，与同伴一起进行计划、宣传、作品理解记录等表征活动。	图谱设计是比较个性化的行为，因此幼儿自由组合进行图谱的设计。在之前的活动中幼儿已经了解到图谱的设计方法：要把乐器符号表示在图谱上，还需要根据乐曲进行简单的节奏型的创编。为小组幼儿提供电子设备。

（续表）

		片段记录	表达领域	行为评价	思考
观察描述		乱了。 　　幼儿 C：那就分开出现，按照这个曲子的感觉来组合，可以一个个，也可以两个一起，或者最后大家一起演奏。	书面表征	具体行为：幼儿设计的节奏图谱与乐曲匹配。	让他们可以听着音乐进行图谱设计，提供纸和笔，让幼儿把设计的动作用图谱的形式记录下来，在排练的时候可以使用。

4. 评价后期——填写反思改进单（以下简称"改进单"）

　　我们创生了"改进单"，表格中的改进措施部分，为教师提供了建议，帮助他们在评价过程中发现幼儿的优点和不足，并据此提出有针对性的改进意见。此外，评估的信息以集体、小组、个别等方式反馈给幼儿与家长，通过多途径了解幼儿在家庭中的表现，更全面地了解幼儿的发展情况，与家长共同商议，探索幼儿发展的有效策略。（见表 5-1-11）

表 5-1-11 《春之序曲》反思改进单

项目名称		春之序曲	班级	大四班
观察对象		幼儿 A：康康；幼儿 B：月月； 幼儿 C：小黄；幼儿 D：小宸	评价改进者	潘老师
指标		评价描述	改进措施	
行为述评	语言表达	★乐于参与讨论问题，能在众人面前表达自己选择、计划、解决问题、评价等相关想法。当提到对于"春"的印象的时候，幼儿都是畅所欲言，并且在之后的很多环节，幼儿也能主动谈论。 　　★能使用连贯、清楚的语言讲述自己对作品的理解。当提到"春之声"时，幼儿会将自己的生活经验与当前作品相连，讲出自己的见解。	这一小组幼儿在叙述"春"的印象、分享收集到的"春之声"以及选择演奏乐曲的时候，要都能明确地进行表述。这对后续确定演奏曲目，并进行分组练习会有很大的帮助。	

（续表）

指标		评价描述	改进措施
行为述评	语言表达	★讲述时能使用常用的形容词、同义词等，能使用表示因果、假设等相对复杂关系的句式，语言较生动。在选择乐曲的时候，幼儿可以生动地表述自己的意见。	
	歌声表达	★能运用基本准确的音高和节奏唱歌。幼儿们能在集体讨论时，自己有节奏地为乐曲打节拍。	鼓励幼儿用拍手、拍打地面等形式演绎乐曲的节奏。
	动作表达	★选用各类道具、材料，尝试根据特定的情境或主题创造出合适的动作。幼儿D在讲述自己找配器的时候，考虑根据"春"这个主题进行演绎。	通过积极的评价反馈，我们可以激发幼儿的思考能力，并鼓励他们主动、创造性地探索和寻找适合的小乐器与材料。这种方法不仅增强了幼儿的个体学习经验，也促进了集体间的合作与探索精神。
	书面表征	★能用图画和符号清晰地表达自己选择的愿望与想法。幼儿在小组内用图谱进行记录和表征。	引导幼儿积极参与，共同准备小组图谱。
个别支持		幼儿A的表达能力比较强，可以清晰地表述自己的一些见解和看法。	但在执行方面，欠缺一定的行动力。正好组内有行动力比较强的幼儿D，可以通过他的带动，协调小组的进度。
家园沟通		★向家长分享幼儿在俱乐部里的状态。 ★邀请家长共同评价。	及时与家长沟通，对于某些配器还是需要家长的支持。倾听家长对幼儿奏乐俱乐部排练的看法，共同商议促进幼儿全面发展的有效措施。
结语		本次活动源于幼儿对于季节更替时环境变化的兴趣。通过俱乐部活动，让幼儿能够充分感受春日的美好，喜爱大自然。 　　在活动中，有两个主旨：一个是"幼儿自主"，另一个是"贴近幼儿的生活"。自主体现在作为分散的活动，俱乐部活动比起集体教学活动更加自由。幼儿是音乐活动的主体，教师弱化了自己"教育"的角色，而是以观察者和引导者的身份，陪伴孩子在音乐中充分感受与体验，才有了后续的、充满自己想法的表达与创造。教师在音乐活动中"放手"，能给予幼儿充分自主学习、探索的机会。 　　这次活动，还有一个关于"自然材料、生活材料"的内容，这些材料来源于幼	

（续表）

指标	评价描述	改进措施
结语	儿的生活，贴近幼儿的经验。不过这些幼儿眼前的材料，平时很容易被忽略。抽象的音乐用幼儿随处可见的材料进行形象化呈现，其实是给予幼儿在音乐领域中完全不同的体验，变得更加的多元、丰富，让幼儿在今后的音乐学习中，更有自己的想法，更愿意表达自己的观点，也更愿意去创造音乐。 　　教师会考虑在区域活动中投放多种小乐器和材料，幼儿可以借助它们进行赏析、设计图谱、排练表演。同时，会组织幼儿投票选出"春之序曲"演奏会中最喜欢的节目，全班一起进行排练，在幼儿园的艺术周或俱乐部展演活动中演出，让幼儿体验集体表演的成就感。	

第二节　建构教师评价素养体系

　　教师评价素养的概念始于 1991 年斯蒂金斯的《评价素养》一文，后来一些国外学者从不同角度进行了界定。这些概念主要围绕教师评价素养的结构，有的是单维表征，如帕泰尔诺、韦布、波帕姆的知识论；有的是二维，如斯蒂金斯、努南和雷尼汉的知识与技能整合论，还有三维度、四维度、五要素等。就当代核心素养导向来看，教师评价素养是指教师评价培育学生核心素养所应具备的心智能力。从宏观结构看，教师评价素养的上位是评价教育，下位是评价实践。作为教师评价素养的本位，我国有研究者从评价发生学角度提出了理解评价、实施评价、解释与运用评价结果、元评价的四维结构。

　　我们认为教师评价素养是指教师在教学评价活动中具备关于评价知识、评价理念及评价技能，体现的是对教师进行评价操作时应具备能力或技能的一种期望要求。它是一种专业智能体现、是一种动态过程，其形成、发展与变化具有时代性，所以我们的评价素养体系要借鉴评价态度、评价知识、评价技能三维度进行。

一、教师评价素养主要内容

（一）评价态度

　　指教师对幼儿发展评价持有的看法以及由此做出行动选择的一种心理倾向，即表明教师对幼儿发展评价相信什么、坚持什么、用怎样的评价理念看待幼儿发展评价。评价态度是教师从事评价活动的导向与动力所在，决定与支配着评价其他方面内容——工作状态与工作质量。评价态度包含对评价目的、评价个体差异、评价结果作用的认识三个方面。

1. 评价目的具有发展性

评价以促进幼儿的发展为根本目的，将评价作为推动幼儿动态成长的手段，而不仅仅是为幼儿贴上标签。教师要相信每个幼儿都有发展的潜力，通过评价发现幼儿的优势和不足，为其提供有针对性的建议和指导，帮助他们不断进步。

2. 评价的过程具有差异性

教师尊重幼儿不同的发展速率，接纳不同幼儿在学习过程中表现出的不同方式和成效。如在评价幼儿的艺术作品时，不能用单一的标准去衡量，要欣赏幼儿的创新和独特之处，鼓励幼儿发挥自己的个性和创造力。例如，即便他在节奏上不合拍，但在动作的表达上充满表现力，同样应给予肯定和鼓励。教师要秉持客观公正的评价态度，合理地对每个孩子做出客观准确的评价，切实发挥评价的积极作用。

3. 评价的结果具有反思性

教师要对自己的评价行为和评价结果进行反思，不断审视自己的评价是否合理、准确，是否达到了预期的效果。根据反思的结果，及时调整自己的评价策略和方法，提高评价的质量。例如，有意识地利用幼儿在戏剧表演中的评价结果，反思自身在活动开展中听取幼儿想法、支持幼儿创意的行为是否真正满足幼儿的需求。

（二）评价知识

指教师掌握并且不断学习与评价相关的理论知识和技术知识，为评价活动的实践操作做好基础性准备。这里包括目标、过程、方法、结果知识。

1. 目标知识

教育评价是根据一定的教育目标和标准，对教育活动及其结果进行价值判断的过程。如教师运用工具表和相关政策文件精神，在已有基础上创造性设定幼儿在知识、技能、情感态度等方面应达到的水平，评价目标具体、准确、落地。研究表明，与新手教师相比，"专家型教师拥有更加良好的评价知识结构"，而且"能更好地将各种可利用的知识组织起来运用到评价和教学中"。

2. 过程知识

按评价功能分为诊断性评价、形成性评价和总结性评价；按评价方法可分为定量评价和定性评价；按评价主体可分为教师评价、幼儿自评与互评、家长评价等。在评价过程中教师要清楚不同类型评价的特点、适用场景和作用。如对迎新音乐会活动中幼儿的音乐表现力评价时，评价过程应注重连续性、过程性，观察一段时间内幼儿音乐表现力的发展状态。同时，评价可邀请幼儿、家长等多主体共同参与。

3. 方法知识

教师能基于评价目标选择适宜的评价方法，熟练使用多种评价方法进行客观评价。一般评价方法有表现性、作品集、观察、访谈等。表现性评价要求幼儿在真实情境中完成特定任务，以展示其知识和技能。如根据一段音乐进行联想创编，在创编过程中，教师观察记录其感受力、表现力、创造力的状况。而作品集评价则通过收集幼儿的作品等资料，全面反映幼儿的学习过程和成长轨迹。

4. 结果知识

根据分析结果，对幼儿的参与度、音乐素养表现度等进行全面、客观的解读，找出幼儿的优势和不足，分析存在问题的原因，进而调整与优化音乐活动环境创设、材料支持、活动内容与安排，从而提升幼儿感受力、表现力与创造力。如音乐万花筒活动中，存在幼儿不积极参与，不愿站在集体面前表演等情况。教师要分析是因为胆小缺乏自信，还是因为不会演唱与舞动等学生自身的困难因素，及时、有效地将评价结果反馈给学生和家长，提供个性化的指导和建议，帮助幼儿制订学习计划，改进学习方法。

（三）评价技能

指教师在课程实施的过程中，运用评价技术，诊断幼儿学习发展状况，并借助评价的反馈功能，调整活动策略，从而实现教与学的共同发展。主要包括：设计和实施的能力、观察记录的能力、分析识别的能力、反思支持的能力。

1. 设计和实施的能力

教师需要具备根据观察指标、观察内容和学生实际情况设计观察任务单的能力。在设计时，要合理确定观察的目的、维度、要素、方法、工具等，并根据任务单实施。

2. 观察记录的能力

教师能记录在真实情境中的状态，记录的方式不单一，能灵活组合。如将文字、照片、录像等结合起来记录幼儿的想法、表现和体验。

3. 分析识别的能力

能结合观察提示工具表，对获取的数据、作品、照片、影像与记录内容进行分析与识别，探究背后原因。

4. 反思支持的能力

根据幼儿自主表达行为与发展状况，对幼儿进行有效回应。经常反思自己的教学行为，优化支持方式。这一过程不仅涉及对幼儿发展的细致分析与响应。还包含对活动内容的深度评估。

综上所述，评价态度是一种内部准备状态，评价态度决定着教师的行为选择，而评价知识和评价技能是教师评价行为的两个外显特征，评价知识水平和技能的高低决定着教师是否能顺利完成预设的评价任务。

二、教师评价素养指标建构

基于上述教师评价素养的主要内容，我们尝试从评价态度、评价知识、评价技能的三个评价维度，细分为 11 项评价内容、51 项指标初步构建起教师评价素养体系，以更好地促进教师专业发展。（见图 5-2-1）

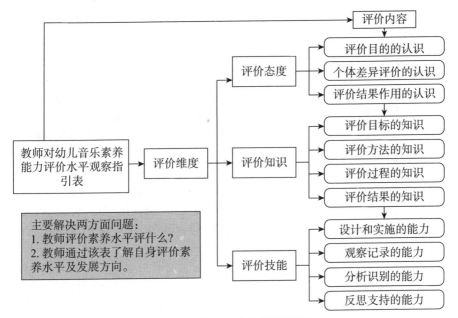

图 5-2-1 教师评价素养指标结构

（一）总体评价

根据指标机构，我们研制了指标体系，对 11 项评价内容按三个水平做了详细描述。（见表 5-2-1）

表 5-2-1 教师评价素养指标体系

评价维度	评价内容	水平 1	水平 3	水平 5
评价态度	评价目的的认识。	•不了解活动中幼儿感受力、表现力、创造力需要评价。	•开始意识到活动中幼儿感受力、表现力、创造力需要评价。	•认识到活动中开展幼儿感受力、表现力、创造力评价的必要性。
	个体差异评价的认识。	•评价一刀切，没有意识到每个孩子的发展有差异。	•开始意识到幼儿发展的差异性，愿意进行个别化评价。	•尊重每个幼儿的发展速率，乐意对需要特殊帮助的幼儿给予鼓励，帮助其建立自信。
	评价结果作用的认识。	•不重视评价结果的作用。	•知道自己的评价结果会影响后续活动的开展。	•有意识地运用评价结果反思自身的教学行为。
评价知识	评价目标的知识。	•评价目标模糊，宽泛，不便于检测。	•尝试根据观察提示工具表进行目标制订，评价目标清晰。	•熟练运用工具表及指南文件，在已有基础上创造性制订评价目标，评价目标具体、准确、落地。
	评价方法的知识。	•能使用一定的、单一的评价方法进行评价。	•基于评价目标选择多样评价方法，但缺少评价方法的综合运用。	•基于评价目标选择适宜的评价方法，熟练使用多种评价方法进行客观评价。
	评价过程的知识。	•注重结果性评价，不重视过程性评价。 •多主体参与评价意识缺失。	•愿意开展过程性评价，评价基于活动的真实过程。 •有意识地尝试教师、幼儿、家长等多主体评价。	•注重过程性及持续性评价。 •注重教师、幼儿、家长等多主体评价，评价客观、公正。

（续表）

评价维度	评价内容	水平1	水平3	水平5
评价知识	评价结果的知识。	•不会运用评价信息。 •不知道如何运用评价结果。	•初步学会运用评价信息。 •开始知道要运用评价结果为幼儿自主表达服务。	•对获取的评价信息进行阶段性的梳理与总结。 •能对评价结果合理分析与运用，调整与优化活动环境创设、材料支持、活动内容与安排，从而推提升幼儿感受力、表现力、创造力。
评价技能	设计和实施的能力。	•不知道需要设计评价单。 •不会根据观察提示表进行评价设计。	•有意识设计评价单，且评价目标、评价方法有一定关联。 •在实施过程中对评价任务的适宜性有思考。	•能根据观察提示表进行评价设计，目标准确，观察要点清晰，方法适宜。 •实施时根据现场分析与调整设计单。
	观察记录的能力。	•观察缺乏方法，手段单一，较多的只是在一旁看。 •记录内容广而杂，与幼儿感受力、表现力、创造力行为关联度不高。	•有意识地观察幼儿的自主表达行为，观察方法有比较多样，包括视频、照片等。 •能够借助视频、照片、幼儿的讲述等有目的地进行片段记录。	•运用多种方法开展观察，并能进行连续性观察。 •能根据观察提示表，结合照片、视频、幼儿讲述或表征等进行复盘记录，记录内容丰富、公正、客观。
	分析识别的能力。	•不会结合观察提示表进行分析。 •根据自己的主观臆断随意给幼儿贴标签。	•主动借助观察提示表、指南文件等进行分析。 •对幼儿的行为分析仍较主观。	•熟练运用观察提示表、指南文件进行分析。 •能有依据、客观分析幼儿的感受力、表现力、创造力。

（续表）

评价维度	评价内容	水平1	水平3	水平5
评价技能	反思支持的能力。	• 缺乏回应幼儿的意识。 • 反思自身教学支持的意识薄弱。	• 能根据幼儿的自主表达行为与发展状况，对幼儿进行简单回应。 • 会反思自身教学行为，但缺少后续的调整与支持。	• 根据幼儿自主表达行为与发展状况，进行有效回应。 • 经常反思自己的教学行为，并提出支持方式。

（二）具体评价：以活动中教师对幼儿表现表达能力的自评与他评为例

1. 自评与他评表

通过自评与他评的结合，让教师自省在评价素养方面的优势与不足，对不足进行完善与优化。可以结合具体的评价案例，对自己的评价态度、目标知识、方法知识、过程知识和结果知识等方面进行具体的分析和反思。同时，使教师了解评价素养的发展状态，对于提出的建议或意见及时思考如何在今后的评价工作中改进。（见表5-2-2）

表5-2-2　教师评价素养自评与他评表

活动名称	森林狂想曲	活动领域	奏乐活动					
评价教师	闵老师	评价方式	自评			他评		
评价领域	评价内容		评价结果			评价结果		
		水平1	水平3	水平5	水平1	水平3	水平5
评价态度	对幼儿自主表达能力评价目的重要性的认识。		√			√	
	对个别幼儿进行个别化评价的认识。		√				√
	基于评价结果反思自身教育行为的意识。		√			√	

（续表）

评价领域	评价内容	评价结果			评价结果		
		水平1	水平3	水平5	水平1	水平3	水平5
评价知识	评价目标的知识：运用工具表以及指南文件的能力。		√			√	
	评价方法的知识：基于评价目标选择适宜的方法进行评价。		√			√	
	评价过程的知识：注重持续性评价和多元参与以保证客观公正评价。		√				√
	评价结果的知识：梳理得失并提出调整策略。		√			√	
评价技能	制订和实施评价计划，并能灵活调整。		√				√
	运用评价方法收集有效的评价信息。		√			√	
	运用各类工具表进行有效分析。		√			√	
	通过评价幼儿自主表达行为与发展状况，对幼儿进行有效回应。		√			√	
	反思自身评价行为，并提出后续提升方式。		√				√

（续表）

评价领域	评价内容	评价结果			评价结果		
		水平1	水平3	水平5	水平1	水平3	水平5
自评分析跟进	在评价态度方面，我从不了解评价目的、个体发展差异性以及评价结果的影响，转变为意识到评价必要性，愿意进行个别化评价，知道评价结果对后续活动开展的影响。 　　在评价知识方面，我从目标制订过于模糊宽泛、评价方法单一、忽略过程性和多主体评价、较少运用评价信息，转变为根据观察提示工具表进行目标制订，基于评价目标选择多样评价方法，但缺少评价方法的综合运用，基于活动的真实过程开展评价，初步尝试加入多主体评价，初步学会运用评价信息。 　　在评价技能方面，我从不会评价设计、观察缺乏方法、分析较主观、缺少回应幼儿、反思意识弱，转变为利用设计评价单，有意识地关联评价目标和方法，有意识地观察幼儿的自主表达行为。借助观察提示工具表、指南文件等进行分析，尽可能减少主观的评价。虽然能够反思教学行为，但仍缺少相应的调整和支持，以及对幼儿的有效回应。						
他评分析跟进	从闵老师自我评价来看，教师的评价态度、知识、技能都属于水平3，说明教师的评价素养水平正在由低位向高位迈进，且能进行持续性的观察评价。但教师的观测方法还有待深入，更多的是要从整体到个别或者小组，在跟踪某一个幼儿或者部分幼儿时才能观测到幼儿更多的细节表现，对每个幼儿来说能够更具针对性。后续可以采用一些信息技术手段，比如高清摄像每一次的活动，并且采取复盘行动。在观察之后通过信息化手段进行视频、数据等回顾。后续还可以通过一些教研活动，让大家共同观测幼儿的行为表现，在互相思考和调整的过程中积累更多丰富的案例，增强评价的科学性。						

评价时间：2024-04-30

2. 反思改进单

反思改进单是评价后期对评价前期、中期相关记录、分析的思考作后续改进支持的表单，它起到前期回溯、后期优化的承前启后的作用。

改进单的建立，对幼儿而言，体现了评价是动态性、发展性的评价，是推进幼儿更好成长的重要支架。对教师而言，是教师对自我行为的反思与优化的渠道，是理解尊重幼儿并支持其有意义学习的窗口，是提高教师自身专业素养的阵地。

因反思改进单在第一节实施过程中已有陈述，故这里就不详细介绍了。

第三节　以多元评价促进动态成长

我们坚持以多元评价促进幼儿的动态成长。其中，"多元"指的是多样化建构与多主体参与，"动态"指的是分层次动态推进的闭环流程、方法、视角以及保障。

一、"多元评价"：多样化建构与多主体参与

我们重点聚焦活动中幼儿感受力、表现力、创造力的实践，围绕"为何评""评什么""怎么评"这三个关键问题，通过对教师评价的意识、知识、技能的问题排摸、观念转变、行为优化的研究来提升幼儿教师评价素养，最终促进幼儿的全面发展。让教师真正发现与满足幼儿的发展需求，让评价促进每一个幼儿的发展，成为提高活动质量的必要手段。

（一）"多样化"的观察述评，关注幼儿个体差异和完整发展

活动中，教师有目的、有计划地开展幼儿感受力、表现力、创造力的观察与记录，选择运用适宜的观察方法，通过对素材的整理归类和简要分析来了解幼儿。特别是个体幼儿的能力发展，对其做出客观、准确的评价，梳理提炼出有针对性的改进措施，从而进一步支持幼儿的个性发展需求。同时，我们强调行为观察和素材整理的连续性，因此评价结果对幼儿发展也能保证其完整性。

（二）"多主体"的合作协同，保障幼儿园评价改进的客观公正

我们明确，评价的主体除了教师还有幼儿和家长。要倾听幼儿的想法，完善教师的评价的正确性；加强与家长的沟通，既让家长获得幼儿在园发展的相关信息，也让教师了解幼儿在家的表现，构建平等互信、合作互动的协同关系。通过多元联结方式助推幼儿园在实施评价改进和决策制订过程中站在更加客观的立场上来调整幼儿园活动的组织与实施，从而推动幼儿园和幼儿的良好发展。

教师评价素养提升的研究，不仅提升了教师的专业能力，发挥了家园多元互动的功能，更因为在评价中关注到每一个幼儿的发展，从而成就了每一位幼儿朝着最适合自己的方向不断成长。

二、"动态成长"：闭环流程、方法、视角与保障

在上述"多样化"的观察述评和"多主体"的合作协同的保驾护航下，评价系列表成了推动教师端正评价态度、掌握评价知识、巧用评价方法、活化评价结

果的有效工具,在提升自身评价素养的同时促进每一个幼儿的动态成长。

(一)"闭环"评价流程,提升教师评价素养的全面性、科学性

我们借助"闭环思维"模式践行闭环评价流程,将评价系列表与四个阶段进行对接,从计划制订到观察实施,从自评他评到反思优化形成一个闭环递进的状态。需要说明的是,这四个阶段并不是运行一次就结束,而是周而复始地循环进行,连绵不断地推进幼儿的感受力、表现力、创造力。(见图5-3-1)

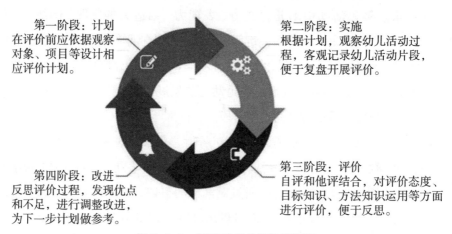

第一阶段:计划
在评价前应依据观察对象、项目等设计相应评价计划。

第二阶段:实施
根据计划,观察幼儿活动过程,客观记录幼儿活动片段,便于复盘开展评价。

第三阶段:评价
自评和他评结合,对评价态度、目标知识、方法知识运用等方面进行评价,便于反思。

第四阶段:改进
反思评价过程,发现优点和不足,进行调整改进,为下一步计划做参考。

图5-3-1 "闭环"实施评价流程图

(二)巧用评价方法,提升教师评价素养的连续性、个体性

1. 运用扫描观察法——扩大观察视角

为保证活动中幼儿的行为表现都能被观察和记录,教师需扩大观察视角。我们主要采用的是扫描观察法,其中包括定机位广角记录游戏现场和教师手持扫描观察记录相结合的方法。力求做到记录活动中每一位幼儿的行为表现,能在复盘中认知个体的发展水平。

与观察密不可分的就是记录,教师使用记录的方式也是随着观察内容的变化而变化。一般会有视频、录音、文字、幼儿的记录等方式,每种方式都有其不同的优势,能让教师在回顾的过程中最大限度地还原幼儿的语言和行为,以作为评价的依据。

2. 运用定点观察法——兼顾群体个体

对于幼儿群体,教师采用定点观察的方法同时记录同一区域中多名幼儿的活动情况,从他们的语言、动作和各种行为表现上进行评价。这种观察记录的

方式，可以让教师通过对区域中多名幼儿的评价后进行比对，横向了解幼儿间的发展差异，以便提供个性化的支持，促进幼儿个体的成长。（见图 5-3-2）

观察不同幼儿的书面表征　　观察不同幼儿的动作表现　　观察不同幼儿的语言表达

图 5-3-2　定点观察的应用

3. 运用追踪观察法——纵向连续评价

在全面观察的基础上，教师还要有持续观察的意识，对个别幼儿追踪观察。对该幼儿在各个区域的活动行为表现进行评价，就各区域中出现的评价结果进行横向对比，可以看出该幼儿各方面能力的发展速率是否均衡，以便在后续活动中有侧重地进行支持和培养，对幼儿的均衡发展起到良好的促进作用。（见表 5-3-1）

表 5-3-1　连续性追踪与评价案例

时间	观察记录	教师评价	幼儿自评
2023-05-04	师："美美，你想当仙女吗？可以在演出的时候穿上美美的裙子跳舞。" 美美点了点头回答说："嗯。"说完就害羞地低下了头。	水平 1 虽然美美的回答很简短，但是美美愿意用语言表达自己的需要和想法。	
2023-05-11	师："经过一周自主学习和排练，你们的舞蹈跳得怎么样了呀？" 幼儿 1："我学了动作，但是还不能跟上音乐。" 幼儿 2："有几个动作还不会。"仙女们你一言我一语地讨论着。 美美睁大她的眼睛，轻轻地回答了老师的问题："我会了，	水平 3 愿意与他人交谈，能较完整地讲述自己对作品的理解。	

（续表）

时间	观察记录	教师评价	幼儿自评
2023-05-11	我也会跟音乐跳，这里要正好卡点才好看。"		
2023-05-25	距离六一儿童剧展演只剩最后一周，小演员们进行集体排练，在仙女们候场的时候，美美主动对同伴们说："等下旁白会说消息上传到了天庭，这时候我们就要准备登台了，一定要排好队形不能乱，走的时候要抬着头走。"	水平5 　　乐于参与讨论问题，能在众人面前表达自己选择、计划、解决问题、评价等观点与想法。	

从以上案例中可以看出，通过捕捉该幼儿的典型行为开展评价，综合不同时期教师对他的评价，结合各个量表中的指标，形成该名幼儿的成长图表，能更加直观和清晰地看到幼儿的发展，也能优化教师对该幼儿的支持。

除了对幼儿的连续观察，教师还可以对同一区域在一段时间中进行持续的追踪观察和记录，对比初始和现状，结合活动内容的发展进程，分析幼儿的各方面能力对活动进程所产生的作用。这样的方法可以从侧面评价幼儿的发展和成长。

对幼儿的持续观察可以看出幼儿的纵向发展，对区域的持续观察则可以看到活动内容的纵向发展，从而映射到幼儿的发展上。这样，评价工作会更加全面、系统和准确。

（三）扩展评价视角，提升教师评价素养的主体多元性、反思性

1. 共享评价素材，看到更多面的幼儿

教师想要看得更多、更广，这就离不开教师之间的分工与合作，将各自观察到的幼儿行为表现与发展状态进行交流，形成对幼儿更完整的分析与了解。

以下是两位搭班教师在开展活动之后进行分析、梳理的对话。

教师1：今天球球在排练活动中好像并没有表达出什么想法，就一直听从阿旭的指令走队形。

教师2：但我刚刚看到球球进入了道具组，提醒道具组的欣欣说要做一颗红

五星。而且说清楚了，等一下红军要把红五星摘下来送给冬子。

教师1：看来他很清楚地知道自己需要什么道具，也能够向同伴表达自己的想法。但对表演时要做的一些动作较为听从同伴，肢体的表现欲望比较弱。

教师2：球球确实在肢体动作方面不太愿意表现，但他在运动方面真的很强大，最喜欢的就是后空翻。

教师1：我们是不是也能鼓励球球将一些有力的动作展现在这次的"红星闪闪"活动中，或许能激发球球肢体表现的欲望。

活动后，两位搭班教师将收集到的评价证据进行整合，以保证评价的全面性。教师对幼儿在不同活动中的状态进行分析，互相沟通交流，评价信息的互通能让教师避免对幼儿发展状况片面地了解。

2. 童言童语童画，让幼儿参与评价

随着多元主体参与评价，让幼儿参与评价成为备受关注的话题，主要集中在幼儿参与评价的意义方面。如大班幼儿参与评价后在表达能力、表征能力上均有所提升，幼儿参与评价无疑能够激发自我意识和主动学习的能力。这时教师要做的就是引导幼儿参与评价，如当同伴使用直观形象的图画符号时，幼儿能否理解同伴所表达的意思，通过猜测、观察、比较、讨论、分析、同伴他评等方式，帮助幼儿加深自我认识。

案例：演乐俱乐部——动作设计我能行

（《红星闪闪》中小红军设计出场动作）

幼儿A："枪都做好了，我来背着试试看。"

幼儿B："很像红军了，红军是跟着潘爸爸一起出场的。"

幼儿C在边上一边踏正步，一边说："这样的动作是不是很像红军？"

幼儿B："很帅气，我们一起来试试看。"

这时大家踏步时很不整齐，而且挤在一起。

幼儿A："你们挤在一起干吗？红军都是有队形的。"

幼儿B："你跟我的脚怎么是相反的？我们找个纸画下来吧。"

幼儿B："我们一开始是踏步进场，记得左右分开一点，不要太近了。"B画下火柴人，并且在边上画上了箭头，表示踏步，又在人物两边画上了分开的箭头。

图 5-3-3 动作设计

幼儿 B：“还有我们跳舞时做的一个动作，很像红军冲锋的动作。”于是 C 开始哼唱起了红星闪闪：“红星闪闪放光彩，红星灿灿暖胸怀……”一边哼唱一边做出了冲锋动作。

幼儿 A：“这个动作我也很喜欢。”

幼儿 C：“我们还可以拿着枪做一些动作。”C 一边做着，一边扛起枪，做了瞄准和扶枪动作。

幼儿 C：“这个动作很不错。”

图 5-3-4 动作演示

在这个过程中，教师给予了很大的空间让幼儿们能自主地表达。我们惊奇地发现，幼儿们通过这样直观的记录，也能够被同伴认同。整个过程中，幼儿作为评价主体一边评价一边活动，幼儿的自我表达能力正在不断发展。

3. 家长走进评价，见证幼儿成长

家长作为最熟悉、了解幼儿的人，对幼儿特质的认识将影响其发展。在评价中，多元主体参与的做法有助于家长和教师从多个角度达成对幼儿的认识，共同建立起对幼儿发展差异的理解。在家长共同参与评价的过程中，要注重让评价过程具有可操作性。

首先，家长与教师共同制订评价内容。每学期，家长在制订评价计划时根据幼儿的感受力、表现力、创造力现状和活动目标与教师共同制订评价内容。（见表 5-3-2）

表 5-3-2　家园共育个性化评价计划表

幼儿姓名	豌豆	角色	黑狗子	评价时间	2024-04-25—2024-05-20
语言表达	语音清晰度	（　）语音表达非常清晰 （　）语音表达一般 （　）语音表达模糊		（　）语音表达清晰 （　）语音表达稍显模糊	
	音量控制	（　）音量适中，传达力强 （　）音量偏小，需加强 （　）音量控制不当		（　）音量足够，但缺乏变化 （　）音量过大，影响听感	
	台词准确性	（　）台词表达精准 （　）台词表达有多处错误	（　）台词基本准确，偶有小错 （　）台词表达错误较多		
	语言表达流畅度	（　）台词表达流畅，无停顿 （　）台词表达不够流畅，常有停顿 （　）台词表达困难，停顿较多		（　）台词基本流畅，偶有停顿	
	情感表达	（　）情感表达丰富，与角色相符 （　）情感表达略显生硬		（　）情感表达基本到位 （　）情感表达不足	
	台词创造性	（　）台词处理有独特见解，创造性地表达角色情感 （　）台词处理基本符合角色，偶有创新 （　）台词处理过于平淡，缺乏创新性			
动作表达	动作协调性	（　）动作协调，流畅自然 （　）动作不够协调，需加强练习		（　）动作基本协调，但稍显生硬	
	动作表现力	（　）动作表现力强，能很好地展现角色特点（如黑狗子的狡猾、凶狠等） （　）动作表现力基本到位，较好地展现角色特点 （　）动作表现力略显不足，缺乏角色特点的表现			

（续表）

幼儿姓名	豌豆	角色	黑狗子	评价时间	2024-04-25—2024-05-20
动作表达	动作创造性	（　）动作设计独特，富有创意，为角色增色不少 （　）在动作上有所创新，体现了幼儿独立的思考 （　）动作遵循剧本要求，但缺乏创造性 （　）动作略显保守，缺乏创新和想象力			
思考与支持					

其次，家长全程参与评价过程，在俱乐部活动过程中，有很多需要在家和幼儿共同完成的内容，如演乐俱乐部中的熟悉台词、舞乐俱乐部设计舞蹈动作等。家长在此过程中记录下幼儿的感受力、表现力、创造力情况。当然，教师要随时帮助家长解决评价过程中遇到的问题。

最后，定期交流后续支持措施。以家长为主的评价更多呈现幼儿在家庭中的行为，沟通就显得尤为重要。在评价活动后，定期通过不同形式跟家长取得沟通，双方合力共同实施和推进。同时，根据实际情况制订下一步的跟进策略。

（四）搭建保障机制，助推教师评价素养的园本落实

我们推行了评价素养"四步走"保障机制，在"循环往复、循序渐进"中不断推动教师评价素养相关工作。

1. 系统式解读

每周在教研组内开展评价内容解读系列活动，帮助教师真正认识到幼儿成长的差异性，并采用全面共读、块面解读和点面导读三种形式让教师更明确量表的内容和运用方法。具体而言，"全面共读"指的是全体教师共读教师评价表，明确每份表指向的内容，了解实践用表和参考用表的不同功能和不同的使用环境。"块面解读"指的是在分块面解读的过程中，采用数字化解析、圈画关键词和理解递进的方法。同时，通过横向和纵向联合共读，圈出关键词进行对比，发现细微的措辞变化中蕴含着对幼儿发展的科学评价。"点面导读"指的是针对个别教师的个别化导读，在量表推行的过程中，为教师提供实操建议。

2. 沙龙式交流

开展每月一次的评价交流会，这是教师根据需要参与的关于幼儿发展交流

讨论。教师可以说说自己在评价中的那些故事，通过不同评价主体的视角，共同审视分析评价。同时，通过自我反思和调整，实现"自我评价"。通过对现状进行优化调整，形成新的评价行动力，推进新的评价。

3. 靶向式教研

每月两次举行现场直击、故事讲述、头脑风暴多样态的靶向式教研，推进"指引表"的研究。以视频与照片，聚焦某一问题具体分析，在反复观看中分析幼儿产生某些行为的原因，能更好地进行记录和复盘，能更好地观察和识别幼儿的深度学习和遇到的问题，进而给予支持。以信息化为载体聚焦幼儿感受力、表现力、创造力发展，提升教师的评价素养。每次围绕"为什么评、评什么、如何评"三要素开展分析，共生新方法，共长新技能。

4. 共通式评价

在评价过程中，注重家长与教师不断沟通、互证。在实践中通过不断检验幼儿的感受力、表现力、创造力，逐步形成了评价的共同体。通过家长、教师和幼儿共同参与开展更加有效的评价活动，促使参与评价的各主体之间有共同的价值认同、评价方式等，三者共同协作、互相沟通、共同体验。

在多元评价促进动态成长的过程中，我们以六张量表的设计为推动音乐素养评价的切入口，在教师明晰评价任务和方法的前提下，形成以计划、实施、评价和反思为闭环的实施流程。机制的保障和多种策略实施，促进教师端正评价态度、掌握评价知识、巧用评价方法、活化评价结果、在提升自身评价素养的同时促进每一位幼儿的全面发展。

第六章　教师音乐素养培养：PCK 专业素养的优化提升

　　PCK 是 Pedagogical Content Knowledge（领域教学知识）的简称，是舒尔曼教授在 1986 年的美国教育研究协会上提出的。他认为："领域教学知识是内容和教学的融合，理解如何把某一个特定的课题、问题或议题进行组织、表征并适应具有多样兴趣和不同能力的学习者，对其进行指导。"领域教学知识具体指关于教学内容的知识、关于幼儿的知识、关于教学方法三者之间相互交融的知识。舒尔曼的这个界定在学界被普遍认同。Hawseh（2005）强调教师领域教学知识具有情境性，每一个情境都是具体的，应根据不同内容来界定相应的领域教学知识，选择某一具体学科描述和测量教师的领域教学知识。由于幼儿教育的特殊性，幼儿园课程是分领域的，在幼儿园中没有"学科"，只有"领域"。尽管存在命名上的分歧，但是作为教师特有的专业知识，领域教学知识就是包括幼儿教师在内的不同教育阶段教师专业发展所必备的知识。

　　近几年，我们越来越重视幼儿教师领域教学知识的发展，领域教学知识的概念和结构不断地完善和调整。按照《3—6 岁儿童学习发展与指南》的内容，有"健康""语言""社会""科学""艺术"五个领域，领域教学知识的学习逐步向特定的学科发展。从以往的研究来看，有关学前阶段的领域教学知识研究主要集中在科学领域，而学前阶段教师音乐领域教学知识的研究相对较少。再者相较于数学、语言等领域，音乐领域的领域教学知识缺少容易观察表征和评价的方法，也导致了幼儿园音乐领域教学知识研究难以开展。

　　同时，教师领域教学知识研究侧重于诊断和评估，幼儿园的实践探索较少。教师领域教学知识的实证研究会反哺理论建构和发展，所以现有相关研究较多地关注教师领域教学知识水平的诊断和评估上。较多的研究者通过发展测量工具或测量方法，来诊断教师的领域教学知识水平，对他们的专业能力发展进行评估，而较少关注幼儿园阶段领域教学知识的优化提升。

因此，我园在开展幼儿音乐素养培育探索与实践过程中，关注并开展了教师音乐领域教学知识的优化提升研究，通过拟定教师音乐领域教学知识的表现行为描述，了解幼儿教师的不同需求，对处于不同阶段的教师进行科学分层、分类。我园基于教育现场、基于幼儿的真实情境，在音乐活动实践中，提高教师察觉音乐素材教育内涵的能力，提高教师对于幼儿个体差异和学习困难的理解能力，并且能在活动中尊重幼儿的独特感受与见解，不断增进幼儿教师音乐领域教学知识的水平。

第一节　教师音乐领域教学知识的表现行为描述

当前我国幼儿园课程改革提倡整合式课程，要求教师具备领域融合和有机渗透的课程实践能力，而这种能力的基础是教师对各个领域关键经验和核心要素的充分理解和储备。根据《3—6 岁儿童学习发展与指南》，包含"健康""语言""社会""科学""艺术"五个领域描述幼儿的学习与发展。而"艺术"包含"音乐"与"美术"，音乐活动又分为歌唱、韵律、节奏乐和欣赏四个块面。所以音乐也可以被称为"音乐领域"。

我们将 PCK 专业知识理解为：在音乐教育环境中，教师结合幼儿的既有音乐认知和实践经验，运用恰当的教学策略，将音乐教育的核心内容转化为幼儿能够亲身感知、体验、表达乃至创造音乐的知识，具体包括"关于教学内容的知识""关于幼儿的知识"以及"关于教学方法的知识"三个部分。

一、幼儿教师音乐领域教学知识的结构

结合 Shulman 提出的领域教学知识的概念及其内涵，我们根据《3—6 岁儿童学习与发展指南》中对艺术领域活动的教育建议和《幼儿园教育指导纲要》等文件，分析了幼儿与教师音乐领域教学知识的结构。"What"就是音乐关于教学内容的知识，即幼儿音乐学习核心经验；"Who"的主体就是幼儿，即幼儿音乐学习的特点与规律；"How"就是教师音乐教学策略与方法。研究过程中，我们梳理、搭建了幼儿教师音乐领域教学知识的结构，结果如下图所示：（见图 6-1-1）

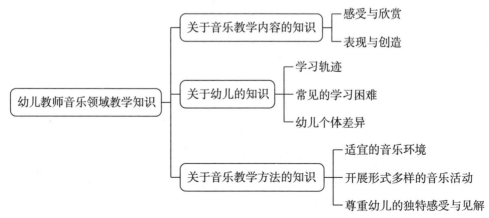

图 6-1-1 幼儿教师音乐领域教学知识的结构

（一）关于音乐教学内容的知识

"What"就是关于音乐教学内容的知识，也就是指幼儿音乐学习核心经验。"核心经验"是指对幼儿掌握和理解某一学科领域的一些至关重要的知识、概念、技能、能力和学习品质等。"幼儿音乐学习核心经验"指的是幼儿需要掌握的音乐审美与表现的能力。在《3—6岁儿童学习与发展指南》中有五个领域描述幼儿的学习与发展，艺术领域划分为"感受与欣赏""表现与创造"两个方面，包含了四个目标。其中"感受与欣赏"的目标是"喜欢自然界与生活中美的事物""喜欢欣赏多种多样的艺术形式与作品"；"表现与创造"的目标是"喜欢进行艺术活动并大胆表现""具有初步的艺术表现与创造能力"。

（二）关于幼儿的知识

幼儿的知识也就是"Who"的问题，也就是教谁。高质量的教学离不开教师对幼儿的理解，教师对幼儿了解得越多，在教学中就能越好地帮助幼儿。《3—6岁儿童学习与发展指南》对3—4、4—5、5—6这三个年龄阶段提出具体的艺术领域目标和教育建议，指明了幼儿学习与发展的具体方向以及促进幼儿学习与发展的教育途径与方法。从领域教学知识的角度来看，教师需要掌握的关于幼儿的知识包含：幼儿的学习轨迹、幼儿在学习新概念时容易出错的地方以及对幼儿个体差异的理解。但是在艺术领域是没有错与对的，因此幼儿学习中常见错误概念则表现为一种学习困难，也就是教学过程中的难点。教师有必要在平时的教学中进行总结梳理，预先判断和了解幼儿容易发生的学习困难。而对于幼儿个体差异的理解则体现在教师对幼儿进行观察和倾听，并根据幼儿的需要调整教学任务；教师能注意不同幼儿之间的能力差异和发展水平差异，能针对个别幼儿做出任务调整。

（三）关于音乐教学方法的知识

关于音乐教学方法的知识就是"How"，怎么教。在领域教学知识的理论背景下，"怎么教"是由"教什么"和"教谁"决定的。对不同的领域，教师采用的教学方式可能是不一样的。幼儿园的音乐活动按照课程类型分为：共同性课程和选择性课程，共同性课程参与形式可分为个别化和集体化音乐教学活动。在本园选择性课程包括了音乐俱乐部、音乐魔法时、音乐加油站和音乐万花筒这四种类型的活动。教师要根据不同形式的活动选择音乐、投放材料、运用不同的教学策略进行指导。

我们梳理了音乐领域教学知识中教学方法知识，主要包括以下三个方面：一是提供适宜的音乐环境；二是开展形式多样的音乐活动；三是尊重幼儿的独特感受与见解。

二、制订"东方江韵幼儿园教师音乐领域教学知识表现行为描述"

教师在音乐领域教学知识的表现是连续的，既有共性的特点，也有个性的特征。每位教师在音乐领域教学知识的三个维度上的发展还不均衡，为此本研究根据音乐领域教学知识的结构特点制订了"东方江韵幼儿园教师音乐领域教学知识表现行为描述"以便于教师进行自评和他评。当教师在某一阶段比较稳定时，也可以运用后一阶段的表现行为作为继续努力的目标。（见下表）

表 6-1-1　东方江韵幼儿园教师音乐领域教学知识表现行为描述 A（关于音乐教学内容的知识）

领域水平	水平 1	水平 3	水平 5
有一定鉴赏分析音乐的能力。	• 演奏时节奏不稳定。演唱歌曲有困难，基本的音高和音准把握不准。 • 对于音乐常识不了解，缺乏相关的音乐理论知识。	• 能进行简单的演奏、舞蹈表演、歌曲演唱等，有一定的美感。 • 具备一定的音乐常识，如能够识谱和视唱，并能将其应用于日常的音乐教学中。	• 能进行乐器演奏，具备较高的演唱、舞蹈等表演技能，能给幼儿带来高质量的音乐欣赏。 • 具备扎实的音乐理论知识，能将其转化为多种形式的音乐活动，并加以创新使用。

（续表）

领域水平	水平1	水平3	水平5
有一定鉴赏分析音乐的能力。	·感受音乐的主题旋律有困难。 ·辨识音乐的曲式结构和分析作品特点有困难。	·能准确感受音乐的主题旋律。 ·尝试从音乐要素（力度、速度、节奏、音高、旋律）角度分析作品的音乐形象与音乐情绪。	·能欣赏音乐的主题旋律，了解作品的音乐内涵。 ·能从音乐要素（力度、速度、节奏、音高、旋律）角度细致分析作品创作手法、音乐形象、音乐情绪等。
能较敏锐地察觉音乐作品内涵的教育价值。 能明确活动所指向的音乐核心经验。	·分析音乐作品进行教学的时候不能有效地迁移和运用音乐内容知识。 ·对音乐内容知识的理解和定位模糊。	·能分析音乐素材内容，并转化为教学内容知识。 ·尝试分析音乐素材中的情感、审美、社会性等价值，较明确活动所指向和包含的音乐核心经验。	·准确分析音乐素材内容，能在实践教学过程中转化为易于学生理解的知识。 ·准确把握音乐素材的社会性、情感、审美等价值，并与主题核心经验建立联系。

表6-1-2 东方江韵幼儿园教师音乐领域教学知识表现行为描述B（关于幼儿的知识）

领域水平	水平1	水平3	水平5
能准确地把握3—6岁幼儿音乐学习的特点与规律。	·不太了解3—6岁幼儿欣赏与感受、表现与表达的音乐学习特点与规律。	·知道3—6岁幼儿欣赏与感受、表现与表达音乐的学习特点与规律。	·准确把握3—6岁幼儿欣赏与感受、表现与表达音乐的学习特点与规律。
根据幼儿的个体差异，能较准确分析、判断幼儿对所感受音乐作品的理解程度，并根据幼儿的最近发展区设计活动。	·较少关注幼儿的已有经验、学习状况。 ·在教学设计的过程中缺乏对个别幼儿的反馈和有效指导。 ·较少预判幼儿可能出现的问题并进行指导。	·在活动过程中对幼儿学习困难的行为有所发现，并能察觉幼儿间的个体差异。 ·尝试分析、判断幼儿核心经验的发展水平差异，并根据孩子的最近发展区设计活动。	·能够预判幼儿在理解所学经验的时候会产生的困难。 ·及时调整活动目标或者方案，能适当地给幼儿具体帮助，能针对个别差异进行指导。

表 6-1-3　东方江韵幼儿园教师音乐领域教学知识表现行为描述 C（关于音乐教学方法的知识）

领域水平	水平 1	水平 3	水平 5
会提供适宜的音乐环境，给予幼儿感受与欣赏、表现与表达音乐的机会和条件。	• 音乐氛围与环境创设缺乏美感，无法给予幼儿良好的音乐环境。 • 忽视了生活中的音乐元素和大自然蕴藏着的教育契机。 • 想给予幼儿表现表达的机会，但无从下手。	• 结合节日、节气、仪式等创造艺术表现与享受的机会，在一日作息安排中渗透艺术。 • 经常让幼儿接触各种形式的音乐作品，丰富幼儿对音乐的感受和体验。 • 提供适宜的感受和欣赏、表现与表达的音乐素材。	• 创造属于班级的艺术时刻和艺术仪式。 • 与幼儿共同选择、商议适宜的感受和欣赏、表现与表达的音乐素材。 • 尊重幼儿，随时随地与幼儿自然地交流艺术感受和体验，并给予积极回应和鼓励。
会采用多种方式支持幼儿感受与体验音乐，关注幼儿的联想和想象，理解他们的行为。	• 较难引导幼儿倾听和分辨各种声响，引导幼儿用自己的方式来表达对音色、强弱、快慢的感受。 • 实施过程中较为高控，比较多的是关注活动目标的达成而非幼儿的表现。 • 忽视幼儿的感受、表达、创造，幼儿的参与度很难保证。	• 引导幼儿倾听和分辨各种声响，支持幼儿运用不同形式来表达对音色、强弱、快慢的感受。 • 在实施过程中尝试多种以过程体验为主的活动模式。 • 能努力调动和保持幼儿参与活动的积极性，支持幼儿自主选择。	• 支持幼儿倾听和分辨各种声响，欣赏幼儿运用多种形式来表达对音乐情绪情感、音乐形象的感受。 • 在实施过程中灵活并有创造性地使用多种以过程体验为主的活动模式。 • 有效调动和保持幼儿参与活动的积极性、主动性，赏识幼儿自主选择的行为。
尊重幼儿的独特感受和见解，营造宽松的心理环境，鼓励幼儿表达与表现自己的审美体验。	• 对幼儿的哼哼唱唱、模仿表演等自发的艺术活动表示肯定，局限于用"好""很棒"等评价。	• 尝试倾听幼儿艺术表现的想法或感受，能用具体的、有针对性的标准进行评价，赞赏他们的独特表现。	• 与幼儿共同确定艺术表达的主题，引导幼儿围绕主题展开想象，进行艺术表现，能够与幼儿共同评价他们的创作。

我们向每位教师发放相应的评价指标,以便他们根据自己的实际情况进行自我评估。这将有助于他们更深入地了解自己的优点和不足,并确定未来的改进方向。

第二节　幼儿教师音乐领域教学知识的优化路径

由于教师在"关于教学内容的知识""关于幼儿的知识"和"关于教学方法的知识"的发展上有各自不同的需求。为实现个性化的发展,教师需要得到的是一种自我评价的工具,从而更好地促进教师进行自我反思、自我调整,以实现自主发展。

一、音乐教学内容知识的提升——构建教师为本位的培训机制

通过前期调研,制订个性化培训计划、设置培训课程,定期反馈和支持专业发展,提供实用工具和资源,帮助教师提高教育技能。以教师为本位的培训机制侧重于鼓励教师的创新和自主学习,促进教育质量的不断提升。同时,培训机制还要求与时俱进,以适应不断变化的教育需求和最新趋势,以确保教师在教育领域持续发展。

(一)结合调研结果梳理教师梯队

东方江韵幼儿园教师在音乐领域学科内容知识上呈现三种不同的能力水平,可以分为三类:新手教师、熟手教师、能手教师。

新手型教师 9 人。这部分教师较集中的问题是:音不准,把握不准节奏;不了解基本的曲式结构;非专业对口,对音乐理论知识把握不足;肢体不协调,舞蹈、韵律操等能力薄弱;不了解基本舞步,在平日的教学工作中较少开展音乐领域教学活动,几乎不能理解音乐领域教学内容知识的组成或只是粗略地理解。

熟手型教师 19 人。这部分教师较集中的问题是:对于音乐中的基本要素缺乏认识;对曲式调性等认识有一定的欠缺;小乐器的使用和配器有一定的欠缺。熟手型教师能够在教学活动中组织和开展音乐领域教学活动,并积累了一定音乐教学能力,但大部分知识较为笼统或只是有限地理解音乐领域教学知识的组成。

能手型教师 10 人。这部分教师拥有较完善的音乐乐理知识,有一部分教师获得了乐器等级考试证书。其中有钢琴十级、手风琴十级证书的教师有4人。但她们的幼儿合唱技巧与排练方法经验不足；较少关注幼儿在音乐活动中的个体差异，容易一刀切；创新音乐集体教学活动能力不足；目标性太强，忽视幼儿为主体的感受体验；等等。能手型教师对音乐领域教学知识的教学内容理解清晰，并且能延伸对音乐领域教学知识组成的理解。但还缺乏创新能力、缺乏对幼儿的个性化指导。

（二）制订个人学习计划表与评价表

我们为教师设计了《个人学习计划表（关于教学内容的知识）》（见表6-2-1），通过对自身学科知识现状分析，帮助制订相应的学习目标，并选取适宜自身发展的内容进行学习。同时，设计了《关于教学内容知识的自我学习评价表》（见表6-2-2）让教师进行自我评价，对自身学习情况进行评价，梳理成长与收获以及对后续学习提出新的规划和需求。

表 6-2-1 个人学习计划表（关于教学内容的知识）

姓名：	教龄：
类型：	
音乐领域教学内容知识的现状分析：	学习目标：
优化措施：	
希望幼儿园给予支持：	

表 6-2-2 关于教学内容知识的自我学习评价表

姓名			教龄	
类型	新手型（ ）	能手型（ ）	熟手型（ ）	
自我评价	好	较好	一般	需努力
• 能够赏识音乐的主题旋律。				
• 了解作品的音乐内涵。				

（续表）

自我评价	好	较好	一般	需努力
• 会从音乐要素角度细致分析作品创作手法。				
• 会从音乐要素角度细致分析音乐形象。				
• 会从音乐要素角度细致分析音乐情绪情感。				
• 能够准确把握音乐素材中的价值。				
• 准确把握音乐素材并与音乐核心经验建立联系。				

学习的内容		课时

成长与收获	
希望学校后续提供的支持	

（三）构建分层培训体系

我们的培训体系包含自助式研训、社团活动、实战型学习、自主式成长四大块面。每个块面中都设置了相应的课时要求，教师要通过选修、必修相结合的方式在为期两年的时间内修满 60 课时。其中必修课 40 课时由自助式研训块面和社团活动组成。新手型教师必修启蒙类课程，熟手型教师必修进阶类课程，能手型教师必修培优类课程。每位教师自主选择与音乐相关的社团活动。选修课程为实战型学习、自主式成长两个块面，每个块面教师需要选修满 10 课时，共计 20 课时。（见表 6-2-3 和图 6-2-1）

表 6-2-3　幼儿教师关于教学内容知识的学习课时计划表

必修课 （40 课时）	自助式研训 （30 课时）	新手教师——启蒙类课程（包含完成必唱歌曲集）
		熟手教师——进阶类课程
		能手教师——培优类课程
	社团活动 （10 课时）	钢琴社团、舞蹈社团、合唱社团、健身韵律社团
		（每学年组织 4 次社团活动，完成 1 学年的社团活动获得 10 课时）
选修课 （20 课时）	实战性学习 （10 课时）	展演活动 （每次参与展演活动获得 5 课时）
		技能大赛 （设优、良、合格三个等级，分别对应 5 课时、4 课时、3 课时）
	自主式成长 （10 课时）	沉浸式个性体验（自主外出欣赏） （1 学年 2 次的个性化音乐活动沉浸式体验，1 次计 5 课时）
		深度式自我感悟（音乐魔法时） （每收集到 1 个素材计 2 课时）

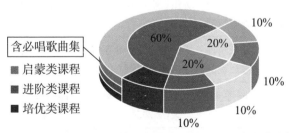

图 6-2-1　促进教师音乐教学内容的知识提升的分层培训体系

1. 自助式研训课程

为适应三个层次教师的发展需求，不断优化课程体系，设置名师坐堂、园长讲座、互动沙龙、教学实践等专题培训。将音乐教学内容知识课程体系分为：音乐启蒙类、音乐进阶类、音乐培优类。教师根据自身能力参与不同类型的课程，并根据自身发展水平选修相应的课程。在积分制下，教师明确自身的学习方向；在课程开发实践的过程中，对培训课程的意义有了深入认识。（见表6-2-4）

表 6-2-4　关于音乐教学内容的知识的园本研修课程

课程 类型	课程 主题	课程内容	主讲人	时间
音乐 启蒙类	核心经验 把握 （10课时）	1. 名师坐堂：把握幼儿年龄特点和活动价值导向，完成精准预设（4课时）	专家	2022年春
		2. 专家讲座：我们能为幼儿做些什么？——谈幼儿音乐教育的核心经验（4课时）	专家	2022年春
		3. 园长讲座：音乐入门零基础（2课时）	园长	2022年春
	韵律活动 教学要点 （12课时）	1. 专题论坛：幼儿舞蹈的种类及其特点（4课时）	能手型 教师	2022年秋
		2. 名师坐堂：幼儿舞蹈教学活动的基本流程，舞蹈教学的方法介绍（4课时）	专家	2022年秋
		3. 骨干讲座：正视幼儿的年龄特点性别差异，正视舞蹈中夸张与艺术（4课时）	能手型 教师	2022年秋
	歌唱活动 教学要点 （4课时）	1. 骨干讲座：幼儿歌唱活动的价值定位与教学技巧（2课时）	能手型 教师	2023年春
		2. 园长讲座：新小班幼儿的年龄特点与歌唱活动的教学技巧（2课时）	园长	2023年春
	节奏乐活动 教学要点 （4课时）	1. 能手带新手：实践型互动体验——乐器种类认一认（2课时）	能手型 教师	2023年秋
		2. 互动沙龙：小乐器知多少（2课时）	能手型 教师	2023年秋

（续表）

课程类型	课程主题	课程内容	主讲人	时间
音乐进阶类	韵律活动设计与实施（10 课时）	1.园长讲座：律动操那些事（2 课时）	园长	2022 年春
		2.名师坐堂：幼儿的律动表现，你 get 到了吗?（4 课时）	专家	2022 年春
		3.教学实践：跟着音乐一起律动（4 课时）	能手型教师	2022 年春
	歌唱活动设计与实施（10 课时）	1.互动沙龙：歌唱集体活动的设计和组织策略（2 课时）	熟手型教师	2022 年秋
		2.专家讲座：幼儿园音乐活动的设计与实施（4 课时）	专家	2022 年秋
		3.名师坐堂：在热爱中享受音乐，音乐集体教学活动中的"师幼互动"（4 课时）	专家	2022 年秋
	节奏乐活动设计与实施（10 课时）	1.互动沙龙：打击乐器的演奏方法和音色特点（2 课时）	熟手型教师	2023 年春
		2.教学实践：节奏乐演奏会（2 课时）	能手型教师	2023 年春
		3.园长讲座：指挥手势语的一百种语言（2 课时）	园长	2023 年春
		4.名师坐堂：音乐作品中的节奏乐（4 课时）	专家	2023 年春
音乐培优类	歌唱活动创新（10 课时）	1.名师坐堂：发现、支持、唱出精彩主题背景下歌唱活动的创新实践（2 课时）	专家	2022 年春
		2.教学实践：歌唱集体教学活动提升幼儿音乐素养的实践研究（小、中、大）（2 课时）	能手型教师	2022 年春
		3.教学研讨：幼儿合唱技巧与排练方法研究（2 课时）	能手型教师	2022 年春

（续表）

课程类型	课程主题	课程内容	主讲人	时间
音乐培优类	歌唱活动创新（10课时）	4. 教学实践：歌唱集体教学活动促进幼儿多元发展提升素养的研究（2课时）	三个层次教师代表	2022年秋
		5. 专家讲座：极致人声——玄妙的高音（2课时）	专家	2022年秋
	韵律活动创新（10课时）	1. 专题论坛：韵律集体教学活动中培养幼儿音乐素养的途径研究（4课时）	能手型教师	2023年春
		2. 专家讲座：幼儿韵律潜能的开发策略（4课时）	专家	2023年春
		3. 专题论坛：韵律集体教学活动在实践中的问题与调整策略（2课时）	能手型教师	2023年春
	节奏乐活动创新（10课时）	4. 专题论坛：奥尔夫音乐活动中培养幼儿音乐素养的途径研究（4课时）	课程部主任	2023年秋
		5. 专题论坛：节奏集体教学活动中培养幼儿音乐素养的途径研究（4课时）	三个层次教师代表	2023年秋
		6. 互动沙龙：节奏集体教学活动提升幼儿音乐素养的途径和方法（2课时）	能手型教师	2023年秋

我们在音乐启蒙类课程中加入了必唱歌曲集这一内容，从《学习活动》教材、经典儿童歌曲及热门幼儿歌曲中筛选出一系列歌曲，形成了"必唱歌曲集"（见表6-2-5），以确保每位教师都能熟练掌握并在日常教学中运用。这个歌曲集根据年龄段分类，由浅入深，帮助教师理解音乐学习的连贯性，学习方式灵活，不强制集体学习和考核，鼓励教师根据自身时间和方式进行学唱。教师可以根据自己的情况，利用碎片时间学唱、编曲、合唱，使学习不成为负担。曲目选择根据幼儿的年龄和课程主题，以培养其兴趣和发展为导向，确保歌曲有丰富情感内涵和表现手法，并传递正确价值观。同时，本园鼓励根据实际需要对歌曲集进行更新和调整，以满足幼儿的现实需求。这一方法有助于提升教师的音乐教育水平，同时为幼儿提供更有价值的音乐教育体验。教师在研训实践后，对音乐

教学内容中所包含的要素已经有了初步的认识。研训结束后通过复盘，尝试对音乐教学内容进行分析，通过"聆听——复盘——分析"的步骤，围绕幼儿年龄特点做进一步剖析；通过对音乐全面的感知，真正认识音乐教学内容的意义。

表 6-2-5　东方江韵幼儿园必唱歌曲集

	小班	中班	大班
歌曲名称	我的好妈妈	爸爸本领大	你笑起来真好看
	爱我你就抱抱我	画妈妈	听我说谢谢你
	扮家家	让爱住我家	金色童年
	小兔乖乖	你笑起来真好看	少年中国说
	拔萝卜	邮递员叔叔	上海我的家
	我爱我的小动物	祖国祖国我们爱你	我爱天安门
	小猪吃得饱饱	青蛙之歌	红星歌
		春雨沙沙	顽皮的小杜鹃
		春天在哪里	小鱼的梦
			小螃蟹吹泡泡
			小鸟小鸟

例如，我园的新手教师 H 在问卷调查中得分为 23 分，在教育对象上得 9 分、教学内容上 7 分、教学方法上 7 分，属于"笼统或只是有限地理解音乐领域教学知识的组成"状态。在自评过程中，该教师对自己在音乐领域教学知识的三个维度的评价均为"低水平"。经过访谈，获知了教师 H 的困难和需求：

（1）教师 H 为上海大学平面设计专业毕业的学生，有较扎实的美术学科功底，但在音乐方面了解甚少，只在上岗证培训的时候接受了相关培训。

（2）教师 H 五音不全，唱歌容易走音，身体动作协调性也有待提升，因此有些害怕参与音乐活动，特别是开展幼儿音乐教学活动。

（3）教师 H 平时很少参与班级幼儿的音乐教学活动，均由搭班老师承担。

根据她的需求，幼儿园订制了优化方案，在必修课程上，她完成了以下培训内容。（见表 6-2-6）

表 6-2-6　教师 H 优化学习内容

课程类型	课程主题	课程内容
音乐启蒙类	核心经验把握（10 课时）	1. 名师坐堂：在把握幼儿年龄特点和活动价值导向方面完成精准预设 2. 专家讲座：教师 H 能为幼儿做些什么？——谈幼儿音乐教育的核心经验 3. 园长讲座：音乐入门零基础
	韵律活动教学要点（10 课时）	1. 专题研讨：幼儿舞蹈的种类及其特点 2. 名师坐堂：幼儿舞蹈教学活动的基本流程，舞蹈教学的方法介绍 3. 骨干讲座：正视幼儿的年龄特点性别差异，正视舞蹈中夸张与艺术
	歌唱活动教学要点（10 课时）	1. 骨干讲座：幼儿歌唱活动的价值定位与教学技巧 2. 园长讲座：新小班幼儿的年龄特点与歌唱活动的教学技巧 3. 东方江韵幼儿园"必唱歌曲集"

完成培训后，教师 H 对音乐乐理常识有了初步的了解，能够对音乐的曲式、节拍、音高、旋律做出简单的判断。熟悉了一些幼儿舞蹈的基本舞步。对幼儿在歌唱活动的组织和实施有了初步的了解。其间，教师 H 参加了幼儿园的健身韵律社团，反复的练习使得她身体动作的协调性得到了提升，最终还在上海市教育系统女教师庆建党 100 周年健身操展示比赛中荣获二等奖，并在幼儿园的六一艺术汇演——教师专场表演中表演了舞蹈"万疆"，在这过程中萌发了对音乐热爱，也树立了开展音乐教学活动的自信。

之后，教师 H 还主动选修了音乐进阶类的课程，进一步了解了幼儿律动操节活动的组织策略。

表 6-2-7　音乐进阶类课程

课程类型	课程主题	课程内容
音乐进阶类	韵律活动设计与实施（10 课时）	1. 园长讲座：律动操那些事 2. 名师坐堂：幼儿的律动表现 3. 教学实践：跟着音乐一起律动

教师H慢慢地也喜欢上了各类音乐小游戏，特别是短视频平台上的一些简单又好玩的音乐游戏成为她开展音乐活动的素材库。教师H能够主动地在短视频平台上收集音乐素材，与有经验的教师共同分析筛选，利用碎片时间和孩子们一起玩这些音乐游戏，慢慢地爱上了音乐活动。

2. 音乐社团活动

我们开设四类音乐社团活动，打造学习共同体。社团活动在开展的过程中，有时会邀请专业教师来执教引领，也会由本园教师自主策划安排。活动过程中，基本的音乐知识融入其中，通过修炼打磨、团队合作，加深了教师对音乐素材的内涵的理解，有助于教师的互相学习和成长。

例如，为提升教师基础音乐素养，为一日活动的实施提供必要的帮助，开设特色钢琴社团。即兴伴奏是通过调式、调性和声、肢体的变化并采用相适应的速度、力度、节奏来衬托歌曲背景、描绘意境、渲染音乐气氛的。因此，钢琴社团活动中要讲授必要的和声、曲式结构、伴奏等基本理论知识。以下举例说明社团活动安排。（见表6-2-8、表6-2-9、表6-2-10）

表6-2-8　2022学年钢琴社团活动安排

序号	活动时间	活动名称	活动目标
1	2022年秋	基础调式	了解基本调式、主音、音阶以及基本理论知识。
2	2022年秋	四种伴奏音型	四种基本伴奏音型：一型、二型、四型和五型，分别对应四种音阶和弦。
3	2023年春	学习伴奏歌曲	分析2/4拍歌曲的音响和艺术结构形式，学习伴奏方式。
4	2023年春	尝试现场伴奏歌曲	分析3/4拍歌曲的结构形式，尝试进行现场即兴伴奏。

表6-2-9　2022学年舞蹈社团活动安排

序号	活动时间	活动名称	活动目标
1	2022年秋	基本舞蹈技巧训练	包括身体柔韧性、协调性、节奏感等基础训练，以及幼儿基本舞蹈步伐、动作组合等技能的提升。

（续表）

序号	活动时间	活动名称	活动目标
2	2022 年秋	舞蹈作品排练	继续进行基本舞蹈技巧训练，加强动作组合的练习，开始排练简单的舞蹈作品，如儿童舞片段。
3	2023 年春	深化舞蹈技巧	深化舞蹈技巧训练，提高舞蹈表现力。排练完整的舞蹈作品，注重舞蹈情感的表达。
4	2023 年春	舞蹈作品完善	组织观看优秀舞蹈作品，进行舞蹈欣赏与交流，对排练的舞蹈作品进行完善和调整。

表 6-2-10　2022 学年合唱社团活动安排

序号	活动时间	活动名称	活动目标
1	2022 年秋	欣赏、分析合唱作品	组织欣赏优秀合唱作品，分享合唱心得，促进教师间的交流与合作。
2	2022 年秋	发声练习与基础训练	包括音阶练习、气息控制、共鸣发声等，以提高教师的歌唱技巧和音质。
3	2023 年春	合唱曲目排练	选择适合教师合唱团水平和风格的曲目进行排练，注重歌曲的情感表达和整体协调。
4	2023 年春	尝试现场伴奏歌曲	进行音乐欣赏与交流，对排练的合唱曲目进行完善和调整。

又如，在前期舞蹈社团活动中教师对舞蹈音乐中的情感、节奏等进行梳理，运用音乐素养核心经验进行操练，获得大量真实的排演实践感受。舞蹈动作的设计从幼儿基本舞步出发，从设计到产生，从动作转换到队形变化；舞蹈社团的教师从感受到表现，通过反馈和总结实施情况，形成了一个循环的学习、实践和思考过程，循序渐进地提升了自身音乐素养。

这种基于兴趣和自身需求的活动方式激发了教师的积极性，使社团的活动

内容和形式更加有趣。经过几轮的实践，各类社团取得了卓越的成绩。(见表6-2-11)

表 6-2-11　幼儿园各类社团取得的成果

钢琴社团	舞蹈社团	合唱社团	健身韵律社团
1.区级培训中使用钢琴伴奏 2.为幼儿园园歌编写伴奏	教学活动"小小阅兵式"一课三研	1.区级"青春向党 歌声飞扬主题歌会"二等奖 2.助力幼儿园园歌录制	上海市教育系统女教师庆建党100周年健身操展示比赛二等奖

在积极参与各类评比的过程中，不仅给了教师展示的平台，更是创造了更多实战机会，在社团平台中提升了音乐领域教学知识的水平，将获得的专业能力带回到日常教育教学活动中。

3. 实战型学习

我们通过开展多样化的音乐教育实践活动，鼓励教师将在本园研训中积累的音乐教学知识不断应用和转化为实际的教育教学能力。这一过程有助于教师更好地将理论知识融入实际课堂教学，提升他们的专业素养和教学质量。

（1）参与展演活动

幼儿园搭建平台帮助有特长的教师展示自身的才艺，不仅是面对幼儿、家长，也有面对其他姐妹园的展示。如：人人参与的教师风采技能大赛，年年上演的"六一艺术汇演——教师专场表演"，各类对外展示活动中的多彩演出，等等。其中有两种不同的活动类型。

一种是专家引领式。幼儿园根据活动类型筛选合适的成员进行节目排演，并邀请专业人士为节目的编排出谋划策、指明方向。在专业人士的带领下，挖掘音乐素材中的音乐内涵，明确歌曲的价值取向。在一次次的排练过程中，加深成员们对音乐的理解和表现。

一种是团队自演式。由教师自行组队，设计演出节目，在轻松自主的氛围中，尝试根据音乐素材创编形式多样的演出节目，这种类型通常以幼儿歌曲为主。可以汇集更多不同教师的智慧和创意。

（2）音乐技能大赛

在提升教师音乐领域教学知识水平的过程中，幼儿园推出了一系列"艺展风采"教师系列技能大赛。找准音乐领域突破口，围绕乐器演奏、歌曲演唱、韵律舞蹈等策划技能比拼项目，如："乐动指尖"即兴弹唱技能大赛，"声声悦耳"歌唱大赛，"欢乐律动"韵律操大赛，等等。教师在参赛前选择音乐素材，在听赏音乐的过程中，感知音乐作品的主题和形象。在展现技能时教师以积极情绪状态投入其中。

教师积极的情绪状态对于激发幼儿音乐审美表达具有很强的影响力。在技能大赛上展示教师的才艺，不仅提升了教师音乐领域教学知识的综合素养，更是激发了教师音乐学习的主动性，唤起了她们对音乐节奏感、理解能力等的热情。

4. 自主式成长

（1）沉浸式个性体验

本园定期组织教师观摩音乐演出，同时鼓励教师根据兴趣自行选择音乐内容进行个性化欣赏活动。每学年举办两次个性化音乐活动，旨在提升教师的音乐情感体验。活动过程中涵盖了音响感知、情感体验、想象联想以及理解认识等审美心理要素，它们相互交织，共同影响着音乐的感受和理解。这种方式有助于提高教师的音乐素养和教育教学能力。

为了帮助教师更深刻地欣赏音乐演出，本园在欣赏前提供观摩表格，引导教师有目的地分析音乐的主题旋律、音乐内涵和音乐要素。这个方法旨在通过多角度细致分析音乐作品的创作手法、音乐形象和音乐情感，以帮助教师更深入地理解和体验音乐作品的意义，提升教师对音乐的感知和认知水平。

（2）深度式自我感悟

为提高幼儿对音乐的兴趣，以及教师对音乐内容知识的理解与应用能力，教师将教学内容知识与幼儿园日常生活情境相结合。他们预测并整理可能出现的音乐知识，并将它们融入幼儿园的日常生活中，以创造更有趣、更具互动性和教育性的音乐体验。

例如，"音乐魔法时"是指教师根据幼儿的欣赏喜好搜集适合的素材，在班级设置一个文件包，向家长、幼儿征集各类适宜在幼儿园一日生活中播放的乐曲，将搜集到的素材保存并让幼儿自主选择听赏。音乐素材类型不限。在搜集及处理素材的过程中，教师需要了解推荐曲目名称、来源、背景，思考该乐曲的推荐亮点，并分析其情境内容、音乐元素。在剖析、剪辑音乐作品的过程中，教师要关注音乐的节奏、旋律、风格、速度、音色等八要素，关注3—6岁儿童"最近发展区"内的匹配度，并根据幼儿学习特点思考游戏教学的可能性。这一过程，便是教师了解儿童特点、梳理核心经验的自修过程。每收集到一个素材时可计1课时，在积分制的推动下，教师在搜集素材时更加积极主动，并且能够互相讨论歌曲的适宜性。在听赏识别的过程中，互相成就。

二、幼儿知识的提升——开展以幼儿为主体的实践活动

我们前期调查结果显示：教师的音乐领域教学知识属于"笼统有限的理解"的水平，处于中等水平；教师对音乐领域教学知识三个维度的掌握程度不均衡、发展水平不一，"关于幼儿的知识"的掌握最弱。基于以上情况，我们深知唯有打好基础才能提升教师音乐领域教学知识的水平。因此，我们开展以幼儿为主体的实践活动，深入了解幼儿在音乐学科的学习特点和规律。

（一）分组阅读，内化关于幼儿的知识的理解

在《学前幼儿艺术学习与发展核心经验》（下面简称《核心经验》）——音乐核心经验的共读活动中，帮助教师梳理对音乐领域各个重要部分的认知，认识幼儿在音乐领域的发展特征，从而通过音乐教育活动的实施支持幼儿的全面发展。

首先，要厘清概念，明确提升音乐领域教学知识水平的重要性。

整合教育观念的确受到了大多数教育者的肯定，但整合课程不只是简单的不同领域课程的叠加。关于整合课程的本质，南京师范大学虞永平教授曾经提出："领域之间的课程整合应注意恢复不同领域之间的一些固有联系，将某些内容还原成整体的、联系的状态，并尽可能发现和挖掘领域新的、更多的联系线索。"由此可见领域教学知识的重要性，教师在实施整合课程的过程中，如果不具备充分的领域教学知识，必然会导致整合课程的质量低下。

我们做幼儿教师的领域知识的研究，不是质疑整合教育，更不是不赞同幼儿的发展个性化、全方位，而是看见了领域教学知识在教学过程中的重要地位。幼儿教师需要了解每个领域的基本知识（核心经验），并将这些知识整合于幼儿的日常生活和学习中。换言之，领域教学知识是基础，能反映学习经验的纵向层次性和领域知识的系统化。

我们发现,《核心经验》一书对学前幼儿音乐核心经验的梳理主要包括核心经验概述、核心经验的发展以及促进核心经验形成的支持性策略三个维度。我们把《核心经验》一书作为本园优化教学实践中的有益参考,奠定了理论基础。(见图 6-2-2)

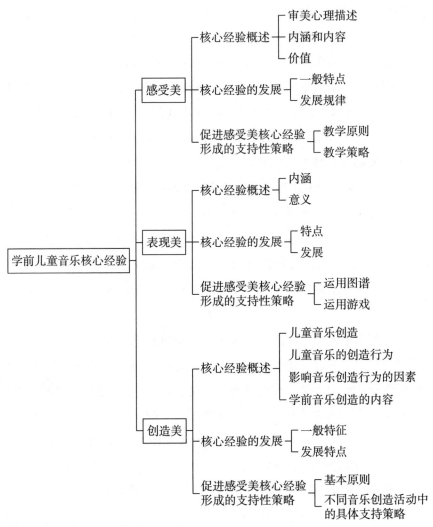

图 6-2-2 学前幼儿音乐核心经验

(二)案例分析,深化关于幼儿的知识的理解

在对书本内容进行了整理后,全体教师选取了自己平日的教学活动案例进行了剖析,将理论与实践相结合从领域教学知识的维度进行了思考。共收集案

例35篇，以下是案例分析中的一些启示。

1. 基于幼儿发展水平进行音乐活动设计

在小班音乐活动"小司机"案例中，我园能手型教师Z对活动目标进行相关分析。（见表6-2-12）

表6-2-12　音乐活动"小司机"活动目标解析

活动目标	关于幼儿的知识	关于教学内容的知识	关于教学方法的知识
目标1：在听听、说说、做做的过程中，尝试根据音乐信号做出相应的动作。	小班幼儿能够随音乐自由做基本动作或模仿动作；逐步与节奏相协调；对生动形象、节奏鲜明的乐曲有所反应和感受，能随着音乐做出动作，常用肢体动作。	音乐是2/4拍节奏，曲式明晰，基本为ABA式，音乐中加入信号（钟声、抛锚声、雨声、打雷声）辅助幼儿听辨。	情境的设定，借助音乐游戏进行。
目标2：愿意和同伴一起模仿小司机，体验音乐游戏带来的快乐。	喜欢听音乐，但对乐曲的理解十分有限；乐意模仿同伴。	初步了解音乐游戏规则，愿意随音乐进行游戏。	同伴模仿，示范鼓励。

可以发现，教师在两个目标设定前对小班幼儿的发展水平有一定的了解，根据小班幼儿的年龄特点在活动前对音乐做了一定的加工，一些信号的加入为幼儿听辨乐曲降低了难度。但是教师Z也发现"说说"这两个字对小班幼儿是不适用的，因为小班幼儿尚不能用语言表达对乐曲的感受，在这里"说什么"就成了一个要注意的问题。幼儿可以说说音乐信号是什么，发生了什么事情，可以说说汽车发动不了怎么办这些他们有生活经验的事情，但对音乐的感受之类的问题要在设计时避免。教师总是喜欢问："这段音乐听起来怎么样？""这段音乐给你怎样的感受？"这样的问题其实是非常抽象的，如果没有给特定的情境，在低年龄段的活动中要慎用。

此外，教师Z在活动过程中对几次游戏的步伐选择、手部动作设计也进行了分析。（见表6-2-13）

表 6-2-13　音乐活动"小司机"活动过程的解析

活动过程	关于幼儿的知识
听音乐，模仿动作并随音乐表现 　1. 听音乐第一段，表现加油的动作 　重点提问：这是什么声音？小汽车怎么了？可能遇到了什么情况？ 　重点提问：小汽车需要加油了，加油站的叔叔阿姨是怎么给小汽车加油的呢？ 　小结语：我们要拿起油枪，接上油管，伸向小汽车的油箱给车加加油。 　指导语：我们听着音乐一起来给小汽车加油吧。 　2. 听音乐第二段，表现刷雨刷的动作 　过渡语：我们的小汽车加满了油又可以继续上路了。 　重点提问：你又听到了什么声音？ 　重点提问：下雨了，汽车玻璃上都是小雨点，什么都看不见了，这个时候我们需要什么来帮忙呢？ 　重点提问：雨刷器是怎么刷的？（个别幼儿上前，教师指导动作） 　小结语：小雨刷左右刷才能把整个车窗玻璃都刷到。 　张开手指头，小雨刷特别有力气，才能赶走所有的小雨滴。 　小结语：我们的小雨刷真厉害，把车窗玻璃上的小雨点都赶走了。等会儿我们开车上路的时候，你们可以选择自己喜欢的方式来做做雨刷器。 　3. 播放完整音乐，幼儿跟着教师一起随着音乐做动作。 　过渡语：刚才我们加了油，做了雨刷器，小司机们好厉害。现在让我们听着音乐开起小汽车出发吧。 　小结语：哇，我们真棒，会加油，会用雨刷器，现在我们把车开到马路上吧。	1. 控制性 　能够随着音乐做简单的动作，对幅度大的上肢动作的控制性较好。 　（加油这个动作是站立停下来做的，一是符合生活的实际情况，二是这样的大幅度的上肢动作小班幼儿能够控制得比较好） 　2. 随乐性 　等待前奏结束后及时开始做动作，音乐结束时立即停止动作。 　（这里有一个钟声，类似于一个前奏，可以在教学中给予一个语言提醒"系上安全带，准备出发"，同样也是一种安全教育） 　3. 协调性 　能简单地做一些联合的动作。 　（活动中，边开车边走路，边刷雨刷边走都是联合动作。但教师发现开车走要相对简单些，它是一个节拍要求较低的碎步跑，而刷雨刷是一个走步加一个有节拍的手部动作） 　4. 平衡性 　平衡和自控能力较差，特别是腿部力量较弱，对幅度较大的上肢动作易于掌握，对下肢力量和弹性要求不太高的单纯移动动作较易掌握，同时能够做一些简单的上下肢联合动作。 　（边走路边刷雨刷对有的孩子来说协调上有困难，那有两种方法可以降低这个环节的难度：一是手部动作加快，一拍一动；二是雨刷的动作尽量为大动作，上臂摆动代替原来的手指摆动） 　5. 空间感 　在音乐活动中用动作表现空间感还没完全建立，需要在指导下利用某个参照物才能够站准自己的位置。 　（椅子摆成圆圈，形成参照物）

2. 了解幼儿学习困难，合理安排活动环节

当幼儿对某一概念或者是现象产生错误理解时，幼儿常常不能认识到自己的这一错误。在音乐领域活动设计中，教师常常会写到活动的重难点，其实活动的难点基本就是教学对象的学习困难了。教师要去改变幼儿的思维，通过不同的活动和事实给予他们新的视角来进行观察和学习。

在教师Z中班音乐活动"动物搬新家"案例中，可以看见深入的分析。（见表6-2-14）

表6-2-14 音乐活动"动物搬新家"活动过程的解析

活动过程	关于幼儿的知识
庆祝搬家：说唱节奏 1. 搬家成功：初次练习节奏 过渡语：哇，屋子里一下子热闹起来了，看看我们的搬家成功了吗？你们可真棒！ 指导语：我们一起来学一学屋子里动物们的叫声，一只动物就叫一下，要有节奏地把它们唱出来哦。 小结：大动物的房间慢慢地叫一下，小动物的房间快快地叫两下。 2. 庆祝搬家：跟音乐说唱节奏 指导语：看，为了庆祝动物朋友搬家成功，屋子外面放起了漂亮的烟花，还传来了好听的音乐，让我们一起跟着音乐唱起来吧。 小结：你们能清清楚楚地把房间里小动物的数量唱出来，太棒了。 3. 外出春游：设置空拍 过渡语：住进了新家，小动物们都很快乐。有的小动物说要去春游啦，看看哪些房子空了。 提问：空的房子会有声音吗？我们可以用什么好办法让大家知道这间屋子是空的？ 小结：空的房子没有声音，我们用0来表示，在唱的时候就做一个动作不出声，让我们跟着音乐一起来试一试。	中班幼儿应该能比较熟练掌握四分音符、四分休止符和八分音符，而且能够初步掌握四分音符和八分音符的组合。幼儿能熟练地使用四分音符，也可以顺利地理解其含义。对八分音符，可以理解其含义，但是对匀速地唱这一点较难理解和实践，容易出现抢拍的错误。 （活动前可以先进行嗓音的练习，进行开嗓。说唱动物叫声这个环节只有节奏而没有旋律，方便幼儿更加直观地感受节奏变化。教师可以用拍手等方式给一个基础速度，帮助幼儿稳定节拍，感受平均分配节奏。当个别幼儿没有匀速地唱时，多次重复或者请幼儿单独练习。） 对于休止符来说，幼儿可以理解其含义，但可能是中班的关系，对休止的控制还比较困难，尤其是休止在开始和中间时，对他们的挑战比较大，幼儿容易出错。（根据图谱进行节奏型的演唱，在熟练之后配上音乐匀速演唱。了解休止的意义，知道在休止时不唱。在休止的学习方面，通过动物外出的情景，帮助幼儿理解这里不唱，并且用幼儿自己创编的动作来提示这里不唱。）

教师通过"整体了解""对比梳理""实践运用"三部曲边读边思考,将书中学到的理论方法与自己的教学经历相结合,通过一个个案例反思自己的教学行为。将关键词的提炼与《3—6岁儿童学习与发展指南》进行连接,用好诸如"学前幼儿音乐核心经验发展表"等工具,为后续观察指引幼儿提供有益参照。

艺术教育的本质不是把每个孩子培养成为音乐家、画家,而是通过教师的支持,让幼儿在生活中发现美、感受美、表现美、创造美,喜欢聆听、欣赏大千世界中的美好事物、美好作品,并乐意用歌声、节奏、韵律、绘画等各种方式表现与表达。实施过程中,教师应当尊重生命个体成长的节奏特点,让他们在发现生活真知中体验成功,在感受欣赏生活善举中享受美景,在表现创造生活美好中收获快乐。通过艺术教育促进幼儿健康水平以及情感、态度、认知能力等各方面的全面发展。

(三)运用量表,观察评价幼儿自主游戏中音乐领域的发展水平

教师能够在自主游戏中看到幼儿对自己感知过的音乐进行主动表达,这是幼儿在自然状态下对音乐的兴趣和理解的表现。通过相关观察量表的使用,帮助教师客观地评价幼儿音乐水平。

1. 观察幼儿自主游戏中的音乐表现,评价现状

教师在初期观察识别幼儿音乐发展水平的过程中多以节目的完整性、幼儿表现大方与否为主要评价的指标特征,这造成了评价的主观化。同时,由于教师较少学习和运用音乐领域知识,也影响了对幼儿音乐水平和发展情况的评定。

针对上述存在的问题,本园在开展音乐领域教学知识的研究与实践的过程中,向教师推荐使用微格分析和白描记录的方法,以确保观测记录精准简练;推荐使用幼儿发展评价核心指标观察表,结合幼儿年龄特点和音乐学习核心经验,从对音乐的欣赏、表现和创造三个维度进行观察评价,确保评价的科学性;不断巩固音乐专业知识,在观察评价的过程中学习运用,为幼儿音乐培养的方向和方法给出更具体的参照。

2. 运用音乐领域教学知识,直面幼儿的学习困难

幼儿在自主游戏时的音乐表现是自发的,教师在此过程中能够观察和分析幼儿的音乐能力和水平。虽然幼儿在音乐领域表现的形式是多样的,但幼儿在

音乐领域的知识技能是相通的，包括音乐节奏的特性（节拍、节奏、速度）、曲调的特点（音高音低、旋律）以及对歌曲情感的感受。教师在观察分析的过程中要充分运用音乐领域教学知识，围绕核心经验进行解读，这样才能够明确认识幼儿在音乐领域中的优势与困难，为将来的学习提供依据。

（1）音乐节奏特性的理解

根据幼儿年龄特点，教师发现：小班幼儿能初步感知音乐节奏，在缓慢、稳定的速度下尝试用拍手的动作表现；中班幼儿能随乐而动表现节奏，但持续性不长；大班幼儿节奏感有明显提升，能踩准节奏点并做出各种动作变化。

例如，在大班户外游戏时，三名女孩的歌唱表演引来了其他同伴的关注，有一名男孩选择一旁的铁质水桶随乐敲打歌曲节奏。变换歌曲后，男孩会敲打恒定的节拍。教师运用音乐领域核心经验分析发现，男孩能自如熟练地表现音乐的节拍、能对比较复杂的节拍、跟随音乐速度和力度变化的动作反应灵敏、对不熟悉的旋律尝试用节拍表现。

案例中，教师针对幼儿对音乐节拍的理解和表现，分析幼儿在游戏中的表现，看到了幼儿对不熟悉歌曲的学习困难，由此给出一些支持建议：与幼儿共同丰富班级音乐素材库、提供多种表现的乐器或材料、赋予幼儿理解和表现音乐作品的空间和时间。

（2）音乐曲调特点的表现

在音乐曲调的模仿和学习中，幼儿将自己的声音与各种声音的音高进行匹配，从而逐步建立稳定的音准。小班幼儿能够演唱简短的句子，音准不稳定；中班幼儿音准能力提高，伴奏状态下音准较好；大班幼儿能够较准确唱出旋律的高低变化，建立初步的节奏感。

例如，小班幼儿在娃娃家游戏过程中模仿过生日情节，幼儿布置完生日现场后，围坐在蛋糕玩具旁一起唱"生日歌"，教师分析发现几名幼儿在游戏情境中歌唱表现投入、用随机音高完整歌唱熟悉的曲子、用拍手的方式表现歌曲节奏。

案例中教师对幼儿的音高音准、节拍节奏和表现兴趣进行分析，发现了幼儿音乐领域学习困难之处，以此可以给出一些支持策略：提供幼儿更多倾听练耳的机会，使用肢体动作表现高低音，鼓励幼儿尝试用自己的声音来唱，在音程 c^1–g^1 间表现旋律。

（3）音乐情感的感受

每一首乐曲都是有情感性的，播放音乐时会对人的情感产生影响和共鸣。因为幼儿词汇量有限，对音乐情感的描述无法像成年人一样使用恰当的语言，但教师可以根据幼儿对不同风格的音乐表现的回应进行观察分析。当听到欢快明朗的曲子时，幼儿会出现拍手点头、扭动身体、跳来跳去等动作；当听到缓慢柔和的音乐时，幼儿通常会放慢动作、表现安静的状态。

例如，在中班户外游戏时，几名幼儿跟着迪士尼音乐开始花车巡游的活动。车上的幼儿扮演公主面露喜色，车旁的幼儿时而蹦跳，时而挥舞花球。教师分析发现幼儿采用肢体动作表现歌曲快乐的情感，动作简单自如能与音乐相协调，未观察到幼儿表现出不同曲子间的情感变化。

在案例中教师从幼儿对音乐动作回应做分析，解读到幼儿在音乐情感方面有学习困难，以此给出一些支持方法：增加视觉和触觉的刺激来帮助幼儿理解多种音乐情境和形象，鼓励幼儿用不同的动作表现对音乐的感受。

3. 优化观察评价表，解决教师实践过程中的具体问题

除了使用文字记录孩子音乐表现过程以外，我们基于"东方江韵幼儿园分层分类评价指标体系"向教师推荐使用观察评价量表，不断完善幼儿艺术领域发展核心指标，以便教师观测幼儿自主游戏活动中的音乐表现和分析评价。（见表6-2-15）

表6-2-15 幼儿发展观察评价核心指标（艺术领域）

领域	维度	核心评价一级指标	年龄段	监测点记录	分值	评价
			核心评价二级指标			
艺术	欣赏	欣赏艺术作品时神情专注。				
		乐于表达自己的想法和感受。				
	表现	用多种方式表达自己的感受和想象。				

（续表）

领域	维度	核心评价 一级指标	年龄段 核心评价二级指标	监测点 记录	分值	评价
艺术	表现	能与别人相互配合，也能独立进行艺术表现。				
	创造	利用生活中的材料进行创意制作。				
		能创编歌曲、律动、舞蹈或故事。				
总体评价：						

（1）案例

以观察大班幼儿户外游戏的歌唱表演"最亮的星星"为例，幼儿在户外游戏中以每句歌词中的重要内容创编成手势配合乐曲进行表演，其他同伴看到也纷纷模仿学习，在后期自主游戏中出现幼儿们协同分工表演的情况，教师用大班幼儿发展观察评价核心指标（艺术领域）进行监测。（见表6-2-16）

表6-2-16　大班幼儿"最亮的星星"活动观察评价表（艺术领域）

领域	维度	核心评价指标	分值	评价	监测点列举
艺术	欣赏	欣赏艺术作品时神情专注。	3	2	在欣赏艺术作品时注意力集中，产生相应的联想或做出相应的动作。
		乐于表达自己的想法和感受。	3	3	在分享交流时，能大胆表述自己的感受与理解，并能耐心倾听他人的美感体验。
	表现	用多种方式表达自己的感受和想象。	3	3	喜欢尝试不同的工具材料，运用歌唱、动作或乐器进行艺术表现，情绪愉悦。
		能与别人相互配合，也能独立进行艺术表现。	3	2	在与他人合作时，接纳、尊重他人的创作与想法，表现出大方与自信。

（续表）

领域	维度	核心评价指标	分值	评价	监测点列举
艺术	创造	利用生活中的材料进行创意制作。	3	2	在环境创设或游戏、表演活动时，能根据需要创作作品或制作道具。
		能创编歌曲、律动、舞蹈或故事。	3	2	能通过改编歌词、自编动作或用乐器、自编自演故事等进行表演活动。

以观察大班幼儿打击乐活动为例，在幼儿园春日演奏会活动期间，幼儿积累了大量的打击乐表演的经验，感受不同乐器打击出的声音，了解不同的节奏型、特定乐器的敲击手法、乐器演奏站位等知识。在获得一定的演奏经验之后，大班幼儿会在自主游戏时间段自发表演，教师用观察评价表进行监测记录。（见表6-2-17）

表6-2-17　大班幼儿节奏乐活动观察评价表（艺术领域）

领域	维度	核心评价一级指标	大班 核心评价二级指标	监测点记录	分值	评价
艺术	欣赏	欣赏艺术作品时神情专注。	乐于模仿自然界和生活环境中有特点的声音。		3	
			乐于收集美的物品或向别人介绍发现的美。		3	
		乐于表达自己的想法和感受。	愿意与别人分享、交流对艺术作品的体验。	节奏乐结束后与同伴交流自己使用的乐器和节奏型。	3	3 幼儿与同伴之间主动分享音乐体验。
	表现	用多种方式表达自己的感受和想象。	欣赏时常用表情、动作、语言表达理解。	幼儿节奏乐器表现歌曲旋律，拍手表现间奏部分。	3	3 幼儿表现歌曲的形式多样。

（续表）

领域	维度	核心评价一级指标	大班 核心评价二级指标	监测点记录	分值	评价
艺术	表现	能与别人相互配合，也能独立进行艺术表现。	艺术活动中能与他人相互配合，也能独立表现。	幼儿使用不同乐器和不同节奏型配合演奏。与同伴交换乐器后对演奏站位提出前低后高的要求。	3	3 幼儿之间配合度高，表现自己，也关注同伴。
			能用多种工具、材料或不同的表现手法表达自己的感受和想象。	在没有乐器的情况下，幼儿使用拍手、拍腿或挥舞手臂的方式表现，两位幼儿提出在间奏中可以变化队形的意见。	3	3 幼儿表现音乐的形式多样。在演奏过程中能够关注同伴以及队形变化。
	创造	利用生活中的材料进行创意制作。	能用自己制作的美术作品布置环境、美化生活。		3	
		能创编歌曲、律动、舞蹈或故事。	演唱时节奏、音调准确，能用律动或简单的舞蹈表现自己的情绪或自然景象。能自制道具、自编自演故事。	部分幼儿出现随乐摇摆和踏步打节拍的行为。间奏时出现围圈互动。因沙锤发声太轻，幼儿用矿泉水瓶自制乐器。	3	3 熟悉歌曲旋律，主动敲击歌曲节拍。根据乐器的发声情况制作道具以调整。

总体评价：歌曲各乐段旋律区别清晰、节奏感强有力度，适合大班幼儿节奏乐的需求。活动中幼儿对音乐的结构和节拍的把握较准，能熟练使用碰铃、沙锤、非洲鼓和串铃这些乐器，也能使用不同乐器表现不同节奏型。另外，幼儿在理解乐曲的基础上提出更高的表现要求，在间奏中增加拍手和舞蹈动作（两两一组，围圈互动）以及对队形变化的想法（在三排演奏时考虑到前低后高的视觉效果）。

以观察中班兔子舞活动为例，在开展活动后，幼儿对这首节奏性强的歌曲有一定的感知，以耳朵接受音乐信号，用肢体动作表现理解歌曲节奏。在自主游戏时间段内，幼儿主动播放兔子舞的歌曲，与好友自发地一起舞蹈，教师用观察评价表进行监测记录。（见表6-2-18）

表6-2-18　中班幼儿兔子舞活动观察评价表（艺术领域）

领域	维度	核心评价一级指标	中班 核心评价二级指标	监测点记录	分值	分值
艺术	欣赏	欣赏艺术作品时神情专注。	喜欢倾听各种好听的声音，感知声音的高低、长短、强弱等变化。	幼儿自己使用天猫精灵设备播放《兔子舞》歌曲。	3	3 幼儿喜爱音乐，主动发起活动。
			在欣赏自然界美的事物时关注色彩、形态等特征。		3	
		乐于表达自己的想法和感受。	对艺术作品会产生联想和情绪反应。	参与集体舞游戏的幼儿全程面露笑容。	3	3 幼儿表现这首音乐的快乐情绪。
	表现	用多种方式表达自己的感受和想象。	能专心地观看自己喜欢的文艺演出或艺术品，有模仿和参与的愿望。		3	
		能与别人相互配合，也能独立进行艺术表现。	经常唱唱跳跳，愿意参加歌唱、律动、舞蹈、表演等活动。	与同伴开展舞蹈游戏7分钟。	3	3 幼儿与同伴的音乐游戏能持续一定时间。

（续表）

领域	维度	核心评价一级指标	中班	监测点记录	分值	分值
			核心评价二级指标			
艺术	表现	能与别人相互配合，也能独立进行艺术表现。	经常用绘画、捏泥、手工制作等多种方式表现自己的所见所想。		3	
	创造	利用生活中的材料进行创意制作。	能用绘画、手工制作等表现自己观察到或想象的事物。		3	
		能创编歌曲、律动、舞蹈或故事。	有一定的音准和节奏感，能通过即兴哼唱表演或给熟悉的歌曲编词来表达自己的心情。	幼儿依据音乐节奏做出踢腿和蹦跳的动作。	3	3 音乐节奏感强，幼儿辨认清晰，做相应动作。

总体评价：兔子舞曲旋律轻快，有明确的节奏节点，便于幼儿听辨。幼儿喜欢兔子舞且参与音乐游戏兴趣高涨，能与不同伙伴共同表现 7 分钟。大部分幼儿对音乐结构和节奏清晰，根据音乐不同的节奏型做出不同的肢体动作。小部分幼儿跟不上节奏，动作表现反应慢。

（2）观察评价表的使用分析

表 6-2-16：观察评价结果指向幼儿当下的发展水平，教师可参考监测点对样本的行为表现进行评分。以得分为评价的结果虽然明确，但缺少描述性语句，特别是活动中幼儿细节的表现，这对于后续评价反馈、揭示幼儿音乐领域表现以及教师提出支持性意见缺乏针对性依据。

表 6-2-17：教师从艺术领域的感受、表达和创作三个维度进行记录和评价。相较于其他年龄层，大班幼儿更注重自我表达与同伴之间的配合。教师在观察中发现幼儿对打击不同乐器产生浓厚的兴趣，产生乐器交换、变换队形的表演的行为。观察评价之后，幼儿在音乐活动中的队形创意对教师也有启发，

如队形的形状、高矮不同的排列、可行性舞步的融合等。

表6-2-18：教师从艺术领域的感受、表达和创作三个维度进行记录和评价。从记录分析中能看到幼儿参与活动中的兴趣、幼儿对音乐结构和旋律的把握状况以及不同个体表现出的差异，教师从幼儿音乐核心经验出发的解析能够准确掌握幼儿当下的音乐发展水平，为后期的支持或指导提供依据。

（3）观察评价表的优化

第一，强调具体表现行为。

表6-2-16、表6-2-17两张观察评价表都从音乐领域中的三个维度出发对幼儿的音乐表现行为进行观测。观察评价表6-2-18在表6-2-16的基础上进行优化，增加监测点记录，教师可详细记录幼儿在该指标中出现的行为，结合分值和具体表现进行综合评价，指向性更加明确。

第二，突出年龄段特点。

表6-2-16与表6-2-17不同点在于依据幼儿年龄特征为观察不同年龄段样本提出不同的参照指标，为教师观察评价各年龄段幼儿的音乐表现提供更具科学性的支持。

除以上案例外，幼儿在游戏活动中还会出现歌唱、儿童剧、舞蹈等多方面的音乐表现，无论是怎样的表现形式，教师除采用文字和图像记录之外，都可用具有幼儿年龄特征的评价核心指标对幼儿的音乐表现进行评价分析，以此获得更具科学性和针对性的结论，为后续研究幼儿音乐培养方式和发展方向提供参考。

（4）运用领域教学知识的思维，提升教师观察评价的准确度

教师在学习与使用音乐领域教学知识后，对幼儿在自主游戏中的音乐表现行为观察更为清晰，评价水平逐步提高。教师能从音乐作品层面展开分析，如曲风曲调、节奏旋律等；能关注于幼儿对音乐的理解和表现水平，通过对幼儿实际音乐表现情况与发展指标的对比进行评价；从领域教学知识思维出发对幼儿音乐发展提出有针对性的建议。

第一，拓宽幼儿音乐领域的核心经验掌握情况的分析面（what）。

我们发现，教师认同音乐本身的属性对孩子音乐表现有直接影响作用。教师经过学习与运用音乐领域的教学知识，自身鉴赏分析音乐的能力有所提升，

对音乐作品的分析面也逐步扩大。主要变化表现有：从区分音乐结构提升到分析歌曲主副旋律的特点、从熟悉音乐旋律提升到分析音乐内涵、从听辨乐曲节奏提升到分析音乐形象等。在此基础上，拓展观察幼儿对音乐的理解和表现，进而分析幼儿在音乐领域核心经验的掌握程度。

第二，关注幼儿音乐发展轨迹（who）。

为教师提供不同年龄段幼儿音乐领域发展水平的指标，将幼儿实际音乐表现情况与发展指标进行对比，能满足不同水平教师的分析需求，促进教师关注幼儿对音乐的理解和表现水平。教师明确幼儿音乐领域的发展轨迹之后，就能分析每位幼儿在音乐领域学习与反馈过程中的优势与不足。解读每位幼儿音乐核心经验的发展水平，明确不同幼儿的音乐"最近发展区"，重视个体差异。

第三，提出满足幼儿音乐发展需求的支持策略（how）。

相较于之前笼统的支持意见，教师在观察幼儿自主游戏活动中音乐表现的过程，能够结合幼儿年龄特点分析其"最近发展区"，在此基础上提出的对幼儿音乐发展的支持策略就会更具体且更聚焦幼儿的需求。如根据班级幼儿发声音域不同提供相应的乐曲；根据幼儿当下平衡性与协调性情况，考虑从手到脚再到全身逐步丰富幼儿舞蹈经验；分析幼儿对乐曲的理解程度之外，以欣赏的态度与幼儿共同评价他们的创作。在支持策略实践过程中，教师逐步把握幼儿实际的音乐发展需求，同时也能够关注并满足幼儿需求。

（四）探索音乐俱乐部模式，关注幼儿个体差异的发展

音乐俱乐部活动能满足教学对象的不同需要，能全面考虑幼儿的个体差异，促进其良好发展。尊重个体差异，让幼儿对音乐形象和特点有更加深刻的了解，在核心经验的收获中有效地吸收、整合，让每一个个体获得情感美的体验，从而更好地培养他们的想象力及创造力。

1. 鼓励幼儿自主选择俱乐部主题

教师为幼儿创设良好的俱乐部情境和氛围，随时随地与幼儿自然地交流，创造表达与思考的机会，使幼儿的经验得到提升和拓展。教师尊重幼儿的选择，以幼儿感兴趣的内容开展活动。调动幼儿的积极性，将俱乐部活动融入幼儿的游戏，活跃课堂气氛，以提升幼儿的专注度。教师放手让幼儿自主选择俱乐部

主题,幼儿和同伴、幼儿和教师讨论自己平时看过的作品、看过的儿童剧、听过的歌等。例如,儿童剧中的角色分配是通过幼儿竞演投票选出的。幼儿对自己的选择非常重视,这很好地激励了教师将俱乐部活动更有意义地推进。每一位幼儿以自己擅长的形式如绘制、口述等推荐自己喜爱的内容。艺术综合能力较弱的幼儿也积极参与,努力表达自己的看法。

2. 鼓励幼儿表现自己的见解

俱乐部活动为幼儿创造了一个满足表演欲望的平台,让他们通过表演更全面认识自己的能力,提高他们的社交能力和团队能力。在俱乐部活动中教师尊重幼儿的感受,倾听、鼓励幼儿的见解。出现问题时支持幼儿自己想办法一一解决。

例如,教师鼓励幼儿表达表现自己的审美体验,和同伴共同评价,小朋友之间互相帮助纠正动作或者自己设计更好的动作,"出场速度要更快一点,可以跑上来""哭的时候最好坐在地上""要用脸对着观众""跳舞的音乐准备时间再长一点"……幼儿互相提出了有效的建议,俱乐部活动带给他们快乐和勇气。

教师长期运用俱乐部教学模式,不断捕捉教育价值,培养幼儿的综合素质。俱乐部里的各类活动能发展幼儿的兴趣爱好,在自由愉快的氛围中全面提高各种艺术能力,促进认知、理解能力发展。在艺术作品中促进幼儿对文学、乐曲的理解与掌握,激发积极的情绪。在集体活动中促进认识自己和他人,体验共同游戏、与他人合作,培养良好的意志品质。

总之,通过俱乐部这一载体,体现了音乐集体教学的创新性和小组集体教学对幼儿个体发展的意义。俱乐部的组织实施从无到有,从有到优。给孩子带来变化的同时,教师也真切地感受到了不同幼儿在俱乐部活动中生发的艺术的、多层次的、个性化的能力发展。教师本着幼儿视角感受幼儿自主选择、自主发展、自主提升的历程,培养幼儿大胆地表现自己,增强了幼儿的自信心、合作意识等良好品质,促进了幼儿快乐地发展。

三、音乐教学方法知识的提升——组织课例式实践活动

通过对上海市幼儿教师的现状分析和本园教师的调查访谈,得知"幼儿教师音乐教学方法的知识"处于"笼统且有限地理解"的水平。在后期针对本园教师的优化探索中发现：教师在了解幼儿的学习特点、规律以及音乐教学内容的基础上，通过不断地自我反思和调整，参与整合性的课例式实践活动能有效提升音乐领域教学方法的知识水平。

（一）结合课例开展靶向式教研，提升教学方法

课例式实践是以音乐集体活动的一课多研为主要形式，通过教研组的靶向式研究，对教师准备的材料、呈现方式、语言与动作等方面进行诊断和调整。对教学活动中出现的材料提供、提问方式、回应策略等方面不断进行调整与优化，逐步将原有的方法与经验在教学实践中进行对接，真正内化为教师新的教学经验。

1. 固定实施人员，开展一课多研

在一课多研的实施过程中，我们曾经探索了不同的方法，包括几人轮流承担不同研究任务，结果不尽如人意。这主要是因为每位教师的教学方法知识都有个体差异，一个教师所面临的问题未必适用于其他教师。因此，虽然一课多研可能会提高整体的教学效果，但并不一定会对教师个体带来教学方法知识的提升。

基于这一认识，本园在一课多研的实施中进行了调整，采用了固定执教人员的方式。在这个过程中，我们专注于从每位老师身上出现的问题入手，整个教研团队共同参与教研活动。这种方式的优势在于，不仅能提升执教教师的教学方法能力，还能使其他教师在参与过程中积累相关的经验和知识。

这一方法的实施，使得教研活动更具针对性和个性化，更好地满足了每位教师的需求。通过深入研究和解决每位教师所面临的挑战，本园实现了整体提高教学水平的目标。

2. 认领固定环节，靶向推敲细节

三人行必有我师，为了保证每一次教学活动中的各个环节都能被如实记录和分析，教研组采用专人认领固定教学环节的方式，针对该环节中出现的问题和突出的表现进行分析和交流。

（1）活动前的任务分配

在开展一课多研活动前，教研组内针对活动方案进行细致分析，保证每一个环节都有相对应的教师认领。教师记录该环节中的前期准备、演绎过程中音乐

教学方法的运用以及幼儿在教师预设准备之下的表现，以检验活动的有效性。

（2）针对性的表格记录

结合教师的任务分配，教研组在实施过程中设计了相应的记录表，让教师能用最简便的方式进行现场实录，方便复盘时的研讨。（见表6-2-19）

表 6-2-19　教学活动记录表（音乐领域教学方法研讨专用）

活动时间		活动地点		执教者	
主要领域		班级		记录环节	
活动实录					
教师教具使用					
教师提问回应					
教师表情动作					
幼儿回应表现					
记录人					

表格的设计和使用，为教师真实还原记录现场提供了支架，针对性强，为下一步的工作奠定了基础。在第一版表格使用过程中，教师们发现：虽然每个环节有不止一位教师进行观察和记录，但无法精准和完整地记录下所有的内容。为此，我们对表格内容进行了调整，调整后的环节内容更明了，教师的分工也更细致，通过表格就能明确自己需要记录的内容，指向性更强。

（3）活动后的靶向推敲

现场观摩和记录后，教师对整个活动进行研讨，通过录像和记录表进行复盘，就每个环节中教师对于音乐教学方法的运用发表自己的看法。其他教师则结合该教师的叙述，发表自己的看法。综合大家的意见，形成最终的调整意见，执教教师对活动方案做调整和细化。教师会继续做好记录，并再一次进行研讨，如此反复，直至教学效果明显提升。（见表6-2-20）

表 6-2-20 教学活动"胖厨师与小老鼠"研讨记录

教时	教学现场实录	记录教师反馈	教研组研讨实录
第一教	指导语：原来是调皮的小老鼠啊。 重点提问：你从哪里听出来是小老鼠的呢？ 指导语：原来这是一个很好玩的故事，故事里有很多乐器的声音。通过声音，我们能猜出故事里的主人公发生的事情。你会用乐器来讲故事吗？一起来试试吧。 教师预设：刷锅子（沙球）、小老鼠（手指敲打桌面）、上下楼梯（手鼓）、开门（刮胡）、关灯（碰铃）。	分析：在这个环节中，乐器的选择比较死板，都是教师预设。 调整建议：准备多种乐器，增加幼儿自主体验选择的环节。激发幼儿对乐器的音色、强弱的感知。	教师1：应准备多种乐器，让幼儿实际操作，以提升他们对音色、强弱的感知。 教师2：或许可以用音乐图谱辅助教学，例如用八个点代表刷锅，脚印代表走楼梯，山峰形状代表音乐的旋律。 教师3：建议用两条竖线表现某段音乐，接下来的部分可以用小波浪线。但需考虑如何区分"小老鼠逃跑"的音乐段落。
第二教	过渡语：现在我们就要表演这个故事啦，今天我带来了很多乐器。今天我们就要用乐器来表演这个故事啦。 1. 集体讨论 过渡语：每个乐器都有自己的声音，这个音乐故事里有很多声音，我们要选择合适的乐器来表现音乐故事里的声音。 重点提问：音乐故事里一共有四种声音，那我们可以用什么乐器来表现呢？ 小结：乐曲节奏稳定、欢快，好像胖厨师在厨房听着音乐悠闲地、有节奏地刷着锅子。 2. 分组选择 过渡语：那上下楼梯、找老鼠、躲起来又该用什么乐器呢？我们分头去敲一敲、听一听，选择你觉得最适合的乐器来表演。	分析：乐器的提供和呈现比上一次活动要放松了。但是教师花了大量的时间让幼儿自由探索各个乐器的音色特点。鼓励幼儿探索多种演奏方式，用自己喜欢的方式去表现对音乐的理解与想象。 建议：让幼儿根据音色在一堆小乐器里找匹配的，时间有些紧张，建议将小乐器按照类别分开摆放。	教师3：活动的第二部分是安排四种乐器，欣赏乐曲，分辨乐句，并用身体动作演绎。然后先用身体"乐器"轮奏一遍，再选择适合的小乐器来表现对应的乐句，最后进行轮奏。 教师4：建议让代表小老鼠或胖厨师的音乐特征更明显，如为胖厨师走楼梯的音乐增加重音，以提高辨识度，方便幼儿区分。 教师2：同意，会在胖厨师上下楼梯的音乐中加一些重音，模拟胖厨师沉重的脚步声，以提升乐句的辨识度。

（续表）

教时	教学现场实录	记录教师反馈	教研组研讨实录
第二教	重点提问：你们为什么选择这个乐器呢？那我们一起来表演下吧。 小结：你们选择的乐器的音色跟故事里的声音很相似，很适合来表演音乐故事。 3. 集体表演 过渡语：乐器我们已经选择好了，那现在我们一起来表演下。		
第三教	过渡语：现在我们就要表演这个故事啦，就要用乐器来表演这个故事啦。那怎么用小乐器来表演这个音乐故事呢？ 指导语：每个乐器都有自己的声音，这个音乐故事里有很多声音，我们要选择合适的乐器来表现音乐故事里的声音。那么音乐故事里到底有哪些声音呢？ 小结：音乐故事里一共有三种声音：刷锅、上下楼梯、老鼠捉迷藏的声音。 1. 自由体验 指导语：那我们可以用什么乐器来表现这三种声音呢？后面的桌子上有好多小乐器，大家一起去敲一敲、听一听，选择你认为最合适的乐器来表现音乐故事中的三种声音。 2. 集体表演 过渡语：乐器我们已经选择好了，那现在我们一起来表演下。	分析：教师能努力调动幼儿参与活动的积极性，支持幼儿自主选择乐器，选择自己喜欢的乐段进行表演。 教师与幼儿一同确定表演方案，对幼儿的表现进行提升与评价。	教师5：应支持幼儿在自由探索环节自主选择乐器和喜欢的乐段进行表演，以激发音乐本能，促进身心健康。 教师6：教师应在游戏中引导幼儿根据音乐节奏自主律动，甚至创编动作，而非机械地跟从。 教师7：幼儿在音乐故事情境中非常投入，活动氛围轻松愉悦。 教师8：在最后表演环节应与幼儿共同确定方案，观察分析幼儿反应，挖掘并评价其创造力和想象力，保持对音乐的高度敏感。

开放式的研讨环境使得每位教师不仅可以分享自己在音乐领域的理论知识和实践经验，还能从其他教师的经验中汲取营养。这样的教研形式为教师提

供一个互相学习和提高的平台，有助于整体提升教师音乐领域教学方法的知识水平。

（二）在靶向式教研中，探索三维度教学知识的融合

在研究过程中，靶向式教研成为各教研组活动的常用模式。然而在持续推进靶向式教研的过程中我们发现，不管是教学活动中出现的问题，还是教师对于问题的交流讨论内容，其中包含的都不仅仅是教学方法方面的知识经验，还包含其他两类经验，也就是教学对象知识和教学内容知识会随着教学方法知识同时出现。三类知识在实践过程中是同时存在且融合的，很难割裂出其中某一个内容来单独讨论。基于这样的现实，我们对靶向式教研的研究过程进行了优化。

1. 靶向推敲的问题不限于教学方法知识

在音乐集体活动的教研过程中，我们依然要求专人针对固定环节进行探讨，但是不再要求教师只针对每个环节中关于音乐教学方法的运用发表自己的看法。教师可以直接提出自己看到的现象和问题，引发其他组员的交流讨论，这一做法有效改善了原先研究过程中提问难和提问少的问题。在调整提问要求后，教师提问的主动性明显提升，由于问题的开放，其他老师交流讨论的积极性也显著提高。如下表所示，教师在研讨过程中往往是综合三个领域知识开展的，它们之间是相互关联的。（见表6-2-21）

表6-2-21 教学活动"我爱天安门"研讨记录

环节	教学现场实录	现场记录教师反馈	教研组研讨实录
环节二	听赏歌曲感受理解。 1. 听赏歌曲旋律。 （1）初次听。 提问：音乐给你的感觉怎样的？音乐让你想到了些什么？	提问： 教师5：我是重点观察这个环节的老师，在记录中发现这个活动中歌曲旋律的欣赏只有一遍，我觉得太少了，我们在聆听欣赏歌曲旋律这个环节中是不是可以给予幼儿多次聆听机会呢？	教师3：我觉得给孩子多次聆听的机会是有必要的，但是如果单纯地增加欣赏的次数，可能会使幼儿觉得无趣，我们是否可以在宽松的氛围中自然而然地完成欣赏？

（续表）

环节	教学现场实录	现场记录教师反馈	教研组研讨实录
环节二	过渡语：这段音乐非常优美抒情，你们听出来是几拍子的吗？（教师哼唱前两句）大家都发现是三拍子的，三拍子的音乐总会给人优美连贯的感觉，让我们全体起立，一起听着音乐来拍一拍三拍子的节奏吧！ （2）再次听。 （引导幼儿边听音乐边打三拍子的节奏） 小结：这段音乐表达了我们对天安门的热爱，对首都北京的热爱，对我们祖国的热爱，只要加上歌词就能演唱了，想不想听好听的歌曲？	教师5：我们可以在座位上进行改变，孩子们选择自己喜欢的方式进行聆听，那还有哪些方法可以支持幼儿进行欣赏感受？ 教师5：几位老师认为幼儿自主感受音乐会更好。那我还有个问题，就是关于倾听与幼儿常见的矛盾。作为青年教师我常常也会选择这种方式进行教学活动，我觉得这样的方式能够帮助幼儿更专注地聆听歌曲。如果在比较松散的情况下，幼儿的注意力容易不集中，反而影响他们欣赏歌曲，遇到这种情况我该如何解决呢？	教师6：这个问题我也发现了，在视频中幼儿从头到尾都是坐在椅子上听，看上去是听了音乐，但也只是耳朵在听。每个孩子欣赏的状态都不同，有的孩子可能喜欢站起来轻轻摇摆，有的孩子可能觉得席地而坐更舒服。老师可以在座位上打破原有集体活动围圈坐椅子的方式，让孩子们按照自己喜欢的样子去欣赏，他们会更加放松和沉浸。 教师1：可以增加一些自然物或者小乐器，辅助孩子们边欣赏边敲打节奏，感受旋律。 教师4：我同意老师们的想法。孩子们对音乐的表现形式是多样的，他们可能随音乐摆动、可能敲击自己的身体表现节拍，也可能使用想要的材料进行表达，这都是孩子们对音乐欣赏与感受的体现。 教师3：教师5可能觉得宽松的形式会让幼儿过于松散而影响倾听效果。我觉得其实老师可以大胆尝试一下，如果在这样宽松的形式中有幼儿出现注意力不集中的情况，老师可以快速地判断一下原因。如果是真的注意力不集中，那么我们可以不着痕迹地做一些个性化的支持。比如调整自己的站位，去这个孩子旁边让他意识到注意力要集中；或者用肢体动作配合音乐节奏来带动他与同伴一起进入状态，愿意倾听。 教师6：教师3刚才说的是针对一些不太专注的孩子，但有些孩子他看上去在发呆，没有什么表达表现，其实他也是在倾听，处在一个内化的过程中。作为班级教师，我们要根据孩子的个体差异有所判断，给这样的孩子足够的时间充分进行欣赏。

（续表）

环节	教学现场实录	现场记录教师反馈	教研组研讨实录
环节二			教师 5：后续我在教学活动中可以大胆地尝试，谢谢几位老师的解答。

2. 紧扣发言内容，现场梳理涵盖三个维度的关键词

在提问和交流不再只局限于教学方法之后，音乐领域教学知识的三个维度没办法直接出现在教师的提问和回答中，这对教师在这几个维度上的经验积累会造成一定的影响。针对这个问题，我们的解决方法是，在每一次教研讨论过程中，推选一名或几名在音乐领域教学知识经验比较丰富的教师专门负责记录。在聆听教师交流内容的过程中，需要这几名教师及时梳理发言内容中涉及教学内容知识、教育对象知识和教学方法知识这三个维度的关键词，最终以思维导图或流程图的形式将整个讨论所涉及的内容进行汇总。参与教研的教师可以通过图上的内容，一目了然地看到自己的讨论过程以及过程中涉及的三个维度的知识。在教研的过程中，教师利用现代化的信息技术，以"同屏互动"的方式，将上述课例的教研现场做了归纳整理，将"思维导图"与教研活动链接，帮助教师更好地内化相关的知识。（见图 6-2-3）

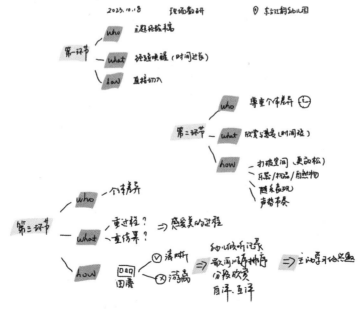

图 6-2-3 研讨活动"我爱天安门"的思维导图

在靶向式教研过程中，教师提出的每一个问题都可以用音乐领域教学知识的三个维度进行梳理，促使教师开展反思，从而调整和优化教学行为。这样的交流不仅有助于教师审视同伴在教学活动中对音乐领域学科知识的运用，也能在互动中引发教师对自己能力的反思，教学能力得到提升。

第七章 深化素养培养方向：主体终身的整合性音乐教育

幼儿音乐素养培养的过程既是幼儿全面成长、教师专业发展的过程，也是幼儿园学校文化建设的过程，是在主体终身的整合性音乐教育的"核心价值"指导下进行的。这是因为，如果没有核心价值指导的学校文化建设，不仅可能导致一个学校的文化生态变成"荒无人烟的沙漠"，或者"文化大拼盘"，更可能导致学校文化建设变成只注重学校的物质环境而没有关注人的存在。因此，以某种教育价值观去指导，就会使学校文化建设呈现出某种样态。有了教育价值观的引领，学校文化建设就可以发展出育人特色的文化内容，也能将教育价值观渗透在学校生活的方方面面，体现在学校教育的每一个人身上。[①]

"每个孩子有不同的表达，是课堂生成的资源，就看教师是否有智慧去利用这些资源，使之成为生成的重要动力。"[②]幼儿的表现力、感染力和创造力会反作用于教师的生命活力，让师幼双方在"共鸣的师生关系"[③]中得到生命的共生共长，形成幼儿、教师、课程的良性互构。在主体终身的整合性音乐教育语境下，教师不是为幼儿燃尽生命的"蜡烛"，而是点亮幼儿心灯的"启蒙者"；不是放任幼儿自发生长的"牧羊人"，而是用人类文明使幼儿成人的"养正者"；不是幼儿成长路线与模式的"规定者"，而是幼儿才情、智慧、人格发展不可替代的"助成者"。[④]"素养""成长"等词语不再是幼儿的"专属""专利"，而是教师音乐领域教学发展的目标、专业成长的目标，也是教师和幼儿共同的"生命"成长目标。

---

① 叶澜.试论当代中国学校文化建设［J］.教育发展研究，2006（15）：1-10.
② 叶澜.课堂教学改革中预设与生成［J］.基础教育论坛，2012（10）：6-7.
③ 王天健.生命共鸣：基于"生命·实践"教育学的师生关系研究［D］.桂林：广西师范大学，2020.
④ 叶澜.与教师有关的四种关系［J］.内蒙古教育，2019（19）：6-8.

教师成了与幼儿进行音乐知识共创与智慧共生的促进者，幼儿园成了师幼双方共同感受音乐、表现音乐、创造音乐的动态场域。

第一节　幼儿音乐素养培养的实践成果

"教师、学生、教学内容作为不可缺失的基本元素是基质性也是原初性的要素，它们在学校教学萌芽状态时就已存在，并内含着现代课堂教学中逐渐独立出来的其他要素。"[1] 在培养幼儿音乐素养的实践过程中，我们积极探索，以音乐启真、以音乐储善、以音乐促美。在课程实施过程中，我们为幼儿创造了美的音乐环境，合理规划一日活动，让幼儿有更多机会在音乐活动中感受欣赏、表现创造，提高了幼儿的音乐感受力、表现力、创造力等基本素养，让他们在音乐活动中感受美、表现美、创造美。同时，教师也在实践中努力耕耘，积极研发，对幼儿音乐素养培育的探索和实践有了新的思考，促进了教师专业化的成长，更促进了幼儿园办园质量的提升，实现跨越式的发展。

一、幼儿音乐素养培养的实践总结

基于教师、学生、教学内容的共生互构、相互影响，我们将实践成就分为幼儿、教师、幼儿园建设三个方面。

（一）促进了幼儿音乐素养的提高

现代心理学表明：艺术教育的美感作用与人才素质的成长有着密切的关系，音乐是培养美感的艺术手段之一，是幼儿生活、学习和成长过程中不可或缺的重要元素。它能培养和提高幼儿的素质和能力，是使幼儿身心得以和谐发展、健康成长的重要手段。在这几年的培养中，我园的幼儿在各方面取得了很大的收获。

1. 点燃音乐热情，筑牢素养根基

兴趣是幼儿探索世界、学习新知的神奇动力，尤其在音乐领域表现得尤为明显。幼儿对音乐常常流露出与生俱来的热爱和强烈的好奇心，这种源自本能的喜爱，是幼儿音乐教育的宝贵起点。若能加以正确引导和培养，这将成为他

---

[1] 叶澜. 重建课堂教学过程观——"新基础教育"课堂教学改革的理论与实践探究之二 [J]. 教育研究, 2002（10）: 24-30+50.

们在音乐道路上不断前行的强大动力。

我们通过实施"四结合"方式，努力提升幼儿的音乐感受力、表现力和创造力，让幼儿成为积极主动的参与者，让他们能够领略音乐的美妙之处，还可以借助音乐抒发自身的情感与想法。当他们开心时，会用欢快的歌声表达喜悦；当他们难过时，会用轻柔舒缓的旋律来倾诉。这种主动参与的过程进一步增强了幼儿对音乐的热爱和兴趣，让他们在音乐的陪伴下茁壮成长，为幼儿音乐素养的培育打下根基。

2. 激发创造想象，培育创新精神

音乐是一片充满无限可能的创意天地，为幼儿的想象力、创造力提供了自由翱翔的广阔空间。在东方江韵幼儿园的音乐活动中，幼儿借助多种方式，充分释放自身的创造潜能。幼儿在一日生活中，可以接触到各种音乐活动，并积极开展感受想象和表现创造，从而产生新认识、创造新的音乐理解和表现方式。

在此过程中，我们最大程度尊重幼儿的天性，让幼儿自由、自主地创造。教师营造充满创意的音乐环境，采用多样化的教学方法，激发幼儿的创新能力鼓励幼儿大胆尝试新的音乐元素和表现方式，在音乐活动中的欣赏与表演环节为幼儿提供探索和创新的舞台，锻炼了创造力和想象力的同时，让他们在音乐的世界里找到了属于自己的独特表达方式。

3. 提升音乐素养，助力全面发展

许卓娅教授曾说过，音乐教育不是教音乐的教育，而是通过音乐使孩子的身心活动得到发展，成为一个完整的人。这一观点深刻地揭示了音乐教育的本质与核心，我园的实践研究充分印证了这一点。通过转变育人方式，在直接感知、实际操作和亲身体验中，赋予幼儿丰富多彩的音乐活动体验，幼儿的音乐素养得到了全方位的提升。

我们科学规划幼儿的一日生活，通过音乐"活游戏""真游戏"等途径，将音乐活动与主题活动、幼儿游戏、"五大领域"等有机结合。有效联动家庭、社会、幼儿园各项资源，实现家庭、幼儿园、社会协同育人，助力幼儿的全面发展。

（二）促进了教师专业的成长

1. 理念更新、技能磨砺，启专业新程

基于"全面发展"育人理念，我园教师深入开展"为谁育人""育什么样的人"的思考，以幼儿音乐素养培育的探索与实践为起点，不断提升教师的音乐理论素养水平。助力教师融会贯通，提升专业素养，做实美育启蒙、做强五育融合，培育完整儿童。

我园开展的"幼儿教师音乐领域教学知识（PCK）的现状调查与优化方式行动研究"，通过深入调查教师在音乐领域教学知识方面的现状，分析存在的问题和不足，为教师提供个性化的优化方案。通过开展系统的培训、丰富的教研活动以及实践指导，提升教师音乐领域教学知识（PCK）水平，进而提高幼儿音乐教育质量，推动幼儿园课程的持续发展。该研究更着眼于通过教师能力的提升来优化幼儿的学习体验和学习效果，为幼儿园课程建设注入了新的活力。从音乐知识和技能的进阶、专业技能的拓展与深化，到音乐教学知识、幼儿发展知识的学习与应用，培养了教师对音乐的敏锐感知力、欣赏力和表现力。并积极推动能力迁移，运用于幼儿音乐素养的培养，教师在此过程中也能更加贴近幼儿的发展需求，满足幼儿的探索与表现欲望，成就幼儿在音乐甚至是全方面的发展。

在幼儿音乐教育实践中，我们见证了教师从专业素养提升到教学理念转变的全过程。教师在音乐教育领域不断探索前行，通过创新教学方法与理念，为幼儿带来了丰富多元的音乐学习体验，从最初的青涩逐步走向成熟，幼儿自身得到了全方位的成长。

2. 方法变革、关注评价，拓成长道路

教学方法的变革是我们成长的关键，我园引导教师主动构建个人意义世界、获取富有意义的学习经验，以基于倾听与欣赏的音乐感受法、基于感受与体验的表达表现法、基于经验和积累的音乐创造法为主要教学方法，促进幼儿音乐感受力、表现力和创造力的发展。教师用专业知识和科学方法实现活动目标，并能自如地将其迁移整合到各领域的活动中，让幼儿在自主、自由的游戏中、体验中、学习中，走进音乐，做真善美的幸福儿童。

在师生互动的过程中，以发展性、客观性、综合性和参与性为评价原则，以观察记录法、作品集评价法和口头交流法作为幼儿音乐素养评价的基本方式。在时间维度上，融合长期跟踪观察、月度及学期评价，纳入家长评价，形成幼儿园与家庭双重视角的综合评价体系，以多元评价促进幼儿成长，并建立了相应的保障措施。在教师评价方面，构建评价指标体系，对教师实施表现性评价和过程性评价，评估教师在评价态度、评价知识、评价技能等方面的表现，从而更好地促进教师专业发展。

幼儿园也为教师提供了各层面的展示平台，音乐活动呈现形式多样、生动有趣、互动有效，教师的教学反思能力也有明显的提高，获得专业人士和同行的肯定，获得了市区级各类奖项和国家级、市区级的荣誉。

3. 理论深耕、实践创新，育全面儿童

音乐教育使教师转变观念，形成良好的理论学习和研究实践的氛围，增强了教师教育科研的意识。大家踊跃投身于理论学习之中，定期组织开展研读会，一同钻研国内外前沿的音乐教育著作与学术论文，深度剖析经典音乐教育体系的核心理念。紧密结合我园幼儿的年龄特点、兴趣偏好、认知水平，深入探讨如何将先进理念巧妙地融入本土教学，使其落地生根、开花结果。我们积极邀请音乐教育领域的专家学者来园举办讲座、开展培训，拓宽理论视野。在持续学习与热烈研讨中，教师对音乐教育的本质、目标和价值有了更为透彻的领悟，为将来的教学实践筑牢了深厚的理论基础。

"耳闻之不如目见之，目见之不如足践之。"我园从国家政策、社会现实和幼儿全面发展三个方面出发，遵循直接感知、实际操作和亲身体验的育人逻辑，以培养幼儿音乐感受力、音乐表现力、音乐创造力为目标，提出了以"幼儿经验"作为育人基点，打造歌唱活动、韵律活动、打击乐活动、欣赏活动四个板块，设置主题课程、节日课程、生活课程三大课程，创设音乐加油站、音乐俱乐部、音乐万花筒、亲子音乐行、音乐魔法时五个形式，让音乐教育浸润于幼儿生命成长的自然进程之中，将课程内容与幼儿的日常生活紧密相连，促进幼儿全面发展。

在探索研究中，教师逐步摆脱对科研的畏惧感，积极探究儿童音乐发展的基本规律，关注儿童音乐的点滴进步，提高音乐活动的执行力。教师观察儿童、了解儿童、发现儿童的特点，记录了大量的案例，并进行细致分析，撰写了许多研究案例和研究报告。一支有实践能力、研究能力的青年教师队伍正在成长，已成为我园教育教学发展的主力军。

（三）促进了幼儿园的发展

我园秉持"让每一颗真善美的种子，向着美好生长"的办园理念，将音乐教育视为实现这一理念的重要途径。通过音乐教育，幼儿不仅能够感受音乐之美，还能在潜移默化中培养美好情感。在音乐活动中，教师引导幼儿通过歌曲、舞蹈等形式表达情感，学会关心他人、分享快乐，进而引导幼儿追求真善美，摒弃丑恶。音乐教育成为塑造幼儿美好心灵的重要手段，与幼儿园的办园理念相得益彰，共同为幼儿的成长奠定坚实基础。

1. 幼儿素养提升，教育品质进阶

我园始终坚定不移地坚持全面育人的核心理念，将音乐作为培育幼儿全面发展的有力抓手，不断提升教育品质。在音乐教育的滋养下，在课程推进和实践过程中，音乐促进幼儿多重感官体验生长，促进大脑的发育，提升记忆力、注意力和思维能力。丰富了幼儿的情感表达、增强了社交能力，提升了审美能力。幼儿素养得以提升，并对未来发展带来积极且深远的影响。

随着幼儿素养的稳步提升，幼儿园的教育品质也实现了全方位的进阶。幼儿园在市、区层面多次展示课程建设成果。在市学前教育年会、区教育展示周等活动中，幼儿园通过精彩的教学展示、生动的课程案例分享以及幼儿的精彩表演，向同行们展示教学研究成果，受到了广泛的关注和好评。这些展示活动既提升了幼儿园的知名度和影响力，也为与其他园所的交流与合作创造了宝贵的机会，促进了幼儿园课程建设的不断进步。教科研成果获得市级教学成果奖，编著出版 3 本著作。

2. 家园社共联动，资源整合提质

在幼儿音乐素养培育的探索与实践过程中，我园充分利用家园社多方资源，邀请社区中的音乐爱好者、专业人士以及有特长的家长参与课程活动，为幼儿带来丰富多元的音乐体验，进一步丰富了课程内容。同时开展的"亲子音乐行""亲子探美活动"等成了幼儿园的家园协同育人品牌，提炼的成果立项市级课题。

我园以此为契机不断完善优化每个课程板块的内容与实施细则，在实施策略上做出了重大调整，主张放手让孩子自己去体验、欣赏和操作。教师为幼儿提供丰富多样的材料和自由宽松的学习环境，引导幼儿自主探索音乐的奥秘，鼓励他们在实践中发挥想象力和创造力，培养自主学习能力和解决问题的能力。

3. 品牌效应凸显，整合培育拓展

幼儿园的办园理念为"让每一颗真善美的种子，向着美好生长"，我们凸显理念中对幼儿生命成长的关注和对美好未来的期许。与之相呼应，倡导"寻真向善，唱享美好"的课程理念，更加关注音乐和幼儿的全面成长。幼儿园基于儿童视角，对课程进行了全方位再审视和深度优化，统整共同性课程和选择性课程，打造具有鲜明特色的东方江韵幼儿园"韵美"教育品牌。

在课程实施过程中，我们注重各领域、各板块之间的融合。在课程内容上，打破传统学科界限，将音乐与语言、科学、艺术、健康等有机结合，让幼儿在快乐中学习，在实践中成长。

我们已经尝试拓展运用生命教育的原理与方法，培养幼儿的自主能力和终身学习能力，让教师和幼儿在音乐中"成事成人"。围绕真善美的办园理念，以爱为核心，培养幼儿爱生命、爱他人、爱自己。从学科整合、文化整合、思维整合和价值整合四个方面进行整合性音乐活动构建，打造了具有幼儿园特色的终身整合的音乐课程。

二、幼儿音乐素养培养的实践反思

回首往昔，我们以音乐为载体，让教师和幼儿在音乐中"诗意地栖居"，取得了一系列的实践成果。当下，我们不断反思、不断改进，思考音乐本身的发展趋势如何与幼儿身心成长、社会历史发展规律相契合。展望未来，我们将从幼儿音乐素养的主体性、终身性和整合性出发，让音乐回归本源，让幼儿热爱生命，实现"五育"融合的音乐教育。

（一）回归本源：音乐素养的主体性

以往存在一个普遍的认知偏差，即将音乐作为一种必须直接传授的集体性活动。然而，幼儿并非仅在预设的"音乐课程时段"才展现歌唱与舞蹈的行为，他们在自主运用音乐的过程中，已无形地展现了诸多音乐素养。其实，早在刚出生时，婴儿就已经表现出对歌唱及节奏性运动的偏好，这种偏好体现为他们乐于倾听成人唱的歌曲，也体现为他们自身发出的"咿呀"之声和伴随的节奏性肢体动作。当被成人有节奏地怀抱摇晃时，婴儿会表现出愉悦，或是自发地手脚摆动与踢踏。一岁半之后，能够主动模仿所接触到的歌曲旋律，并对自然界中丰富多变、饶有趣味的音调也表现出积极的模仿行为。正如陈鹤琴所说："再见到黄鸟儿在树枝上吱喳吱喳的叫着，听见微风把叶儿吹得哗啦哗啦的发响，更是充满了乐的律动，歌的抑扬的曲调。""大凡健康的儿童，无论是游戏、散步或是工作，他们本能地都爱唱着歌，表现出音乐的律动。"[①]一岁十个月的幼儿已能根据音乐旋律，展现出有节律的身体律动；至两岁七个月，幼儿已具备自创结构性的音乐片段的能力；而四岁幼儿，即便在无成人指导的情形下，也能运用简易打击乐器进行节奏与音响的"互动"。

这种自然而然的、无意识的、非正式的音乐活动，正是音乐素养中"本源性"的体现，是音乐与幼儿"主体性"最原初的融合，亦是音乐最质朴、最本原的状态，洋溢着蓬勃的生命力。当音乐回归本源，凸显幼儿主体性时，幼儿便能在不经意间认知其所属种族及地域的音乐文化，构建起生活与音乐之间的联结，促使他们将音乐视为一种高度自然的生活行为。正如梅塞德斯·帕夫利切维奇在约翰内斯堡街头听到一群莫桑比克鼓手的演奏时所说，"非洲人似乎继续着他们的日常事务，叫卖、聊天、走过，几乎就像没有人在演奏音乐一样。偶尔有些人加入鼓手和舞者的行列，过一会便离开并继续他们的日常事务。相反，外来者便会坐下来聆听音乐并保持沉默，就好像这里是一个音乐会的演奏。"[②]当音乐脱离表演、课程等具有规训、筛选性质的制度，回归生活本源、意识本源和行为本源时，足以成为幼儿日常生活不可或缺的一部分。当充分尊重幼儿主体性，幼儿不再是音乐的被动接受者或旁观者，而是转变成为音乐创造与体验的主动发起者时，音乐与幼儿之间方能实现真正的交互生成。

（二）热爱生命：音乐素养的终身性

音乐素养的终身性体现于幼儿形成尊重生命、爱护生命、理解生命，最终热爱生命的人生态度，其终身都是为了追求美好生活和完善生命而存在。[③]这是一种热爱生命和生活，悦纳自我，具有积极、自信的人生态度；具有反思自我，在人生中不断实现自我超越的信念和能力；具有策划人生、主动把握时机、掌握自

① 转引自：孙继南. 中国近现代音乐教育史纪年 1840—2000［M］. 济南：山东教育出版社，2004.

② （英）梅塞德斯·帕夫利切维奇. 音乐治疗——理论与实践［M］. 苏琳，译. 北京：世界图书出版公司，2006.

③ 文雪. 生命教育论［J］. 山东教育科研，2002（09）：11-14.

我命运的智慧。① 正如 S. 科尔所说，"在公立学校教音乐的真正目的，并不是培养出专门的表演家或独唱、独奏演员。……更为美好、重要、令人鼓舞的是你我的能力，使大多数人歌唱，并使其热爱音乐。"② 热爱音乐、热爱生活、热爱生命，将"热爱"贯穿于一生的"生命"之中，在漫漫人生路中，以生命为基点、遵循生命之道、借助生命资源，以唤醒与培养生命意识、生命道德与生命智慧和引导人们追求生命价值、活出生命意义。③

　　生命存在于生活之中。因而，幼儿的一生若是能够热爱生命，也就能够热爱生活、热爱音乐。生活和音乐应是"日常化""非功利性"的自然发生过程，唯有那些嵌入其生活之中的音乐，方能契合幼儿的内在需求，并促成与幼儿的有效互动。对于幼儿而言，生活是即时展开的情境集合，若是持有"程序化""功利性"目的的音乐教育观念，不仅难以助力幼儿在音乐领域取得长远发展，反而可能削弱其对于音乐的原生兴趣，阻碍幼儿的终身成长。相反，秉持"日常化""非功利性"的音乐理念，鼓励幼儿依据主体意愿自由表达，无论是歌唱还是舞蹈，不需要过分拘泥于音准的完美或舞姿的优雅。我们会惊喜地发现，自然界的虫鸣蛙叫可成为音乐的源泉，厨房里的锅碗瓢盆亦可成为乐器，快乐地奏响生命的乐章。这些看似"原始"或"落后"的学习方法，在"文明社会"的常规视角中或许不被看好，但却是"丰富和完善生命世界，满足生命的成长需要"，④ 是让幼儿能够通过生活中的音乐，在今后的人生中拥有让自己和他人幸福的能力；让音乐能够"悦纳每个生命，让每个生命在其秉性范围内获得最大可能的发展"。⑤

　　（三）"五育"融合：音乐素养的整合性

　　早在春秋时期，孔子就认为，好的教育应当是"兴于诗、立于礼、成于乐"的，音乐教育就是道德哲学培育、艺术修养教育、行为规范塑造以及审美情感

① 叶澜. 教天地人事　育生命自觉——"生命·实践"教育的信条［N］. 光明日报，2017-02-21（13）.

② 资华筠，刘青弋. 舞蹈美育原理与教程［M］. 上海：上海音乐出版社，2006.

③ 刘慧. 中国生命教育发展回顾与未来展望［J］. 中国教育科学，2018（01）：104-117+143.

④ 叶澜. 重建课堂教学价值观［J］. 教育研究，2002（05）：3-7+16.

⑤ 韩芬. 共生、融合的教育才能培育完整的人［J］. 人民教育，2021（19）：69-70.

培育的综合性整合。郭沫若说："中国旧时的所谓乐（岳），它的内容包含得很广。音乐、诗歌、舞蹈，本是三位一体不用说，绘画、雕镂、建筑等造型艺术也被包含着。甚至于连仪仗、田猎、肴馔等都可以涵盖。所谓'乐（岳）者，乐（洛）也'，凡是使人快乐，使人的感官可以得到享受的东西，都可以广泛地称之为乐。"[①] 在这一点上，西方的教育发展观念与我们殊途同归，凡是与培养人的心灵有关的学问，如文学、艺术、数学、天文学等，他们都归到音乐的范围之内。[②]"五育融合"的概念在近几年才被提出，但"五育融合"的思想却是从古至今贯穿于中西方音乐教育的发展历程中。国内研究"五育融合"的学者较多，我们无意对"五育融合"做深入探讨，仅从实践成果中进行反思，从音乐本体出发进行思考。

正所谓"诗中有画，画中有诗""建筑是凝固的音乐""音乐是流动的建筑""雕塑是静止的舞蹈""舞蹈是活动的雕塑"，这些名言揭示了音乐、舞蹈、文学、绘画、雕塑、戏剧、电影等艺术门类在内容与形式层面上都具有共通性，因而音乐也就有了整合性的可能。有鉴于此，在幼儿音乐素养培育过程中，单一感官的孤立运用显然不切实际，因为幼儿天生具备"通感"能力。任何音乐符号的流动，都难免触发幼儿不同感官间的联通、转换、渗透与融合。例如，音乐教育常融入文学与美术作为辅助教学手段。因此，未来的音乐教育应积极探索整合性发展路径，采取"以单一科为基点，辐射多元学科"的教学模式，实现音乐与其他学科间的相互渗透与融合。

第二节　主体终身的整合性音乐教育

拥有主体意识的幼儿，倾向于主动追求生命的完善，向往"诗意栖居"的生活方式，从中获得精神层面的满足。正是这些人性成长中的生命追求，构成了幼儿接受教育的动力源泉。可以说，具备自主成长意识的幼儿，同时具备了基本价值判断、自我调控和积极反思的能力。

---

① 转引自：吴东胜.中国美育形态的古今转换和历史变迁[J].求索，2004（07）：147-148.
② 蒋孔阳.先秦音乐美学思想论稿[M].北京：人民文学出版社，1986.

此外，音乐教育不应该终止于校园，而是应该贯穿于人的一生，是全体人群都有权利享受的教育。如何让所有人皆参与到有意义的音乐教育中，学生在离开学校以后，如何将在学校音乐教育过程中学到的音乐知识和技能服务于新的生活，并对人的一生产生积极的影响？这也是音乐教育从业者们十分关心的问题。①

一、音乐教育的理念深化

我们认为，未来音乐教育素养培养的方向是发展幼儿的自主能力和终身学习能力，这两种能力能够帮助幼儿"对人生意义有充分的觉知觉解，且能够将人生意义体现为具体的创造活动之中。这样的人，深知生命的创造进程，也就是人生价值的实现过程，人生的意义体现于生命主体的创造活动之中。他不依凭惯例，不依从于成见，也不依傍他人，而是确信所谓生命，就是永远是新的。而永远新的生命，便是无时无刻不在加深，无时无刻不在增广"。②为此，我园音乐教育以"自主"和"终身"为理念指引，让幼儿能保持"出淤泥而不染"的高洁，保持积极的价值导向、清晰的思维判断力以及为他人服务的热忱，从而在功利主义盛行的当下，坚守道德的高地。

（一）主体的音乐教育

主体的音乐教育是"基于幼儿园自身环境、资源、文化等积累和建构的"，并且在建构过程中，"成人充分地相信儿童自身的、内在的成长能力和学习能力，尊重儿童自我的力量"。③

主体的音乐教育将幼儿在园的一日生活视为其生命的自然绽放，在教育活动中，教师与幼儿之间构建起了平等的关系。首先，教师不是为学生燃尽生命的"蜡烛"，而是点亮学生心灯的"启蒙者"；其次，教师不是放任学生自发生长的"牧羊人"，而是用人类文明使学生成人的"养正者"；第三，教师不是学生成长路线与模式的"规定者"，而是学生才情、智慧、人格发展不可替代的"助成者"。④教师与幼儿共同融入一个体验音乐、沉浸音乐的氛围之中，使音乐教育

① 覃广州.关于践行终身音乐教育理念的思考［J］.中国音乐，2015（02）：177-179.
② 李政涛.生命自觉与教育学自觉［J］.教育研究，2010（04）：5-11.
③ 杨丽媛.内生课程 激发梦想无界生长［J］.教育家，2021（32）：38-39.
④ 叶澜.与教师有关的四种关系［J］.内蒙古教育，2019（19）：6-8.

转化为教师和幼儿自主性探索、积极投入的快乐游戏过程，从而推动双方在音乐学习中共同进步，这构成了自主音乐教育所追求的目标。所谓"师幼共同进步"，是指在共同参与、以自主学习为主导的学习过程中，教师与幼儿均能领略到音乐作为生活方式的韵味，逐步形成趋向音乐、积极主动的人生价值取向，并以积极乐观的心态享受各自的生活体验。在自主音乐教育实践中，教师与幼儿通过自主性学习的路径，持续累积音乐学习的经验，深切体会人际交往的乐趣，勇于面对挑战，独立完成各项任务，共同实现多维度、全方位的成长。简而言之，教师和幼儿在自主音乐教育中实现"成事成人"。

1. 成事：实现目标追求

"成事"指的是"实现各自的追求目标"。[①] 从教师的视角来看，音乐教育意味着启迪幼儿感知真善美，引导幼儿实现自我超越，也意味着寻求幸福感、实现生命价值。而从幼儿的视角来看，参与音乐活动既是其在教师引领下探索世界音乐知识、认知人类文化的过程，也是与同伴、教师心灵交汇，共享欢乐、温馨、力量与成功，逐步塑造积极乐观人生态度的成长过程。幼儿在幼儿园度过的每一刻，都是教师与幼儿相互依存、生命共融的过程，是他们生命自然延伸与真实展现的舞台。当这一过程洋溢着探索新知的热情、分享交流的感动以及自我超越的喜悦时，音乐教育便成为促进师幼生命成长的源泉。充满成长感的生命体展现出自主性、积极性、热情与活力，而持续的成长感则进一步催生师幼的幸福感。当我们构建了一个支持幼儿自主学习、促进教师与幼儿共同成长的音乐教育环境时，也就激发了双方实现目标追求的内在动力，推动他们在追求"全面生命成长"的道路上不断挖掘潜能、超越现实、实现各自的目标，最终"成事"。通过自主生成音乐学习内容、丰富角色扮演体验、创造戏剧表演条件、展现戏剧艺术魅力，师幼双方在音乐学习中实现自我选择、规划、控制、调节，其自主发展的能力得以持续提升。无论是教师还是幼儿，均依据自身价值观，通过与音乐的对话、与同伴的交流，在满足生命成长多元需求的同时，向更高层次发展。

---

① 李政涛. 叶澜"教育理论——实践观"对教育学及实践哲学的双重贡献［J］. 中国教育科学（中英文），2021，4（05）：10-26.

2. 成人：真善美的生发

"成人"指的是"成就他们自身"。[①]"'成人'是在'成事'的过程中实现；成长起来的人又能更好地促进转型变革事业的实现。'内生力'首先要清楚地知道'成人成事'，不能只有事没有人，也不能只想成为怎样的人，却不去做事。"[②]

真善美是"以爱为核心"的，是"爱生命"。拥有真善美品德的教师不仅把爱作为一种观念和态度、一种伦理道德，更作为一种力量，从而凝聚、牵引和转化这力量，进入教育实践之中，进入幼儿的世界之中，促进他们成长与发展。自主的音乐教育能够自然而然让"真善美"的品质生发，从而实现教师与幼儿对"爱"的基本要求。尤其是幼儿，首要的心理发展需求是满足"被爱"的需求。幼儿如同成人一般，渴望构建情感深厚的人际联结，企盼获得他人的关爱。另外，与成人以任务为导向的音乐学习不同，幼儿并不急于掌握音乐技能或了解乐曲结构，而是首先享受音乐带来的社交乐趣，即在相互欣赏中建立联系。因此，在幼儿的世界里，受到教师的个别关注、与同伴共同参与活动，均成为提升其"被爱"感受的积极因素。当幼儿的"被爱"需求得到满足后，他们会自然而然地展现出"施爱"的倾向，如在音乐活动中主动协助伙伴、向教师表达爱意，或是在音乐叙事中展现对弱势角色的同情与关怀。可以说，"成人"意味着自主音乐教育是"爱的生命体验"，是师幼真善美品质的生发。教师应将满足自身与幼儿的情感需求作为教学的先决条件，在引导幼儿自主探索音乐的过程中，通过眼神交流、肢体动作、言语互动等多种方式，持续向幼儿传递爱的信息，助力幼儿敞开心扉、勇于表达、相互接纳、彼此关爱。通过角色扮演等自主性活动，幼儿不仅能够感受爱、获得爱，还能学会付出爱，从而在实践中逐步培养起真善美的品质。

（二）终身的音乐教育

终身的音乐教育是指音乐教育应是贯穿个体生命全周期的素养培育。通过音乐，每个年龄段的人都能增强彼此的沟通，形成对多元音乐风格及活动的认

---

① 李政涛. 叶澜"教育理论——实践观"对教育学及实践哲学的双重贡献[J].中国教育科学（中英文），2021，4（05）：10-26.

② 叶澜."新基础教育"内生力的深度解读[J].人民教育，2016（21）：33-42.

知。每个人在此过程中都有高度自主性，能够根据自身兴趣与需求定制学习内容，实现个性化的音乐成长路径。简言之，终身的音乐教育蕴含着社会互动性与内在激励机制，确保个体在其生命的各个阶段，均能在生理健康、心理调适及社交能力等多个维度上获得提升，从而实现人的终身成长。

对于学前教育阶段而言，终身的音乐教育能够为幼儿在正式入学前提供音乐认知的启蒙，而且在其完成学校教育后，继续发挥影响作用，助力其顺利融入社会，并有效促进价值实现。从胎教时期的轻音乐、幼儿时期的童谣，到少年时期的民谣，再到青年时期的流行情歌，音乐渗透于生活之中，终身音乐教育理念颠覆了传统教育体系中以学校为中心的思维，将教育时间轴延伸至个体生命的全程，构成音乐教育在校园外的重要延续。学校传授的音乐知识与技能，作为个体终身学习音乐的基础框架，为持续参与音乐教育活动提供了必要保障。

终身的音乐教育要求教师率先垂范，积极拥抱终身音乐学习，勇于承担在探索新知与技能时伴随的风险与挑战，保持对社会变迁的敏锐性，通过观察幼儿和社会环境，将这种敏锐性转化为探索新型教学模式的内在需求。继而开发多元化、异质化的音乐课程体系，涵盖个人创作、器乐演奏与歌唱练习等个体互动式学习活动，也涵盖乐团合作、小组协作式音乐创作等团体活动。这要求教师具备广泛的音乐才能与教学技能，包括但不限于编曲、创作、阐释、指导、演绎、原创等能力，为幼儿打下终身音乐学习的基础，也为教师自身提供了发挥主观能动性的理想平台，促进了师幼终身音乐教育的发展。

二、整合性音乐活动

自主能力和终身学习能力的培养要靠整合性音乐活动实现。在哲学意义上，整合指"由系统的整体性及其系统核心的统摄、凝聚作用而导致的使若干相关部分或因素合成为一个新的统一的整体的建构、序化过程"。[①] 在心理学意义上，整合指在思想上将对象的各个部分联合为整体，将它的各种属性、方面、联系等结合起来。整合性音乐活动"超越传统学科的边界，谋求儿童主体性学习活动的学科之间的链接与整合——这是基于核心素养的学科教学必须遵循的一

---

① 黄宏伟. 整合概念及其哲学意蕴［J］. 学术月刊, 1995（09）: 12-17.

个重要原理"。[①] 未来，东方江韵幼儿园将从学科整合、文化整合、思维整合和价值整合四个方面进行整合性音乐活动构建。

（一）学科整合：音乐+N

"音乐+N"是指以音乐学科为核心组织课程内容，旨在推动音乐学科内部及各学科间课程内容的整合。"音乐+N"遵循学科中心原则，通过对音乐学科领域内及其他学科间具有关联性的内容进行系统性整合，强化了音乐课程内容的内在联系，促进了知识结构的连贯性与系统性构建。"音乐+N"旨在构建一个综合性的知识体系，使幼儿能够全面深入地掌握音乐知识序列的内在逻辑，从而达到深化理解、拓宽视野的教育目的。

"音乐+N"是 STEAM 教育中以"A（Arts）"为核心建构课程的体现，科学（Science）、技术（Technology）、工程（Engineering）和数学（Mathematics）是其辅助性要素。音乐课程包括舞蹈表演、音乐鉴赏、歌曲演唱以及器乐演奏等多个内容，当教师在组织以某一特定音乐活动形式为核心的主题教学活动时，可以融入 STEM 元素，作为促进音乐素养深化的有效手段。有鉴于此，"音乐+N"应当在围绕音乐艺术主题的同时，融入生命科学、物质科学以及环境与空间科学等具有探究价值的领域，并关联幼儿的日常生活经验，从幼儿的实际生活中提炼而出，以此实现音乐理论知识与实践活动的交互生成。此外，"音乐+N"还是"五育融合"课程的体现，"德育""智育""体育""劳育"是其辅助性要素。"音乐+N"摒弃了以往"智育独大"的畸形倾向，以音乐"美育"为主，其他四育为辅，走向了五育的融合与共生，是一种"育人假设""育人实践""育人理念""育人思维"和"育人能力"。在此过程中，应突出"整体"、突出"融合"、突出"过程"、突出"治理"、突出"机制"、突出"主体"以及突出"实验"。[②] 以音乐"美育"为中心，其他四育为"催化剂"，让音乐激发"五育融合"的"化学反应"。

（二）文化整合：中华文化 +N

当前，中华文化正处于一个重构与整合的关键时期，方克立提出的："马

---

① 钟启泉.学科教学的发展及其课题：把握"学科素养"的一个视角［J］.全球教育展望，2017，46（01）：11-23+46.

② 李政涛."五育融合"推动基础教育高质量发展［J］.人民教育，2020（20）：13-15.

学为魂，中学为体，西学为用，三流合一，综合创新"就是一个很好的文化观。"中华文化 +N"的文化整合为我们提供了一个在全球音乐文化多元交融与碰撞的语境下，探索音乐教育如何适应文化变迁、乃至如何成为推动新文化体系生成的新视角。面对中华文化在外来文化冲击下所经历的变迁，音乐教育也需进行"文化整合"，促使不同文化元素在相互适应中，逐步凝聚为和谐统一的有机整体，从而培养幼儿的对中华优秀传统文化与新时代中国特色社会主义文化的自信。

在此背景下，我国多地已广泛开展了"多元文化教育"实践，以教育实践中存在的文化多样性为逻辑起点，充分考虑幼儿的不同文化背景与特征，旨在通过系统的教育干预，帮助幼儿形成对民族及社会群体间文化差异的正确认知，学会理性判断不同文化间的关联与相互影响，培养出恰当处理文化差异的行为模式，进而促进幼儿的全面发展。而"中华文化 +N"的音乐活动，以通过幼儿"文化化"过程，促进其感知华夏儿女的音乐文化底蕴，广泛吸纳与融合其他音乐文化的精华，适应多元音乐发展的潮流，在传承各音乐文化体系宝贵遗产的同时，积极推动中华音乐文化的创新发展。

（三）思维整合：课程研究思维

在幼儿音乐素养培育课程的历次推进中，我们的研究思维呈现出从宏观至微观、由抽象至具体的变化，即从教育观念的重塑，延伸至课堂教学模式的转变，从幼儿园音乐文化的构建，发展为师幼关系的变革。这一研究思维，实现了在宏观教育目标与微观教学实践、课程理念与实施路径之间的深度交融，体现了我们对课程研究改革多维度、多层次的理解。

"在认识上还必须从一般整体共通的层次上开始，即重新认识教学在育人中的价值，以及为培养怎样的人服务的问题。"[1] 我们通过研究不同生命（包括幼儿、教师与家长等教育参与者）如何在与不同学科价值（既有其他学科普遍性的知识体系与价值观念，也有音乐学科独有的方法论与价值取向）之间实现动态交互与共生共存，使得我们的音乐素养培育课程能够统一到"丰富和完善生命世界，满足生命的成长需要"[2] 的价值共识中，并将这种生命价值观作用于每一

---

①② 叶澜. 重建课堂教学价值观［J］. 教育研究，2002（05）：3-7+16.

位教师和每一个幼儿的生命成长中，激发音乐学科发挥独立价值、其他学科发挥共通价值。此外，要使师生在教学过程中真正建立起特殊的"人"—"人"关系，就要把师生的教学活动当作有机整体，而不是将教与学各作一方来处理；就要把教学过程看作师生为实现教学任务和目的，围绕教学内容，共同参与，通过对话、沟通和合作活动，产生交互影响，以动态生成的方式推进教学活动的过程。换言之，教学过程中师生的内在关系是教学过程创造主体之间的交往（对话、合作、沟通）关系，这种关系是在教学过程的动态生成中得以展开和实现的。① 我们构建了一种教师、学生和教学内容之间的生命共生体系，旨在促进师幼双方在音乐活动中共同创造并提炼出符合彼此需求的内容，实现师幼相互依存、协同共进的共生效应。强调了在生命哲学视野下，师生共生状态与音乐课程范式对于素养培育的重要性，让课程研究的价值取向与实施路径相互渗透、彼此塑造，共同处于生命共生发展系统之中。

（四）价值整合：幼儿生命教育

不论是音乐知识与技能提升，还是积极音乐情感态度价值观的形成，抑或是音乐自主性的生发，终身音乐学习能力的养成，均指向了一个整合价值，即幼儿的生命质量提升。因而，整合性音乐活动有了一个统整的价值，即幼儿的生命教育。我们可以作如下定义："广义的生命教育是以学生的生命活力为基础，以承认不同秉赋、性格和能力差异为前提，以倡导人的生命与自身、自然、社会、他人整体和谐为目标，通过良好的教育方式，唤醒人的生命意识，启迪人的精神世界，开发人的生命潜能，构建人的生活方式，激发人的生命活力，提升人的生命质量的活动。狭义的生命教育是一种生命意识或者说是生命观的教育。教育学生认识生命、尊重生命、热爱生命，进而珍惜生命。思考生命让人体会到生命深层的意义，在这个基础上认识生命、欣赏生命、探索生命、热爱生命等等。"②

在整合性音乐活动中，教师的生命体验以一种自然、真实、具象且全面的方式持续在场，为幼儿提供了观察、学习、模仿及互动的直接素材，影响幼儿的

---

① 叶澜. 重建课堂教学过程观——"新基础教育"课堂教学改革的理论与实践探究之二［J］. 教育研究，2002（10）：24-30+50.

② 北京敬文教育研究院. 生命教育的定义与指导纲要［EB/OL］［2019-07-20］.https://www.sohu. com/a/328180312_498299.

社会性发展进程。与此同时，我们通过引导幼儿间交往互动的自然深化，鼓励生命体之间的多维碰撞与交融，力求在"师—幼"及"幼—幼"间的生命交织与"我—你"对话模式中，通过多元生命形态的熏陶渗透，催化出更为全面、实用、深刻且贴近自然的生命认知体系，并在此过程中培育出真诚、质朴、可信赖的生命情感纽带。在整合性音乐活动中，幼儿通过既有规划的活动及偶发的自然邂逅，得以接触并感知多样化的生命形式与现象，经历各异的生命境遇，进而形成朴素而有效的生命认知框架，深刻体会生命的脉动、相互关联与融合，领悟生命的美好与奇迹、脆弱与坚韧。

建园以来，我们始终坚持直面幼儿的生命需要，以生命影响生命，尊重幼儿的生命自由，在音乐活动中培养幼儿的生命自觉。未来，幼儿音乐素养培养将坚持生命教育的价值取向，从中国优秀传统文化中汲取灵感，将"乐（yuè）"与"乐（lè）"的关系作为整合音乐与其他学科的"桥梁"。这是由于，"乐"的初义是成熟了的谷类植物的象形文字。[1]"乐（yuè）者乐（lè）也"这一表述反映了先民丰收时节所洋溢的喜悦情绪，这种喜悦不仅仅是情感的抒发宣泄，更是人类本能的生存意识与对生命延续的渴望，因为唯有丰收方能确保族群的基本生存需求，保证生命的繁衍生息。在原始社会中，对丰收的热切期盼及丰收后的歌舞庆典，是一个恒久不变的主题。古人更是极早就认识到了音乐在道德教化方面的作用，进而将音乐置于性情培养与品德教育的核心地位。正如"致乐（yuè）以治心"所揭示的，音乐的终极目的在于诱导生命趋向平和、正直、慈爱、善良，从而激发个体生命生发积极向上的生活态度。因此，"乐者乐也"联结了所有关乎生命修养的学问，生命教育与音乐教育是互融共通的。我们将会以音"乐（yuè）"唤起生命之"乐（lè）"，让幼儿张开生命触角，开启各类感官，"吸入"外界生命物象，生成内在生命图景、建构生命意识、养成生命技能、渗透生命意义。[2]

---

① 修海林.中国古代音乐美学［M］.福州：福建教育出版社，2004.

② 张卫民，王兵.幼儿生命教育的实践逻辑——基于一所华德福幼儿园的个案考察［J］.湖南师范大学教育科学学报，2019，18（06）：107–115.

图书在版编目（CIP）数据

生命从乐动开始：幼儿音乐素养培育的探索与实践 /
周密著. — 上海：上海教育出版社，2025.4. — ISBN
978-7-5720-3498-5

Ⅰ . G613.5

中国国家版本馆CIP数据核字第2025R58M57号

责任编辑　张嘉恒
封面设计　周　亚

生命从乐动开始：幼儿音乐素养培育的探索与实践
周　密　著

出版发行　上海教育出版社有限公司
官　　网　www.seph.com.cn
地　　址　上海市闵行区号景路159弄C座
邮　　编　201101
印　　刷　上海颙辉印刷厂有限公司
开　　本　700×1000　1/16　印张 15
字　　数　237 千字
版　　次　2025年4月第1版
印　　次　2025年4月第1次印刷
书　　号　ISBN 978-7-5720-3498-5/G·3125
定　　价　80.00 元